ソーシャルワーカーのための成年後見入門

制度の仕組みが基礎からわかる

野﨑和義［著］

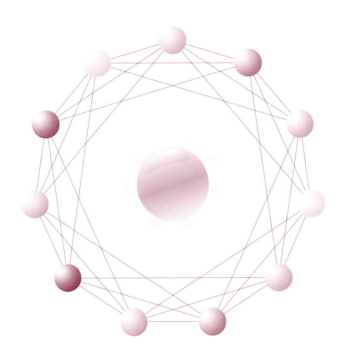

ミネルヴァ書房

はしがき

　本書はソーシャルワーカーのために成年後見制度をその基礎から解説したものである。また，同制度に関する過去の社会福祉士国家試験を体系的に配列し，ソーシャルワーカーの国家資格（社会福祉士）を目指す人にとってはワークブックとしても活用できるよう工夫した。

　加齢や障害によって判断能力は衰えることがある。そうした人たちの権利を擁護し地域生活を支援する専門職として，ソーシャルワーカーに寄せられる期待は大きい。とりわけ成年後見制度の領域では，福祉サービスや対人援助に関する知識・経験が求められるケースを中心に第三者後見人として社会福祉士が選任されることも少なくない。
　こうした専門性を発揮した関与が成年後見制度にとって有用であることは言うまでもない。しかし一方，ソーシャルワークの実践からみると，この制度の活用それ自体が大きな意味をもっている。成年後見人は，制度の利用者本人が望む暮らしを実現するために財産を管理する。また，代理権や取消権など法律によって委ねられた権限を用いて，契約や行政上の手続きに関与する。ソーシャルワーカーは，成年後見人と連携あるいはみずから成年後見人となることで，利用者の権利の獲得や失われた権利の回復に向けて直接的な支援を展開することができるのである。

　生きづらさを抱えた人たちの様々な事情を権利の問題としてとらえ，人と制度との結びつきを支援する。そうした活動に取り組むとき，ソーシャルワーカーは成年後見をはじめとする様々な法制度と出会う。本書は，この法を学ぶにあたって，以下の3点に特に留意した。
　①制度の「なぜ」がわかる
　成年後見制度の趣旨を民法の基礎から解説した。その際，制度を所与のものとするのではなく，なぜそうした制度が用意されたのかを明らかにするよう心がけ

た。また，代理や取消しなど取引にかかわる事柄（財産法の領域）だけでなく，家族生活にかかわる事柄（家族法の領域）についても独立した章を設けた。ソーシャルワーカーは，支援の営みの中で夫婦間や親子間の紛争に直面することもまれではない。その解決にあたっては家庭環境や人間関係に配慮することが必要とされるが，法の保障する権利をなおざりにすることもまた許されない。例えば，婚姻に際しては本人の意思が何よりも尊重されなければならず，成年後見人だからといってこれを取消すことはできない。しかし一方，相続など財産にかかわる紛争については，本人を保護しその判断を支援するために，成年後見制度の活用も検討に入れなければならない。成年後見人の役割を学ぶにあたっては，財産法の領域だけでなく家族法の領域をも視野に収めて，制度の趣旨を丹念に確認していくことが求められるのである。

②裁判の仕組みがわかる

家庭裁判所は，成年後見制度の運用にあたって大きな役割を果たしている。例えば，成年後見人は当事者の契約によって選ばれるわけではない。家庭裁判所の審判によって選任されるのであり，ここでは，本人の保護者として誰がふさわしいのかということが検討される。通常の訴訟と異なり，裁判所は勝ち負けの判断を求められているのではない。権利擁護の実践に取り組む者であれば，こうした司法・裁判のあり方に無関心でいることはできないであろう。

③何をどこまで学ぶべきかがわかる

過去の社会福祉士国家試験（2018〔平成30〕年1月まで）のうち成年後見制度およびその関連領域から出題された事項を精選し，これを本文のチェック欄に体系的に配列した。その数は優に200を超える。社会福祉士を志す者は，これを素材として，権利擁護のために必要な法知識に習熟していただきたい。

本書はどこから読みはじめてもよい。各項目（ブロック）には小見出しを付し，重要事項はクロスレファレンスで連結している。一つ一つのブロックを丹念に積み上げていくことで，成年後見制度の全体像を把握することができよう。ソーシャルワーカーは福祉と法の接点に位置する専門職である。本書がソーシャルワークの実践にいささかでも寄与するところがあれば，これに勝る喜びはない。

本書の刊行にあたっては，ミネルヴァ書房社長杉田啓三氏に多大な御配慮を賜った。出版に注ぐ氏の情熱に後押しされて本書は世に出たものといっても過言

ではない。また，同社編集部梶谷修氏には企画の段階から編集・校正まで一貫してお世話になった。本書が読者の手に取りやすいものとなっているとすれば，それは氏の御助力によるところが大きい。ここに記して両氏に衷心より感謝を申し上げる。

 2018年11月22日

玉名の寓居にて
野﨑和義

凡　例

1　文　献
- 括弧内に［著者名（または編者名）出版年：頁］の順に記し，その詳細は各章末の参考文献欄に掲げた。なお，便宜上，本文中に文献の詳細を記したものもある。

2　法　令
- 条文中の数字は算用数字を用いることを原則とした。
- 拗音の「や・ゆ・よ」，促音の「つ」については，その表記を小書きに統一した。
- 民法典については，2017（平成29）年5月に成立した「民法の一部を改正する法律」による改正後の規定（施行期日は2020年4月1日）をもとに解説した。

3　判　例
- 判例については，以下のような略記法および出典の略称を用いた。

《略記法》

最判昭36・2・16民集15巻2号244頁
⇨最高裁判所昭和36年2月16日判決，最高裁判所民事判例集15巻2号244頁

大判（決）	大審院判決（決定）
最判（決）	最高裁判所判決（決定）
最大判（決）	最高裁判所大法廷判決（決定）
高判（決）	高等裁判所判決（決定）
地判（決）	地方裁判所判決（決定）

《判例集の略称》

民集	大審院，最高裁判所民事判例集
刑集	大審院，最高裁判所刑事判例集
高刑集	高等裁判所刑事判例集
下民集	下級裁判所民事裁判例集

なお，『判例時報』（判例時報社），『判例タイムズ』（判例タイムズ社）など，出典をそのまま記載したものもある。

4　社会福祉士国家試験問題
- 社会福祉士国家試験問題を「*Check!*」欄に紹介した。その表記は次の例による。
〔22-150-1〕⇨第22回社会福祉士国家試験問題——問題150——肢1
なお，問題文の字句は若干修正したものがある。

ソーシャルワーカーのための
成年後見入門
——制度の仕組みが基礎からわかる——

目　　次

はしがき

凡　例

第1章　成年後見制度の仕組み …………………… *1*

1　判断能力の支援 ……………………………… *1*
- ① 取引と判断能力　*1*
- ② 権利能力　*2*
- ③ 成年と未成年　*3*

2　類型と権限 ……………………………………… *3*
- ① 法定後見と任意後見　*3*
- ② 三つの法定類型　*4*
- ③ 家庭裁判所の関与　*5*
- ④ 審判の効果　*6*

3　成年後見制度の理念 ………………………… *7*
- ① 旧制度の仕組み　*7*
- ② 現行制度の理念　*8*

4　保護と自己決定 ……………………………… *9*
- ① 自己決定と他者決定　*9*
- ② 自己決定の支援と法定後見　*10*

コラム1　成年後見制度と民法典　*11*

第2章　法定後見と同意権・取消権 ………… *15*

1　契約の拘束力，拘束力からの解放 ……… *15*
- ① 契約の拘束力　*15*
- ② 契約の拘束力からの解放　*16*
- ③ 意思無能力による無効，制限行為能力を理由とする取消し　*21*

2　成年後見人の取消権 ………………………… *24*
- ① 行為能力の制限と意思能力　*24*
- ② 制限される行為の範囲　*24*
- ③ 日常生活に関する行為　*26*

　　　　　4　身分上の行為　26
　3　保佐人の同意権・取消権 ……………………………………………… 27
　　　　　1　支援の内容　27
　　　　　2　同意を要する行為　28
　　　　　3　取消しの可能性　29
　　　　　4　同意権・取消権の及ばない場合　30
　4　補助人の同意権・取消権 ……………………………………………… 31
　コラム2　**法律行為と事実行為**　19

第3章　法定後見と代理権 ……………………………………………… 33

　1　制限行為能力者と法定代理 …………………………………………… 33
　　　　　1　制限行為能力者の保護機関　33
　　　　　2　保護機関による代理　34
　2　成年後見人の代理権 …………………………………………………… 35
　　　　　1　財産管理権と代理権　35
　　　　　2　法定代理権の範囲　36
　　　　　3　法定代理権の制限　37
　　　　　4　法定代理権の限界　39
　3　保佐人の代理権 ………………………………………………………… 43
　　　　　1　法定代理権　43
　　　　　2　代理権の範囲　45
　　　　　3　財産管理権　46
　4　補助人の代理権 ………………………………………………………… 46
　　　　　1　行為能力の制限と代理権　46
　　　　　2　代理権の制限と限界　48
　コラム3　**本人宛て郵便物と成年後見人の権限**　49

第4章　成年後見人等の職務遂行上の義務 …………………………… 53

　1　成年後見人等の職務 …………………………………………………… 53
　　　　　1　成年後見人の職務　53
　　　　　2　保佐人・補助人の職務　55

2　善良な管理者としての注意義務……………………………………… 56
　　3　本人意思尊重義務……………………………………………………… 58
　　4　身上配慮義務…………………………………………………………… 58
　　コラム 4　注意義務の程度　*57*

第 5 章　成年後見人等に対する監督，成年後見人等による不正 …… *61*

　1　成年後見人等に対する監督……………………………………………… *61*
　　　① 家庭裁判所による監督　*61*
　　　② 成年後見監督人等による監督　*62*
　2　成年後見人等による不正………………………………………………… *64*
　　　① 親族による後見　*64*
　　　② 後見事務の公的性格　*65*
　　コラム 5　準用の意義　*62*

第 6 章　法定後見開始の申立て ………………………………………… *67*

　1　家庭裁判所への申立て…………………………………………………… *67*
　　　① 申立主義　*67*
　　　② 成年後見制度を利用している場合の申立て　*68*
　　　③ 法定後見開始の申立てと本人の同意　*68*
　2　民法上の申立権者………………………………………………………… *69*
　3　市町村長申立て…………………………………………………………… *72*
　4　市町村長申立ての推進と市民後見人…………………………………… *74*

第 7 章　審判手続き ………………………………………………………… *77*

　1　審　理……………………………………………………………………… *77*
　　　① 本人の陳述聴取と同意の確認　*77*
　　　② 鑑定・診断　*78*
　2　審　判……………………………………………………………………… *79*
　3　成年後見人等……………………………………………………………… *81*
　　　① 複数後見　*81*

　　　　　2　法人後見　*81*
　　　　　3　欠格事由　*82*
　　4　審判の確定 ……………………………………………………………… *84*
　　　　　1　審判の告知・通知　*84*
　　　　　2　不服申立て　*84*
　　5　後見登記 ………………………………………………………………… *85*
　　　　　1　公示の要請　*85*
　　　　　2　後見登記の仕組み　*86*
　　　　　3　登記事項証明書　*87*
　　6　資格制限 ………………………………………………………………… *89*
　　　　　1　成年後見制度と資格要件　*89*
　　　　　2　成年被後見人の選挙権　*89*
　　　　　3　ノーマライゼーションの理念　*90*

　　コラム6　法人の意義　*83*
　　コラム7　制限行為能力者の相手方の保護　*88*

第8章　法定後見の終了 ……………………………………………… *93*

　　1　成年後見等の終了 ……………………………………………………… *93*
　　　　　1　終了事由　*93*
　　　　　2　後見等の終了に伴いなすべき事務　*94*
　　2　法定後見と死後の事務 ………………………………………………… *94*
　　　　　1　「後見の社会化」と死後の事務　*94*
　　　　　2　応急処分義務，事務管理　*95*
　　　　　3　立法による対応　*97*
　　　　　4　保佐人・補助人と死後の事務　*99*

　　コラム8　事務管理　*96*

第9章　任意後見制度 …………………………………………………… *101*

　　1　任意後見の仕組み ……………………………………………………… *101*
　　2　任意後見契約 …………………………………………………………… *103*

3　任意後見人とその職務 …………………………………………… *105*
　　4　任意後見監督人とその職務 ……………………………………… *106*
　　　　1　監督機関　*106*
　　　　2　任意後見監督人の選任　*107*
　　　　3　任意後見監督人の職務　*109*
　　　　4　任意後見監督人の辞任および解任　*110*
　　5　任意後見の利用形態 ……………………………………………… *110*
　　　　1　三つの形態　*110*
　　　　2　各利用形態の問題点　*111*
　　6　任意後見の終了 …………………………………………………… *112*
　　　　1　任意後見契約の解除　*112*
　　　　2　任意後見人の解任　*113*
　　　　3　任意後見契約の当事者の死亡等　*114*
　　　　4　任意後見と死後の事務　*114*
　　7　法定後見と任意後見の関係 ……………………………………… *115*
　　コラム 9　委任契約と代理　*103*

第10章　成年後見・権利擁護にかかわる事業 …………………… *117*
　　1　日常生活自立支援事業 …………………………………………… *117*
　　　　1　意　義　*117*
　　　　2　事業の対象者　*119*
　　　　3　援助の内容　*120*
　　2　成年後見制度利用支援事業 ……………………………………… *123*
　　　　1　意　義　*123*
　　　　2　制度の内容　*124*

第11章　家庭裁判所の職務と権限 ………………………………… *127*
　　1　民事の裁判 ………………………………………………………… *127*
　　　　1　民事紛争の処理　*127*
　　　　2　民事訴訟の仕組み　*128*

2　家庭裁判所の役割 ……………………………………………… 133
- ① 成年後見制度と家庭裁判所　*133*
- ② 家事事件と少年保護事件　*134*
- ③ 家事事件の紛争処理手続き　*135*

3　人事訴訟 ……………………………………………………… 138
- ① 人事訴訟手続きの特色　*138*
- ② 調停前置主義　*139*

4　家事審判 ……………………………………………………… 141
- ① 対　象　*141*
- ② 家事審判の手続き　*143*

5　その他の家庭に関する事件 …………………………………… 144

コラム 10　判決と決定　*133*

第12章　婚姻と離婚 ……………………………………… 147

1　家族法の意義 ………………………………………………… 147
- ① 家族法の特色と親族法　*147*
- ② 親族関係　*149*

2　婚姻の成立——形式的要件 …………………………………… 152
- ① 婚姻の成立要件　*152*
- ② 届出と受理　*152*

3　婚姻成立の実質的要件 ………………………………………… 154
- ① 婚姻意思の合致　*154*
- ② 婚姻障害事由　*154*
- ③ 制限行為能力者の婚姻　*155*

4　婚姻の効果 …………………………………………………… 156
- ① 婚姻の一般的効果　*156*
- ② 婚姻の財産的効果　*158*

5　離婚とその手続き ……………………………………………… 160
- ① 婚姻の解消　*160*
- ② 離婚制度　*162*

6 離婚の効果 …………………………………………………… 166
- 1 一般的効果 *167*
- 2 財産的効果——財産分与請求権 *171*

コラム 11 不在と失踪 *161*

第13章 親子，扶養 …………………………………………… 173

1 親子関係 …………………………………………………… 173
2 実子（1）——嫡出子の親子関係 …………………………… 173
- 1 嫡出子，嫡出でない子 *173*
- 2 嫡出の推定と否認 *173*

3 実子（2）——嫡出でない子の親子関係 …………………… 174
- 1 認　知 *174*
- 2 任意認知 *175*
- 3 強制認知 *177*
- 4 認知請求権の放棄 *178*
- 5 準　正 *178*

4 普通養子 …………………………………………………… 179
- 1 意　義 *179*
- 2 普通養子縁組の成立要件 *180*
- 3 普通養子縁組の効果 *185*
- 4 普通養子縁組の解消 *186*

5 特別養子 …………………………………………………… 186
- 1 意義および特色 *186*
- 2 特別養子縁組の成立要件 *187*
- 3 特別養子縁組の効果 *189*
- 4 特別養子縁組の解消 *190*

6 扶　養 ……………………………………………………… 191
- 1 公的扶助と私的扶養 *191*
- 2 私的扶養の 2 類型 *191*
- 3 扶養の当事者 *192*
- 4 扶養請求権と具体的な扶養の義務 *195*

　　　　5　扶養の順位・程度・方法　*196*

第14章　親権とその制限 …………………………………………… *199*

1　親権の法的性格 ………………………………………………… *199*
2　身上監護権 ……………………………………………………… *199*
　　1　監護教育権　*199*
　　2　居所指定権　*200*
　　3　懲戒権　*200*
　　4　職業許可権　*201*
3　子の財産に関する権利義務 …………………………………… *201*
　　1　財産管理権　*201*
　　2　法定代理権　*202*
　　3　同意権　*203*
　　4　利益相反行為　*204*
4　親権に服する者 ………………………………………………… *205*
　　1　未成年の子　*205*
　　2　未婚の未成年者　*206*
5　親権を行使する者 ……………………………………………… *206*
　　1　嫡出子の親権者　*206*
　　2　嫡出でない子の親権者　*209*
　　3　親権代行者　*210*
6　親権の制限 ……………………………………………………… *211*
　　1　親権の喪失・停止　*211*
　　2　財産管理権の喪失　*212*
7　親権の修了 ……………………………………………………… *214*
8　未成年後見 ……………………………………………………… *215*
　　1　意　義　*215*
　　2　未成年後見人の選任　*216*
　　3　未成年後見人の職務　*216*
　　4　複数後見・法人後見　*217*
　　5　未成年後見監督人　*217*

第15章　法定相続 … 219

1　相続制度 … 219
2　法定相続人とその順位 … 219
- ① 配偶者　*219*
- ② 血族相続人　*220*

3　代襲相続 … 222
- ① 趣　旨　*222*
- ② 代襲相続の原因　*223*
- ③ 代襲される者　*223*
- ④ 代襲相続人の要件　*224*

4　相続権の剥奪 … 226
- ① 意　義　*226*
- ② 相続欠格　*226*
- ③ 相続人の廃除　*227*

5　法定相続分 … 229
- ① 配偶者と血族相続人　*229*
- ② 配偶者がいない場合　*230*

6　相続人間の公平 … 231
- ① 特別受益者の相続分　*231*
- ② 寄与分　*232*

7　遺産分割 … 233
8　相続財産の範囲 … 234
- ① 原　則　*234*
- ② 例　外　*235*
- ③ 問題となる事例　*235*

9　相続の承認と放棄 … 237
- ① 承認・放棄の通則　*237*
- ② 単純承認　*240*
- ③ 限定承認　*240*
- ④ 相続放棄　*241*

10 　相続人の不存在 ………………………………………………… *241*

- ① 「相続人のあることが明らかでないとき」　*241*
- ② 相続財産法人　*243*
- ③ 相続財産管理人　*243*
- ④ 相続人の捜索と相続財産の清算　*244*
- ⑤ 特別縁故者への財産分与　*245*
- ⑥ 国庫帰属　*246*

第16章　遺　　言 ………………………………………………… *247*

1 　遺言の自由 ………………………………………………… *247*

- ① 意　　義　*247*
- ② 遺言能力　*247*
- ③ 遺言の撤回　*248*
- ④ 共同遺言の禁止　*249*

2 　遺言の内容 ………………………………………………… *249*

- ① 相手方のない単独行為　*249*
- ② 法定遺言事項　*250*

3 　遺言の方式 ………………………………………………… *251*

- ① 方式の必要性　*251*
- ② 普通方式と特別方式　*251*
- ③ 自筆証書遺言　*252*
- ④ 公正証書遺言　*254*
- ⑤ 秘密証書遺言　*255*

4 　遺言の執行 ………………………………………………… *256*

- ① 執行の準備手続き　*256*
- ② 遺言内容の実現　*258*

5 　遺　　贈 ………………………………………………… *259*

- ① 意　　義　*259*
- ② 包括遺贈　*260*
- ③ 特定遺贈　*260*
- ④ 負担付遺贈　*263*

6 遺留分……………………………………………………………… 264
　1　制度の趣旨　*264*
　2　遺留分権利者と遺留分の割合　*265*
　3　遺留分算定の基礎となる財産　*266*
　4　遺留分減殺請求権　*267*
　5　遺留分の放棄　*268*

索　　引……*269*

第1章　成年後見制度の仕組み

1　判断能力の支援

1　取引と判断能力

Case 1　高校生のAは，亡父から相続した山林を売却して進学資金に充てたい。

Case 2　高齢のBは，自己所有の山林を売却して老人ホームの入所資金に充てたい。

1-1　未成年者の取引

【Case 1】でAが山林を売却したいとき，その方法は二つある。一つは，Aに代わってその母親が売るという方法である。未成年者は，親権者（通常は父母➡14-16）の保護・監督に服するものとされているが（民法818条1項），この親権者には，本人に代わって取引をする権限（**代理権**）が与えられているのである（民法824条）。親権者は法律の規定に基づき代理権をもつことから**法定代理人**（➡14-10）といわれ，未成年者の保護者となる。

もう一つは，Aみずからが売却にあたるが，ただし，その際に母親の同意を得るという方法である。法定代理人である母親には，同意という形で取引の適切さを判断する権限（**同意権**➡14-12）も認められている（民法5条1項本文）。Aが母親の同意を得ないで勝手に山林を売却した場合，その契約は白紙に戻す（**取消権**➡2-10）ことができる（民法5条2項）。未成年者は，一般に社会的経験に乏しく取引に必要な判断能力も十分でないと考えられ，こうした様々な法的保護が与えられているのである。

1-2 成年者の取引

一方，成年者であっても加齢や障害（例：知的障害，精神障害，脳障害）のため判断能力が低下することは少なくない。例えば，【Case 2】のBが単独で取引を行なうと財産的な不利益を受けるおそれがあるというのであれば，保護者＝保護機関を用意し，これに各種の権限（代理権，同意権・取消権）を付与することが必要とされよう。

2 権利能力

1-3 権利能力と判断能力

未成年者であれ判断能力の低下した高齢者等であれ，自分の土地をもち，その土地を他人に売るということは自由である。人は誰でも土地所有権など財産に関する権利（または，それに対応する義務）の主体になることができる（**権利能力**）。また，この主体となるために，取引をすることもできるのである。

この権利能力は，人であれば当然に認められる。判断能力とは無関係であり，それが不十分な者であっても，平等に財産的取引をする資格をもつ。

* 人は出生とともに権利能力をもつ（民法3条1項）。また，明文の規定はないが，権利能力は死亡によって失われ，死者の権利義務は相続人に引き継がれることになる（民法882条，896条）。なお，胎児についても，出生後の不利益を避けるために，相続（➡15-4）など一定の場合には権利能力が認められている（民法721条，886条，965条）。

1-4 取引参加と判断能力の支援

もっとも，乳幼児がみずから土地取引をするなど現実には不可能であろう。また，成長過程にあって判断能力の未熟な者や加齢等により判断能力の低下した者は，不利な条件で取引をし，損害を被るおそれもある。権利能力は平等に認められるとはいえ，これらの者が取引に参加するにあたっては，そのための支援の方策が社会的に整備されなければならない。

そこで法は，判断能力が十分でないとみられる一定範囲の者を取り出し，これらの者に特別な保護者＝保護機関（親権者，後述の成年後見人等）を用意するのである。

3 成年と未成年

1-5 未成年者制度

　成年者であれ未成年者であれ，判断能力が不十分な場合には支援を必要とするが，ただし，その支援のあり方は同じではない。未成年者については，これを一律に保護することにも抵抗感は少ない。各人の精神的発達にはそれほど極端な違いはなく，ほぼ年齢に応じたものと考えられるからである。それゆえ，未成年者（民法4条）であれば誰であれ，保護者として法定代理人を付される。法定代理人の選任やその権限はすべて法律で定められており，未成年者の意思が関与する余地はない。

1-6 私的自治の原則

　一方，成年に達した者には保護者が付されないのが原則である。本人はみずからの意思で自律した生活を営む（**私的自治の原則，意思自治の原則**）。私的な生活（衣食住，家族）については，自律した個人がみずから決定を行ない，その結果をみずから引き受けるのである（**自己決定・自己責任の原則**）。

1-7 支援の必要な大人

　もっとも，この「自己決定／自己責任」という図式は，自己決定を行なうに足る一定の判断能力を前提とする。それが加齢等により減退した場合には，その減退の程度に応じて個別に支援の方策を検討しなければならない。

2　類型と権限

1 法定後見と任意後見

1-8 私的自治の原則と任意後見

　私的自治の原則からすれば，保護者や保護の内容を本人の意思で定めることが考えられる。将来の判断能力の衰えに備えて保護者となる者をあらかじめ選任し，自分に代わって財産管理などの事務を行なうことを委ねて

おくのである（**任意後見**➡9-1）。

1-9 法定後見の必要性，特徴

しかし，すべての人が判断能力の低下した事態に備えるとは限らない。また，実際に判断能力が低下すると，みずから保護のあり方を決めることは難しい。そこで，保護を必要とする本人の意思とはかかわりなく，法の規定に基づいて本人保護を図る方策も用意されている。以下にみる**法定後見**の制度がそれであり，保護の開始・保護者の選任等が家庭裁判所の審判によること，保護の内容が法の規定および家庭裁判所の判断によることをその特徴としている。

2 三つの法定類型
①精神上の障害

1-10 判断能力と「精神上の障害」

法定後見は，すでに判断能力が低下している者を対象としているが，ただし，この判断能力が不十分な状態は，「精神上の障害」（民法7条，11条，15条）[1]に起因したものでなければならない。例えば，泥酔して一時的に判断能力が減退したとしても，法定後見の対象とされることはない。[2]

  [1] ここにいう「精神上の障害」とは，身体上の障害を除くすべての精神的障害を含む広義の概念とされている。具体的には，認知症，知的障害，精神障害のほか，自閉症，事故による脳の損傷または脳の疾患に起因する精神的障害等もこれに含まれる［小林＝原 2002：61］。
  [2] もっとも，泥酔状態でなされた契約等は，**意思無能力**を理由として救済される（➡2-3）。

1-11 未成年者

なお，未成年者については，判断能力の不十分な理由がもっぱら若年のためであれば未成年者制度の対象とすれば足りるが，精神上の障害により判断能力が不十分というのであれば，成年後見制度の対象とすることもできる。

②保護の3類型

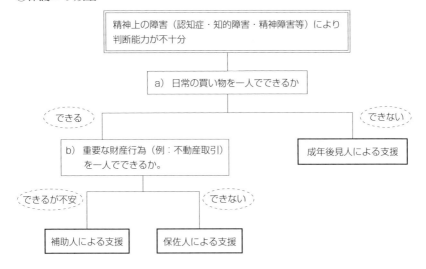

1-12　判断能力の程度

　法定後見は，後見・保佐・補助の3類型に分けられ，各類型における保護者＝保護機関は，後見人・補佐人・補助人といわれる。3類型の区別は本人の判断能力の程度に着目したものであり，明白な線引きは難しいが，例えば，a）日常の買い物や，b）不動産取引（重要な財産行為）を一人でできるかどうかが一応の目安といわれている。日常の買い物（＝a）すら満足にできない者は後見の対象，a）はできても不動産取引（＝b）などが適切にできない者は保佐の対象，さらに，b）も何とかできるが，ただし不安のある場合が補助の対象とされるのである［小林＝大鷹＝大門編 2000：40, 68, 91］。

3　家庭裁判所の関与

1-13　家庭裁判所の審判

　判断能力が十分でないからといって，法定後見が自動的に開始するわけではない。後見・保佐・補助のいずれの類型についても，**家庭裁判所に審判**（➡11-22）を求める必要があり（➡6-1），それを受けた家庭裁判所が本

人の能力を確認し（→7-4〜7-6），後見等を開始する審判*（→7-7）をしなければ，保護が開始されることはない。その審判の結果，例えば後見が開始し成年後見人が選任されると，本人が単独でした契約は取消しが可能なものとなる（取消権）。本人はみずから自由に契約をすることができなくなるのであるが，一方，成年後見人は本人の希望しない契約を結ぶことも可能となる（代理権）。それはいずれも他者による財産管理という性格を有するものであり，みずから財産管理をできない者がこうした保護措置（同意権・取消権，代理権）を受けるにあたっては，家庭裁判所による公権的な判断が求められているのである。

* また，この審判をするときは，家庭裁判所が職権で保護機関（後見人，保佐人，補助人）を選任する（→7-9）。

4　審判の効果

保護措置との定型的結び付き
- ○ 後見類型：代理権＋取消権——法定の権限
- ○ 保佐類型：同意権・取消権——法定の権限
  　　　　　　代理権——本人が求めまたは同意した範囲
- × 補助類型：同意権・取消権，代理権
  　　　　　　——本人が求めまたは同意した範囲

1-14　後見開始の審判

後見開始の審判がなされると，後見が開始し（民法838条2号），成年後見人は，法定の権限として，代理権（民法859条1項→3-9），取消権（民法120条1項→2-22）をもつことになる。いずれの権限も，後見開始の審判の効果として，成年後見人に付与されるものである。

1-15　保佐開始の審判

保佐人は，保佐開始の審判の効果として，同意権（民法13条1項所定の行為〔→2-29〕，裁判所による指定行為〔→2-30〕について）および取消権（本人が単独でした法律行為について〔→2-32〕）を付与される。また，こうした法定の権限のほかに，保佐人は代理権をもつこともできるが，そのためには，

保佐開始の審判とは別個の審判（代理権付与の審判➡3-27）が必要とされる。

1-16 補助開始の審判

後見開始・保佐開始の審判と異なり，補助開始の審判は，補助の開始という効果をもつにとどまる。この審判だけで補助人の権限が定まることはなく，補助人に付与される権限の種類と範囲については，別途，家庭裁判所の審判（同意権付与の審判〔➡2-34〕・代理権付与の審判〔➡3-32〕のいずれか一方もしくは双方）が必要とされるのである。もともと補助類型の対象者は，日常生活にさほどの不自由さをもっておらず，決定的に保護を必要としているというわけでもない。そのため，補助開始の審判と保護措置（同意権・取消権，代理権）との間に定型的な結びつきはなく，個別の取引（例：不動産の売買）における必要性との兼ね合いで，保護措置を柔軟に選択することが可能とされているのである。

3　成年後見制度の理念

1 旧制度の仕組み

1-17　禁治産宣告・準禁治産宣告

成年後見制度は，私的自治の社会で，判断能力が不十分なため取引に困難を有する者を支援し保護するために設けられた制度である。しかし，判断能力の十分でない者を支援する制度は従来から用意されていた。禁治産宣告あるいは準禁治産宣告という制度がそれである。

判断能力を失った（心神喪失の常況〔➡2-23〕にある）者が家庭裁判所で禁治産の宣告を受けると**禁治産者**といわれる。一方，判断能力の十分でない（心神耗弱等）者は，家庭裁判所で準禁治産宣告が下されると**準禁治産者**とされる。禁治産者は，何一つ自分では取引上の行為を許されず，その必要があるときは，保護機関である後見人が代理して行なうほかなかった。また，たとえ後見人の同意を得た行為であっても，例外なく常に取り消すことができるものとされていた。これに対して，準禁治産者は原則として単独で取引行為ができるものとされていたものの，ただし，一定の重要な

契約（例：不動産の売買）については保護機関とされた保佐人の同意を要するとされていた。

＊ 禁治産とは，財「産」を「治」めることを「禁」じるという意味である。

1-18 旧制度の問題点

しかし，この旧来の制度は禁治産・準禁治産という2類型を用意していたにすぎず，また，両者では効果が大きく異なることから，個々の事案における各人の保護に十分対応することができないと指摘されていた［小林＝原 2002：47］。

急速に進む高齢社会のなかで，認知症高齢者を初めとして，判断能力が十分でないため日常的な財産管理について他者の支援を必要とする人は増え続けている。判断能力は次第に衰えていくが，その低下が軽度な場合にも柔軟に対応しうる制度が必要である。また，介護保険制度の導入（2000〔平成12〕年）によって，介護サービスの利用は行政的な措置によるサービス提供の仕組みから事業者との契約による仕組みへと切り替えられた。それに伴い，契約の締結にあたって介護を必要とする者の判断能力を支援することが，ますます重要な課題となった。知的障害者や精神障害者についても同様であり，福祉サービスの利用をめぐる契約的な処理なども深刻な問題であった。

そこで，1999（平成11）年の改正民法（➡コラム1：成年後見制度と民法典）により，従前の禁治産・準禁治産制度は現行の成年後見制度（2000年4月施行）へと改められた。この現行制度と旧制度との大きな違いは，❶任意後見制度を創設したこと，❷それまで2類型（禁治産・準禁治産）であった法定後見制度を3類型（後見・保佐・補助）に改めたことにある。

2 現行制度の理念

1-19 ノーマライゼーション

この制度改正を理論面から促したのは，**ノーマライゼーション**という思想である。それは，障害者も一般市民と同様に家庭や地域で通常の生活を送り，社会の一員として活動することの重要性を明らかにするものであった。

旧制度のもとでは，判断能力の低下した成年者を保護するためには二つの選択肢しかなかった。本人による一切の財産管理を禁止し，そのすべての行為を取消しの対象とする（禁治産制度）か，法律に列挙された行為について一律の制限を課す（準禁治産制度）かである。判断能力が不十分であることを理由として取引社会から排除し，それによって本人保護を図ろうというのであるが，そこには家産（家の財産）保護という意味合いも強くみられた。

しかしながら，本人の現有能力を一律に否定し社会参加の機会を奪うことは，ノーマライゼーションの理念と牴触する。たとえ判断能力が不十分であろうと，その人が現に今もっている能力を最大限に引き出し（**残存〔現有〕能力の活用**），また，可能な限り本人の意思を尊重して（**自己決定権の尊重**），家庭や地域で自立した生活を送る（**ノーマライゼーション**）ことができるよう支援することが，今日の制度には求められているのである。

4　保護と自己決定

1　自己決定と他者決定

1-20　保護内容の自動性

今日の法定後見制度は，本人の「精神上の障害」の程度に応じた3類型（後見・保佐・補助）を用意し，こうした能力基準の枠組みのなかで，保護の内容を自動的に定めるという仕組みをとる。成年後見人の代理権および取消権，保佐人の同意権・取消権は，保護の開始と連動して付与されるのであり，保護を受ける本人の意思が考慮されることはない。＊

＊　これに対して，任意後見制度は，後見に入るきっかけが本人みずからの意思にある。また，本人みずからが後見人とその代理権の範囲をも選択する（➡9-1）。

1-21　他者決定

しかし，意思決定の代行（法定代理）は，本人の自己決定との深刻な対立をもたらす。また，同意によって本人の自己決定は抑制され，取消しによって事前の自己決定は覆される。いずれの場合にも，保護機関による他

者決定(例：同意を与えない)が優先されるのであり，本人は「自分の思ったようにはならない」[大村 2005：48]。法定後見人の権限行使には，本人の自己決定に対する干渉という側面もみられる。

2 自己決定の支援と法定後見

1-22 必要最小限度の支援

たしかに，完全な植物状態(遷延性意識障害の状態)の場合などを想起すれば，法定代理の必要性を否定することは難しい。また，判断力の不十分な者が財産的搾取を受けることを防ぐためには，同意権や取消権による保護も必要とされよう[上山 2015：38]。しかし，他者決定による支援は私的自治(➡1-6)に委ねられるべき領域への干渉という性格を併せもっており，本来的に権利侵害の危険性を内包している[法政大学大原社会問題研究所=菅編著 2013：4-5〔上山泰・管富美枝〕]。人は判断能力の程度を問わず自己決定権の行使主体として平等に扱われるべきであり，このことは権利能力(➡1-3)の平等原則からも確認することができる。後見的な支援は，現に「いま・ここで」必要な最小限度にとどめられるべきであろう[上山 2012：24]。

1-23 属性による保護

この点，現行の法定後見制度では，成年後見人は，取消権(民法9条)だけでなく代理権(民法859条)をも包括的に付与される。また，保佐人は，重要な財産に関して包括的な取消権(民法13条4項)を与えられている。いずれの権限も保護の開始と連動して付与されるものであり，その内容が本人の現実の能力や具体的な状況に応じて個別的に調整される余地はない。

しかし，判断能力を類型化し，この法的な属性に基づいた画一的な保護を目指すことは，自己決定に対する過剰な制限とはならないか。例えば，精神に障害があったとしても，季節や服薬の状況などによって，その者の判断能力には変動がみられるのである。

成年者に対する後見は，本来的に，その自律に対する侵害である[菅 2013：136]。現行の成年後見制度へと再編するにあたっては，たとえ判断

能力の不十分な者であっても，自己決定の機会を奪われず，支援を受けて通常の社会生活を営むことが理念とされていた。そうであるならば，自己決定の支援こそが目指されるべきであり［菅 2010：59］，他者決定による保護には謙抑的でなければならない。本書は，成年後見制度とそれにかかわる諸領域を整理したものにとどまるが，保護と自己決定との緊張関係にも目をやるとき，それは制度の枠組みそのものを問う作業の端緒ともなるであろう。

コラム 1

成年後見制度と民法典

1 保護の全体像
〈民法典の改正〉
　任意後見制度が「任意後見契約に関する法律」という民事特別法により新設された（➡9-2＊）のに対して，法定後見制度は，それまでの民法典を改正するという方式で導入されている。その際，成年後見という独立した章や節が設けられたわけでもない。後見・保佐・補助の制度は，民法の第1編「総則」と第4編「親族」とにまたがって規定され，その両者が相まって全体の制度が形成されている。

2 民法典の組み立て
〈財産法と家族法〉
　民法は私人の生活関係に関する法であり5編から構成されている（第1編「総則」・第2編「物権」・第3編「債権」・第4編「親族」・第5編「相続」）。前3編では売買や賃貸借，事故の補償など経済生活に関する部分（**財産法**の領域）が扱われ，後2編では夫婦・親子・相続など家族生活に関する部分（**家族法**の領域）が対象とされている。

3 法定後見の規定の配置

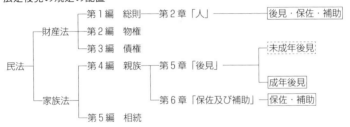

〈総則編と親族編への分属〉

　成年後見制度は民法典の総則編と親族編とにまたがって規定されているが，このうち総則編では，「人」(第2章)の取引主体としての側面に着目した整理がなされている。判断能力の不十分な者について，取引の観点から，その判断を支援し本人保護を図るための方策（例：同意権，取消権）が示されているのである。

　一方，親族編では，自力で生活を送ることが困難な者を保護するという観点から，「親権」（第4章）や「扶養」（第7章）と並んで「後見」の章（第5章）が設けられており，「保佐及び補助」の章（第6章）がこれに続いている。ここには，成年後見人等の選任・監督，代理権付与などについて規定が設けられている。

〈親族的身分関係と後見〉

　もっとも，「後見」の章（親族編第5章）は，成年後見だけを規定しているわけではない。後見としての共通性から未成年後見（➡**14-32**）をも併せて定め，同章には両者の規定が混在している。たしかに，いずれも判断能力の不十分な者を保護するために開始される制度である。しかし，未成年後見が親権者を欠く者のための制度であり，親権の延長としての性格をもつのに対し，成年後見は，必ずしも親族という枠組みと結びつくものではない。後見の社会化（➡**8-5**）が大きく歩みを進めている今日，成年後見制度を未成年後見から分離し，さらには親族編からも独立したものとすることが提案されている［赤沼 2012：11］。

4　判断能力の支援と家族法

〈家族法上の行為と成年後見人の関与〉

　民法典のなかには成年後見人の介入を排除する規定もみられる。民法は，その内容面からみると財産法と家族法とに大別されるが，とくに家族法上の行為については，本人だけの判断でなしうるとされていることも少なくない。

〈本人の意思の尊重〉

　たしかに，遺産分割（➡**15-35**）や相続の承認・放棄（➡**15-46**）のように，成年後見人が代理をしたり（➡**3-17**＊）保佐人が同意を与える（➡**2-29**）ものもある。遺産分割等は財産的権利の取得または義務の負担という性格をもち，その管理・処分については財産上の領域で必要とされる計算能力が求められるからである。しかし，例えば婚姻をするかどうかについて（➡**12-20**），あるいはどのような遺言をするかについて（➡**16-3**），成年後見人が本人に代わって決定したり，保佐人が同意を与えることはない。婚姻等は，本人の意思が何よりも尊重されなければならないのである。

参考文献

赤沼康弘「成年後見制度の現状と課題」赤沼康弘編著『成年後見制度をめぐる諸問題』新日本法規，2012年，3-14頁。

新井誠＝赤沼康弘＝大貫正男編『成年後見制度（第2版）』有斐閣，2014年。

大村敦志『もうひとつの基本民法Ⅰ』有斐閣，2005年。

上山泰「3類型制度の課題」赤沼康弘編著『成年後見制度をめぐる諸問題』新日本法規，2012年，17-27頁。

上山泰『専門職後見人と身上監護（第3版）』民事法研究会，2015年。

小林昭彦＝大鷹一郎＝大門匡編『一問一答　新しい成年後見制度』商事法務研究会，2000年。

小林昭彦＝原司『平成11年民法一部改正法等の解説』法曹会，2002年。

最高裁判所事務総局家庭局『成年後見制度における鑑定書作成の手引』2007年。

菅富美枝『イギリス成年後見制度にみる自律支援の法理』ミネルヴァ書房，2010年。

菅富美枝「民法858条における『本人意思尊重義務』の解釈」名古屋大学法政論集250号（2013年），129-153頁。

法政大学大原社会問題研究所＝菅富美枝編著『成年後見制度の新たなグランド・デザイン』法政大学出版局，2013年。

第2章　法定後見と同意権・取消権

1　契約の拘束力，拘束力からの解放

1　契約の拘束力

2-1　法の助力

　私たちは，社会生活を営む上で様々な約束をする。そのうち，法的な拘束力をもった約束が契約といわれる。例えば，Aがみずからの所有する絵画をBに売却するという契約を結んだとしよう。約束の期日になってもAが絵画を引き渡さない場合，Bは裁判所に強制執行を申し立て，執行官の手を経て絵画を入手することができる。一方，Bが絵画を受け取ったにもかかわらず代金を支払わないというのであれば，裁判所がBの財産を差し押さえ，その競売により得た代金がAに引き渡される。契約の内容は，それが任意に履行されない場合，法や国家機関の助力を得ても強制的に実現されるのである（➡11-15）。

2-2　判断能力の欠如・不足

　もっとも，契約に拘束力を認めることが必ずしも適切とは思えない場合もある。例えば，幼い子どもや認知症の高齢者がみずから契約を結んだとしよう。その内容が自己にどれほど不利益なものであろうと強制されるべきだとすると，判断能力の不十分な者に対する保護に欠けることになりはしないだろうか。かれらを財産の散逸や義務の負担から守るための方策が必要である。以下にみるように，法が判断能力の不足や欠如に着目し，契約の効力を否定する制度を用意したのは，そのためにほかならない。

2 契約の拘束力からの解放

①意思無能力

2-3 意思能力

　人は，みずからの自由な意思に基づいてのみ権利を取得し義務を負担する（**私的自治の原則，意思自治の原則**➡1-6）。契約に拘束されるのも，それが当事者の自由な意思に基づいて締結されたものだからである。この拘束力に対する信頼がなければ，今日の取引社会を維持することはできないであろう。

　もっとも，みずから望んで契約関係に入ったといいうるためには，取引に必要な最低限度の判断能力があらかじめ当事者に備わっていなければならない。例えば，「この絵を売ると，どのような結果になるのか」を理解できない者に対して，売り主としての権利義務を引き受けるよう求めることは適切でない。自分の行為の意味や結果を認識し判断する精神的能力を**意思能力**というが，「売買とは何か」といったことを判断しうる能力のない状態（**意思無能力**）でなされた契約は**無効**（➡2-16）であり，効力を認められることはない（民法3条の2）。幼児や泥酔者から絵画を購入する約束をしたところで，買い主はそれを引き渡すよう強制することができないといえよう。

②意思能力の問題点

2-4　本人保護と相手方保護

　意思能力という概念は私的自治の原則から導かれるものであるが，以下にみるように，本人保護の観点（A～C）からも相手方保護の観点（D）からも問題がある。

2-5　A：立証の困難性

　幼児のように外見上明らかな場合を除き，個別具体的な行為について意思無能力を立証することは，本人にとって必ずしも容易でない。仮に認知症であったとしても，それだけでは意思無能力の証明にはならない。認知症によって当該契約について判断能力がなかったと認められて初めて意思

無能力による無効が認められるのである。また，意思無能力であったと判断できる場合であったとしても，これを本人に代わって主張する者が法で定められているわけでもない。

2-6　B：保護機関の不在

財産の管理・処分や契約の締結が意思無能力者本人のために必要なこともある。しかし，そのような場合にも，これを本人に代わって実現する保護機関は用意されていない。

2-7　C：判断能力の不十分な者の保護

例えば19歳の未成年者は，意思能力は有するとしても，社会的な経験が十分でないため取引にあたって適切な判断ができないかもしれない。このように取引に必要な判断力が十分でない者も，不利益を被ることのないよう保護する必要がある。

2-8　D：相手方の保護

意思能力の有無は，容易には確認することができない。例えば，泥酔の状態にも個人差があり，泥酔者が契約時に意思能力を有していたか否かを相手方が正確に知ることは困難であろう。そのため，取引の相手方は後に契約の効力を否定され，予想もしなかった不利益を被るおそれがある。場合によっては，すでに給付したものの返還を受けることすらできないのである（民法121条の2第3項前段➡2-21）。とはいえ，契約の都度，意思能力の有無を個別に判定していたのでは，迅速・円滑を旨とする取引社会は成り立たない。意思無能力者の保護と取引の相手方の保護との調整を図る方策が必要とされる。

③制限行為能力の制度

2-9　制限行為能力の特徴

意思能力には以上のような難点があることから，法は，意思無能力者だけでなく判断能力の十分でない者をも取り込んだ類型化を行ない（上記C

の克服)，それらの者が契約などの**法律行為**(➡**コラム2**：法律行為と事実行為)を単独で行なった場合，行為時に意思無能力であったか否かを問わず，一律に**取消し**(➡**2-16**)を認めている(上記Aの克服)。本人は単独では法律行為をなしえないとされ，その限度で取引上の能力(**行為能力**)には制限が加えられているのである。こうした行為能力の制限を受ける者を**制限行為能力者**という。制限行為能力者には，未成年者，成年被後見人・被保佐人・被補助人(ただし，保護機関である補助人の同意権〔➡**2-34**〕に服する場合のみ)の4類型があり，それ以外の者は，**行為能力者**として何ら制限なく法律行為を行なうことができる。

一方，能力制限の代償として，制限行為能力者には保護者＝保護機関を付し，本人の判断を補ったり，代わりに判断を下す役割を担わせている(上記Bの克服➡**3-3**)。また，制限行為能力者かどうかは年齢(未成年者の場合➡**2-10**)や家庭裁判所の審判(成年者の場合➡**2-11**)といった客観的指標によって定められることから，相手方は，能力制限の有無を取引の時点で確認することもできる(上記Dの克服)。

2-10　未成年者と制限行為能力

未成年者には保護者・保護機関として**法定代理人**が付される。未成年者の法定代理人は，通常，その親権者である父母であるが(民法818条1項，824条➡**14-10**)，両親が離婚した場合は，いずれか一方が親権者となり法定代理権を行使する(民法819条1項，2項➡**12-48**)。また，父母の一方が死亡したときは，他の一方が親権者となる(➡**14-19**)。両親ともに亡くなったような場合は，未成年後見人が選ばれて法定代理人となる(民法838条1号・859条1項➡**14-32**)。

未成年者本人が契約などの法律行為をするにあたっては，その具体的な判断能力を問わず，法定代理人の同意が必要であり(民法5条1項本文)[*]，同意を得ないでした法律行為は，未成年者自身または法定代理人がこれを取り消すことができる(民法5条2項，120条1項)。契約の最終的な効力は，未成年者またはその法定代理人の判断に委ねられるのであるが，一方，相手方は，戸籍謄本や運転免許証等で未成年者かどうかを確認する手段を与えられていることから不測の損害を受けるおそれはない。

* もっとも，お年玉のような負担のない贈与（民法5条1項ただし書），学費の仕送りや小遣いのように法定代理人があらかじめ同意した財産の処分（民法5条3項）などについては，法定代理人による個別の同意は不要であり，契約後の取消しも認められない。

2-11 成年者と制限行為能力

　未成年者は一律に制限行為能力者とされ，財産管理やそれをめぐる法律行為は，親権者あるいは未成年後見人が保護者としてこれを担う。これに対して，成年に達した者には保護者＝保護機関が付されないのが原則であり，保護を必要とする場合は，端的に判断能力に着目した対応がなされる。対象者の「事理を弁識する能力」（➡2-12）の存否・程度によって後見・保佐・補助という3類型を区分し（➡1-12），各類型ごとに単独ではなしえない行為が定められる。そして，これに反した行為は，本人の意思能力の有無を問わず（たまたま行為時には意思無能力でなかったとしても），画一的にこれを取り消しうるものとされるのである。

　また，こうした行為能力の制限を伴うことから，後見等の開始は家庭裁判所の**審判**（➡11-22）によることとし（➡7-7），それと併せて保護機関（成年後見人・保佐人・補助人）の選任も審判に委ねられる（➡7-9）。

　このように行為能力の制限を受ける者は家庭裁判所により個別に認定され保護機関が付されるが（➡1-13），このことは登記によって**公示**（外部からみてわかるようにすること）され（**成年後見登記制度**➡7-17），取引の相手方に事前の注意を促すことができる。

コラム2

法律行為と事実行為

　例えば，タバコの購入は**法律行為**であるが，それを吸う行為は**事実行為**である。タバコの売り買いを約束すると（売買契約），売主にはタバコの引き渡し義務，買主には代金の支払い義務が発生する。このように法的効果（権利義務の変動）を直接の目的とする行為が法律行為にほかならない。

　これに対して，タバコを吸うという行動は，法的効果の発生を目的としているわ

けではない。この行動の法的効果は当事者の意思と無関係であり、法がそれをどう評価するかによって決まる。こうした行為は事実行為と呼ばれる。

④意思能力と事理弁識能力

2-12　法令用語

　事理弁識能力は判断能力を法令用語により表現したものであり［小林＝原 2002：61］、ここに「事理」とは事物の利害得失、「弁識」とは判断を意味している。この事理弁識能力は、概念上、意思能力（▶▶2-3）とは異なる。

2-13　個別性の捨象

　第1に、意思能力の有無は、個々の法律行為ごとに具体的に判断される。例えば、廉価なお菓子を買う行為と株に投資する行為とでは必要とされる意思能力は異なる。行為が複雑になれば、その意味や結果を認識するにもそれだけ高度な判断能力が求められるのである。これに対して、事理弁識能力は制限行為能力者を類型化するための基準であり、個別の行為との関係が考慮に入れられることはない。

2-14　能力の有無および程度

　第2に、意思能力は法律行為の有効・無効を画するための概念であることから、その有無のみが問題とされる。これに対して事理弁識能力においては、その有無だけでなく程度も問題とされる。事理弁識能力の「不十分」な状況・「著しく不十分」な状況・「欠如」した状況を観念しうるのである＊。たしかに、事理弁識能力の著しく不十分な状況を超えてこれを欠く状況にまで至ると、日常生活に必要な買い物等も困難であり、ここでは事理弁識能力と意思能力とが重なり合う［小林＝原 2002：64］。しかし、取引の実際においては、「売買とは何か」といった最低限度の結果を判断する能力だけが問題とされるわけではない。売買の意味は理解できるとしても、その損得までは判断できないという場合も考えうる。事理弁識能力はこうした事態をも包摂する概念なのである。

　＊なお、制限行為能力者の内でも、未成年者については年齢によって画一的な処理が

なされるのであり，事理弁識能力が直接に問題とされることはない。

⑤意思無能力による補完

2-15 制限行為能力制度の限界

　もっとも，制限行為能力者の制度にも限界がある。第1に，成年者の行為能力を制限するためには家庭裁判所の審判が必要であり（➡2-11），たとえ事理弁識能力の不足・欠如があったとしても，取引の時点で法定後見開始の審判がなされていない限り，制限行為能力を理由とする取消しを使用することはできない。第2に，アルコールや薬物の使用などで一時的に精神的能力を失っていたと認められる場合も，行為能力では対処できない。こうした場合を捕捉するために，意思無能力という概念はなお必要とされる。

3 　意思無能力による無効，制限行為能力を理由とする取消し

①無効と取消し

2-16 無効と取消しの異同

　無効も取消しも，契約など法律行為の効力を否定する点で共通しているが，両者では効力の否定の仕方が異なる。**無効**な行為は初めから法的な効力が認められない。これに対して，**取消し**の場合は当然に効力が生じないというわけではない。法律行為は取消権者（例：未成年者本人，その親権者——民法120条1項）がこれを主張すると「初めから無効であったものとみな」されるが，それまでは一応有効なものとして扱われる（民法121条本文）。法律行為をそのまま通用させるか，それとも取り消して無効にするかを選択する機会が取消権者には与えられているのである。

2-17 無効・取消しの効果

　無効・取消しによって契約の効力が失われる結果，当事者はその拘束力から解放される。例えば，売買契約が無効となり，あるいは取り消されると，売り主は目的物の引渡し義務を免れ，買い主は代金の支払い義務を免れる。それゆえ当事者は，いまだ履行していない義務であれば，履行を拒むことができる。また，すでに履行しているのであれば，支払った代金や

引き渡した目的物の返還（**原状回復**）を求めることができる。

②不当利得の制度

2-18 当事者間の公平

　ここに目指されているのは当事者間の公平であり，その具体的な処理の仕方は，**不当利得**という制度で用意されている。民法703条以下は，「法律上の原因」なしに他人から得た利益（**不当利得**）は返還しなければならないと定める。契約が無効または取消しとなった場合，契約はなかったことになり，金銭や財産の移動は「法律上の原因」を失う。それゆえ，すでに契約が履行されていたのであれば，上述のように，受け取った代金や購入した目的物は返還しなければならないのである。

2-19 返還義務の範囲

　この返還義務の範囲は，契約に無効・取消しの原因があり，したがって，自分が利得することに「法律上の原因」がないということを知っていた（**悪意**）か，それとも知らなかった（**善意**）かによって異なる。悪意者は，受け取った利益に利息をつけて返還しなければならない。また，場合によっては損害賠償もしなければならない（民法704条）。これに対して，善意者は「利益の存する限度」（**現存利益**）において返還すれば足りるとされるのである（民法703条）。

③意思無能力者・制限行為能力者の返還義務

　Case　被保佐人Xは，保佐人Yに無断で自己所有の土地をAに売却した。それを知ったYはこの売買契約を取り消したが，すでにXは受け取った代金の全額を競馬で失っていた。

2-20 返還義務の特則

　もっとも，意思無能力であったり行為能力を制限されていた者については，この返還義務の特則が定められている。これらの者が返還義務を負う

場合には，その善意・悪意が問題とされることはない。すべて善意として扱われ，「現に利益を受けている限度」（**現存利益**）においてのみ原状回復の義務を負うとされるのである（民法121条の2第3項）。

ここには，行為のときに意思無能力であった者あるいは行為能力の制限を受けていた者を特に手厚く保護しようという配慮がみられる。例えば，未成年者であったとしても，ある程度の年齢になれば親に無断で行なった契約は取り消されることを知っており，したがって利得に「法律上の原因」がないことについても分かっているであろう［大村 2007：84］。とはいえ，この者に悪意者が負担する広範囲の返還義務を課すとなると，契約を結んだことによる不利益は，その取消しによっても解消されない。取消権は，制限行為能力者が取引の上で不利益を被ることのないよう付与されているのであるが，その意義が失われてしまうのである［佐久間 2008：104］。意思無能力による無効の場合に返還義務が制限されているのも，同様の配慮によるものといえよう

* この121条の2第3項に定める返還義務の範囲（「現に利益を受けている限度」）は，善意の不当利得者の返還義務のそれ（「その利益の存する限度」——民法703条）と同じ意味であると一般に理解されている［幾代 1969：434］。

2-21　現存利益の範囲

問題は，現存利益の範囲であるが，例えば，物の売却代金を保有している場合はもちろん，それを生活費にあてた場合にも現存利益があり，これを返還しなければならないとされている（大判昭和7・10・26民集11巻1920頁）。前者の場合は受け取った利益が形を変えて残存しており，後者の場合は，予定されている支出をみずからの財産でまかなうのを免れているからである。

これに対して，受領した利益を浪費したときは，利益が現存せず，返還の義務はない（大判昭和14・10・26民集18巻1157頁）。無駄に消費した場合にも返還義務を課すとなると，その消費分は他から調達しなければならず，結局は契約の前よりも財産が減少する。また，調達できないときは，無効や取消しの主張を控えざるをえないことにもなる［須永 2005：260］。こうした事態は，意思無能力者や制限行為能力者を特に保護しようとした法の

趣旨に反するものといえよう。

　それゆえ，先に掲げた【Case】の場合も，Xは代金の返還を免除される。売買契約が取り消されたのであるから，Aは土地を返還しなければならない。一方，制限行為能力者であるXは，「現に利益を受けている限度」で代金を返還することになるが（121条の2第3項），その全額を競馬で浪費したというのであるから，もはや返還すべき現存利益は認められないのである。

2　成年後見人の取消権

1　行為能力の制限と意思能力

Check!〔22-73-5〕

成年被後見人が自己の所有する不動産を売却したとき，その時点で意思能力を有していた場合でも，成年後見人は契約を取り消すことができる。　〔正しい➡2-22〕

2-22　成年被後見人による法律行為

　行為能力の制度は制限行為能力者という類型を用意し，その類型に該当する者について取引能力を制限するとともに，この制限に反してなされた法律行為を取り消しうるものとしている。成年被後見人についていえば，家庭裁判所による後見開始の審判を受けている以上，日常生活に関する行為を除き（➡2-25），みずから財産上の法律行為をすることはできない。具体的な取引にあたって意思能力があったかどうかは問題ではない（➡2-11）。その行為の時点では完全に意思能力を有していたとしても，当該行為は，それが被後見人によるものであることそれ自体を理由として，取消し可能なものとされるのである（民法9条➡〔22-73-5〕）。

2　制限される行為の範囲

Check!〔22-73-1〕

成年被後見人が建物の贈与を受けたとき，成年後見人はこれを取り消すことができ

ない。　　　　　　　　　　　　　　　　　　　〔下線部が誤り ➡ **2-24**〕

Check!〔22-73-4〕

自己の所有する不動産を売却した成年被後見人は，成年後見人の同意を事前に得ていた場合には，これを取り消すことができない。　　〔下線部が誤り ➡ **2-23**〕

2-23　成年後見人による事前の同意

　成年被後見人がみずから行なった法律行為は，それが後見人の同意を得たものであったとしても，取り消すことができる（➡〔22-73-4〕）。未成年者は，意思能力がある限り，法定代理人の同意を得てあらゆる法律行為を行なうことができる（民法5条1項）。これに対して，成年被後見人は判断能力を欠く状況が通常（「欠く**常況**」——民法7条）であり，成年後見人があらかじめ同意を与えたとしても，その予測どおりに行動するとは限らない。それゆえ，成年被後見人みずからの判断で法律行為をさせることは，本人保護のために好ましくないとされるのである。

* 必ずしも一日24時間中，判断能力がないという場合に限られない。ときには正常に戻ることがあったとしても，大半の時間，判断能力がないという程度で足りる。

2-24　全面的な取消権

　このように，成年被後見人は，後見人の同意を得たとしても単独で有効な法律行為をなしえない。この意味で，行為能力の制限はほぼ全面に及んでいる。例えば，成年被後見人は，贈与を受ける行為さえ単独で行なうことができず，その行為は取消しの対象とされる（➡〔22-73-1〕）。この点で，未成年者・被保佐人・被補助人とは大きく異なっている。

* 未成年者は，負担のない贈与（例：お年玉）を受ける場合のように「単に権利を得」る行為であれば，単独で行なうことができる（民法5条1項ただし書 ➡ **2-10** *）。このような場合，未成年者が不利益を受けることはないからである。また，被保佐人は，民法13条1項に列挙された行為について保佐人の同意を得ることを要するが，同項に贈与を受けることは含まれていない。そして，補助人が同意権をもつのも，この13条1項の行為の一部に限られるのであり（民法17条1項ただし書 ➡ **2-35**），やはり贈与を受ける行為まで取り消す権限を与えられているわけではない。

3 日常生活に関する行為

Check! 〔26-80-2〕

成年被後見人のなした日常生活に関する法律行為については，成年後見人が取り消すことができる。　　　　　　　　　　　〔下線部が誤り ➡ 2-25〕

2-25　ノーマライゼーションの理念

　もっとも，「日用品の購入その他日常生活に関する行為」は取消権の対象から除外されており（民法9条ただし書），成年被後見人が単独で行なったとしても完全に有効とされる（➡〔26-80-2〕）。たしかに，後見の対象者が日常の買い物すら一人で満足にできない人だとすると（➡1-12），そのような人についてまで例外規定（民法9条ただし書）を用意する必要があるのかという疑問も生じよう。しかし，被後見人も一時的に判断能力を回復し（➡2-23＊），日常の買い物等をみずからなしうる場合がある［小林＝原2002：83］。また，本人の地域生活への配慮という視点も欠かすことができない。例えば，パンを買うことすら一人では許されないとすると，被後見人本人は，日々の暮らしにも支障を来すことになろう。また，契約が常に取り消されるおそれをもつとなると，日常的な取引の相手方からも敬遠され，社会からの隔離が助長される結果，**ノーマライゼーションの理念**（➡1-19）にも背馳(はいち)することになる。日常生活に必要な範囲の行為については高度な判断力も必要とせず，またリスクも軽微であることから，むしろ本人の自己責任に委ねて，その積極的な社会参加を支援するほうが望ましいといえよう。

4 身分上の行為

Check! 〔22-73-3〕

成年被後見人が成年後見人の同意を得ないでした婚姻は，これを取り消すことができる。　　　　　　　　　　　　　　　〔下線部が誤り ➡ 2-27〕

2-26　身分行為

　婚姻など身分関係に変動をもたらす行為は**身分行為**[*1]（➡12-3）と呼ばれ

*2 る。婚姻は，当事者の意思によって一定の法的効果を発生させるものであるから**法律行為**（➡**コラム2**：法律行為と事実行為）であり，しかも，その法的効果は身分上の事項（家族関係に関する権利・義務）に及ぶ。こうした家族関係に関する法律行為が身分行為にほかならない。

> *1　身分といっても，士農工商といった封建的な身分を念頭においているわけではない。家族関係の中で占める地位を指しているのであり，現行民法もこうした意味で身分の語を用いている（民法789条1項，809条など）。
>
> *2　一方，売買など財産取引上の権利義務を発生させる行為は**財産行為**といわれる。この財産法上の法律行為で求められているのは合理的な利害の判断であり，成年者にならなければ財産行為を単独ですることは認められない（民法5条1項——財産上の行為能力）。

2-27　身分行為と本人の意思の尊重

家族関係の特殊性から，身分行為には多分に非合理的・情緒的な判断が加味される。それゆえ，身分行為においては何よりも本人の意思が尊重され，財産上の行為能力（➡**2-9**）は必要とされない。例えば，婚姻をするには本人にその意味を理解しうる程度の能力（**意思能力**➡**2-3**）があれば足り，財産行為をする能力ほど高度なものは要求されない。婚姻年齢（民法731条➡**12-19**）が比較的低く定められているのはそのためであるし，また，成年被後見人も，意思能力がある限り，成年後見人の同意なしに婚姻をすることができる（民法738条——**12-20**➡〔22-73-3〕）。

3　保佐人の同意権・取消権

1　支援の内容

> **Check!**〔28-78-2〕
> 保佐人に対して，同意権と取消権とが同時に付与されることはない。
> 〔下線部が誤り➡**2-28**〕

2-28　同意による支援

後見類型と保佐類型とでは支援の内容が基本的に異なる。前者では代理

権が大きな位置を占めるのに対して、後者では同意権・取消権が重要となる。後見類型の対象者は、「事理を弁識する能力を欠く常況」（民法7条）にあることから、契約などの法律行為については成年後見人が代理して行なうことが原則となる（➡3-9）。これに対して、保佐類型は必要な法律行為をみずから行なうことができる者を対象としており、保佐人の代理権はそれが必要だとしても限定的なもので足りる（➡3-25）。

　もっとも、被保佐人は、事理弁識能力が「著しく不十分」（民法11条）であることから、単独で取引を行なうと財産的な不利益を受けるおそれもある。そこで法は、一定の重要な財産行為については保佐人の同意を要する（民法13条1項）という形で本人保護を図っている。保護機関である保佐人が当該行為の利害得失を判断し、本人の利益を害するおそれがないとみれば同意を与えるのである。また、この同意権の実効性を確保するために、同意を得ずにした行為について保佐人には取消権も与えられている（民法13条4項、120条1項➡2-32）。同意権と取消権とが相まって、被保佐人の財産的利益の保護を図る点に保佐類型の特徴があるといえよう（➡〔28-78-2〕）。

2　同意を要する行為

Check!〔23-72-5〕

Hさんに保佐人が選任された場合、Hさんは遺産の分割については保佐人の同意を得る必要があるが、相続の承認や放棄については同意を得る必要はない。

〔下線部が誤り➡**2-29**〕

2-29　民法13条1項各号の列挙行為

　保佐人の同意を要する行為は、民法13条1項各号に列挙されている。例えば、預貯金の払い戻し（13条1項1号：元本の領収）、借金（同項2号：借財）、介護サービス利用契約の締結（同項3号：重要な財産に関する権利の得喪を目的とする行為）、相続の承認・放棄（同項6号➡〔23-72-5〕）など、重要な財産行為と目されるものがそこには網羅されている。

2-30 同意権の付与の審判

　また，必要があれば同意を必要とする行為を追加することも認められている。家庭裁判所は，民法13条1項所定の行為以外の行為について，保佐人に同意権を付与する旨の審判をする権限を与えられているのである（民法13条2項）。もっとも，重要な有償の契約はすでに民法13条1項3号によって包摂されていることから，同意権の範囲を拡張する場合というのは，例えば介護契約であっても「相当な対価を伴わないもの」などに限られると言われている［小林＝原 2002：114］。なお，この同意権付与の審判は，代理権付与の審判（民法876条の4）とは異なり（➡**3-27**），本人の申立てや同意が要件とされることはない。

2-31 保佐人の同意に代わる許可

　以上の要同意事項について同意を与えるかどうかは，基本的に保佐人の裁量に委ねられている。しかし，保佐人が，被保佐人の利益を害するおそれがないにもかかわらず，同意をしないこともある。そのようなときは，被保佐人の請求により，家庭裁判所が，**保佐人の同意に代わる許可**を与えることができる（民法13条3項）。本人の自己決定権（➡**1-19**）が侵害されていないかを家庭裁判所が審査するのであり，その許可があれば，被保佐人は単独で有効に法律行為をすることができる。

3 取消しの可能性

Check!〔29-81-4〕

保佐開始後，被保佐人が保佐人の同意を得ずに高額の借金をした場合，被保佐人及び保佐人いずれからも取り消すことができる。　　　〔正しい➡**2-32**〕

2-32 取消権の範囲

　同意を要する行為を被保佐人が同意なしにした場合，その行為は取り消すことができる（民法13条4項）。取消権者は，制限行為能力者（被保佐人），その承継人（例：相続人），同意権者（保佐人）である（民法120条1項➡〔29-81-4〕）。同意権者は常に取消権者となることから，同意権と取消権の範囲

は一致する。
> ＊ 被保佐人が家庭裁判所の**同意に代わる許可**（➡**2-31**）を得ないでした行為も，同様に取消しの対象となる。

4 同意権・取消権の及ばない場合

> **Check!**〔23-72-3〕
> Hさんに保佐人が選任された場合，保佐人は，日用品の購入などHさんの日常生活に関する行為の取消しを行うことができる。　〔下線部が誤り➡**2-33**〕

> **Check!**〔25-80-3〕
> 被保佐人は，日用品の購入その他日常生活に関する行為につき，保佐人の同意を必要とする。　〔下線部が誤り➡**2-33**〕

> **Check!**〔28-78-5〕
> 保佐人が日常生活に関する法律行為を取り消すことはできない。〔正しい➡**2-33**〕

2-33　日常生活に関する行為

　民法13条1項各号に列挙された行為であっても，それが「日常生活に関する行為」であるときは，保佐人の同意が不要とされ（民法13条1項ただし書➡〔25-80-3〕），したがって取消権も認められない（➡〔23-72-3〕，〔28-78-5〕）。成年被後見人について「日常生活に関する行為」が取消権の対象から除外されていること（➡**2-25**）との均衡上，より判断能力の高い被保佐人についても同様の扱いがなされているのである。例えば，預貯金の払い戻しには保佐人の同意を要するが（民法13条1項1号：元本の領収），ただし，それが食費や衣料費に充てるためのものであれば保佐人の同意は必要とされない。

4 補助人の同意権・取消権

> **Check!**〔29-81-3〕
> 保佐開始又は補助開始後、保佐人又は補助人はいずれも被保佐人又は被補助人がした日用品の購入など日常生活に関する行為の取消しを行うことができる。
>
> 〔下線部が誤り ➤2-36〕

2-34 本人の自己決定

　判断能力の低下が比較的軽微であり、財産管理もほぼ自分でできるという人には、補助人が選任される。例えば、軽度の知的障害がみられる人、認知症の出始めた高齢者などが、支援の対象とされよう。もっとも、こうした人たちは、たんに判断能力が不十分というに過ぎず、決定的に保護を必要とするとまではいえない。そのため、この補助類型では本人（被補助人）の意思が最大限に尊重されるよう配慮がなされている。

　第1に、そもそも補助を受けるかどうかが本人の自己決定（➤1-19）に委ねられており、この点に後見や保佐との大きな違いがみられる。法定後見のいずれの類型であれ、「開始の審判」は一定範囲の者（本人、配偶者、4親等内の親族など）による申立てを前提とするが（➤6-1）、「補助開始の審判」については、他の2類型と異なり、申立てが本人以外の者によるときは、「本人の同意」を必要としているのである（民法15条2項➤7-8）。

　第2に、いかなる保護を受けるかについても、本人の意思決定に委ねられている。補助人の権限は、代理権または同意権（取消権）の一方あるいは双方であるが（➤1-16）、後見等の類型と異なり、これらの権限が補助「開始の審判」によって自動的に与えられるわけではない。いずれの権限を付与するかは、保護を受ける本人の申立てまたは同意に基づき、個別に審判で決めることとされているのである（民法17条2項、民法876条の9第2項・876条の4第2項）。

2-35 特定の事項

　補助人に与えられる同意権は「特定の法律行為」（例：不動産の売買契約）

についてであるが，その範囲は，保佐人の同意を必要とする行為（民法13条1項）の一部に限定されている（民法17条1項）。補助類型は保佐類型に比べて判断能力の高い人を対象とするものであり，民法13条1項所定の行為すべてに同意を必要とするときは，保佐の対象とするほかない。

2-36　日常生活に関する行為

また，後見・保佐類型と同じく補助類型においても，「日常生活に関する行為」が同意権・取消権の対象とされることはない（➡〔29-81-3〕）。補助類型の対象者としては，不動産の売却など高度な判断が求められる取引等については支援を要するものの，日常的な生活に必要な事柄についてはほとんど自分自身で行なうことのできる者が想定されている（➡1-12）。そのため法も，同意権・取消権を定めるにあたって，あえて「日常生活に関する行為」に言及することはないのである（民法17条1項・4項参照）。

参考文献

幾代通『民法総則』青林書院，1969年。
大村敦志『基本民法Ⅰ　総則・物権総論〔第3版〕』有斐閣，2007年。
小林昭彦＝原司『平成11年民法一部改正法等の解説』法曹会，2002年。
佐久間毅『民法の基礎1　総則〔第3版〕』有斐閣，2008年。
須永醇『新訂　民法総則要論〔第2版〕』勁草書房，2005年。

第3章 法定後見と代理権

1 制限行為能力者と法定代理

1 制限行為能力者の保護機関

3-1 法的拘束力からの解放

　判断能力の十分でない者が単独で契約をすると，不測の損害を被るおそれがある。そこで，こうした契約の効力を否定し，かれらを契約のもつ法的拘束力から解放する制度が設けられている。前章でみた行為能力の制限を理由とする取消しが，それである。

3-2 契約の必要性

　しかし，財産の散逸を防止し義務負担から解放するというだけでは，制限行為能力者の保護はなお十分といえない。生活に必要な財やサービスを確保しあるいは財産を管理するために，制限行為能力者もまた様々な意思決定をし契約を結ぶことが必要となるからである。

3-3 保護機関の設置

　そこで法は，判断能力が十分でない者の行為能力を制限する一方，その**保護者＝保護機関**を定め，制限行為能力者であっても取引を有効になしうるための方策を用意している。成年被後見人を例にとると，必要な契約は保護機関である成年後見人が被後見人本人に代わって行ない，本人はその契約の効果だけを直接に受け取る（保護機関による代理）。また，被保佐人であれば，その保護機関として保佐人が付され，例えば不動産取引（民法13条1項3号）について被保佐人本人の結ぶ契約は，保佐人の同意を得ることで確定的に有効なものとされる（保護機関による同意）。

＊　同意のない法律行為は取り消されるまで有効であるにすぎない（➡2-16）。そのため，制限行為能力者と取引をする相手方は不安定な状態におかれるが，これを回避しあるいは解消するための方策も法は用意している（➡7-16，7-17，コラム7：制限行為能力者の相手方の保護）。

3-4　行為能力の制限と権利能力

　人はみな**権利能力**（➡1-3）をもつ以上，たとえ行為能力（➡2-9）を制限されていたとしても，権利を取得し義務を負担することが可能でなければならない。そこで法は，みずから単独では有効に取引できない者のために保護機関を設置し，この保護機関に法律行為の代理をさせ，あるいは本人のする行為に同意をさせることで取引を可能としているのである。

２　保護機関による代理

3-5　同意と代理

　同意は，制限行為能力者の行なう意思決定について，その適切さを保護機関が利害得失という観点から判断するものであるが，一方，代理は保護機関が意思決定それ自体をする点に特徴をもつ。本人に代わって他者が決定を行ない，その効果を本人に帰属させるのである。

3-6　代理の仕組み

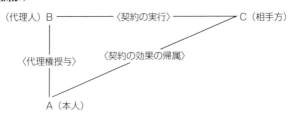

　代理は，基本的に３面関係で構成される。本人をＡ，代理人をＢ，代理人と取引をする相手方をＣとしよう。Ａが自己所有の土地を売却する場合，代理権を与えられたＢがＣとの間に売買契約を結ぶと，この契約はＡとＣとの間に成立したものとして扱われる。ＡはＣに対して売り主としての義務（土地の引き渡し，所有権移転）を負い，ＣはＡに対して買い主としての

義務（代金の支払い）を負う。契約の締結はBが行なうが，その法律効果は，B―C間にではなく，A―C間に直接生じるのである（民法99条1項）。

3-7 任意代理と法定代理

　この代理は，任意代理と法定代理とに分類することができる。代理人の選任が本人の意思に基づく場合を**任意代理**といい，法律の規定に基づく場合を**法定代理**という。

3-8 制限行為能力者と任意代理・法定代理

　任意代理権は，本人が，代理人となるべき者に代理権を与える旨の法律行為（**代理権授与行為，授権行為**）をなすことで発生する。しかし，制限行為能力者については，その判断能力が十分でないことから，必ずしもそれを期待しうるとは限らない＊。こうした場合を想定して，法は代理人となるべき者を定めている（法定代理）。法定後見でいえば，成年後見人・保佐人・補助人は，いずれも法律の規定に基づき家庭裁判所の選任によって代理人たる地位を与えられるのである。

　　＊　もっとも，被保佐人・被補助人は，任意代理人を選任できないわけではない（➡3-26，3-33）。かれらは，保佐人・補助人の同意権の範囲外の行為であれば，みずから単独で法律行為をなすこともできるからである（➡2-29，2-35）。

2　成年後見人の代理権

1　財産管理権と代理権

3-9 民法859条1項

　成年被後見人は合理的な判断能力を欠く「常況」（➡2-23）にあり，自己の財産の管理や取引行為をすることが難しい。そこで，その保護機関として成年後見人は，被後見人本人のすべての財産について管理権をもち，また，その財産に関するすべての法律行為について本人を代理する（民法859条1項）＊。

　　＊　なお，条文には「代表」という文言が使用されているが，これは「代理」の意味と理解されている。一般の代理は個々の事柄についてのみ権限をもつが，成年後見

人がもつ代理の権限は，その範囲が広範に及び包括的である。このことを表すために，代理と区別して代表という概念が用いられたのであろう。

3-10 財産管理権の行使

　財産の管理とは，財産の保存（例：家屋の修理），その性質を変えない範囲での利用（例：家屋の賃貸）・改良（例：家屋の増築）を目的とする行為をいい（民法103条参照），それに必要な範囲での処分行為（例：腐敗物の処分）も含まれる。また，法律上の行為としてだけでなく事実上の行為（例：関連書類の保管）として行なわれることもある（➡14-8）。

　この財産管理権に基づいて，成年後見人は，❶被後見人本人の不動産や預貯金の管理，❷生活・療養看護（民法858条➡4-3，4-4）のための支払い等を行なう（➡コラム3：本人宛で郵便物と成年後見人の権限）。また，❸財産管理が対外的に法律行為として行なわれる場合には，次項にみるように，これを本人に代わって行なうことも後見人の権限に属する。

2　法定代理権の範囲

Check!〔28-83-3改〕
成年後見人は，成年被後見人の状態の変化（認知症の進行）を理由に，要介護度の区分変更を申請できる。　　　　　　　　　　　　〔正しい➡3-11〕

Check!〔28-83-5改〕
ガスコンロの消し忘れでボヤを起こすなど成年被後見人の独居生活に不安がみられる場合，成年後見人は，成年被後見人の預金を下ろして過熱防止などの安全装置付ガスコンロに買い替えることができる。　　　　　　　〔正しい➡3-11〕

3-11 包括的な代理権

　成年被後見人は，日常生活に関する行為を除いて（➡2-25），みずから法律行為をすることができない。そのため，保護機関である成年後見人には財産管理に関する包括的な代理権が与えられている。

　代理権の対象となる法律行為（「財産に関する法律行為」——民法859条1項）には，財産管理を目的とする法律行為（例：預貯金の払い戻し）のほか，

身上監護（生活，療養看護）を目的とするもの（例：介護サービス契約の締結）も含まれる（民法858条）。後者もまた，費用を支出するなど被後見人の財産との関連をもつからである。

身上監護に関する事項は生活の全般にわたるが，例えば，被後見人の生活面での安全性の確保もその一つに挙げられよう［床谷 2000：534］。被後見人の生命・身体に危険が生じる状況があれば，成年後見人はこれを放置することが許されず（**身上配慮義務**➡**4-11**），危険を緩和・解消させるための措置をとり（身上監護に関する事務），それに要した費用は被後見人の預貯金を引き出すなどして支払う（財産管理に関する事務）ことが求められるのである（➡〔28-83-5改〕）。

なお，以上の行為に伴ってなされる**公法上の行為**[*]（例：要介護認定の申請）も代理権の対象となる（➡〔28-83-3改〕）。また，日常生活に関する行為は成年被後見人が単独で有効になすことができるが，成年後見人の代理権は，こうした行為にも及ぶ。

* ここでは，私人が行政庁（例：市町村長）に対して行なう申告・申請など，公法上の（主に行政法上の）法律効果をもたらす行為をいう。

3 法定代理権の制限

①居住用不動産の処分

Check!〔28-81-5〕

成年後見人が成年被後見人の居住用不動産を売却する場合，家庭裁判所の許可は不要である。　　　　　　　　　　　　　　　　〔下線部が誤り➡**3-12**〕

Check!〔28-83-2改〕

成年後見人は，成年被後見人の同意があれば，家庭裁判所の許可なく借家契約を解約できる。　　　　　　　　　　　　　　　　　〔下線部が誤り➡**3-12**〕

3-12　家庭裁判所の許可

財産に関する法定代理権であっても，制限が加えられることがある。成年後見人が，被後見人本人を代理して，その居住用不動産の「処分」（例：自宅の売却，借家契約の解除）をするには，**家庭裁判所の許可**を必要とする

（民法859条の3 ►►〔28-81-5〕，〔28-83-2改〕）。許可を得なかった場合，その処分は無効となる。居住用不動産の処分は財産管理行為の一つとして成年後見人の法定代理権の対象とされるが，あえて法はその代理権を制限するのである。

3-13 二重のチェック

もともと成年後見人は，事務処理にあたって被後見人の「意思を尊重し，かつ，その心身の状態及び生活の状況に配慮」する義務を負う（民法858条 ►►4-10, 4-11）。しかし，居住環境の変化は，被後見人の心身の状況を左右することもある。そこで，特に居住用不動産の処分の妥当性については，後見人の判断に加え，その監督機関である家庭裁判所が改めて審査するという仕組みが設けられているのである。

②後見人と被後見人との利益相反行為

3-14 特別代理人・成年後見監督人による代理

例えば，成年後見人が被後見人所有の山林を購入するとしよう。この成年後見人が，買い主でありながら被後見人の売り主としての地位を代理するとなると，代金その他の売買条件は成年後見人の意のままとなってしまう。

このように成年後見人と被後見人の利益が相反する場合，成年後見人による公正な代理権の行使は期待しえないため，その代理権は制限される。**成年後見監督人**（►►5-3）がいるときは，成年後見監督人が被後見人本人を代理して成年後見人と契約を結ぶ（民法860条ただし書・851条4号）。一方，成年後見監督人が選任されていないときは，成年後見人が**特別代理人**の選任を家庭裁判所に求めなければならない。この選任された特別代理人が，被後見人本人のために代理権を行使するのである（民法860条・826条）。

これらの規定に反して成年後見人が利益相反行為を行なった場合，当該行為は代理権のない者の行為（**無権代理**）となり，その効果は本人に帰属しないのが原則である。このことを法は，「効力を生じない」として表現する＊（民法113条1項）。

＊　無権代理行為は本人に何ら効果が生じない（**無効**）のが原則であるが，ただし，その行為が必ずしも本人にとって不利益とはならないこともある。そのような場合，本人が望むのであれば，その効果を本人に帰属させることも差し支えはない。そこで法は，無権代理行為について，本人が当初から有効な代理関係があった旨の意思表示をすることも認めている。この意思表示を**追認**（**無権代理行為の追認**）といい，これによって無権代理行為は当初から有効となり，本人について効力が生じることとなる（民法113条1項，116条本文）。成年被後見人も，判断能力が回復し後見開始の審判が取り消されると（➡**8-1**），その後は追認が可能である。

③成年被後見人の行為を目的とする債務を生ずる行為

3-15　被後見人本人の同意

　成年後見人は，被後見人の**事実行為**（例：労務の提供➡**コラム2：法律行為と事実行為**）**を目的とする契約**についても代理権をもつが，ただし，そうした代理行為をする場合には被後見人本人の同意を得なければならない（民法859条2項・824条ただし書）。被後見人の行為の自由を保障するために，後見人の代理権に加えられた制限である。被後見人の同意なしになされた代理行為は無権代理（➡**3-14**）であり，被後見人本人に効果を帰属させることができない。

[4]　法定代理権の限界

①身分行為

3-16　本人の意思の尊重

　成年後見人の代理権は財産管理を行なうために与えられているのであるから（➡**3-9**），それ以外の事項に及ぶことはない。まず，婚姻・離婚等の**身分行為**（➡**2-26**）は本人の意思を特に尊重すべきものであり，成年後見人がその意思決定に関与することは適切でない。それゆえ，成年後見人が代理人として行為することはなく，被後見人本人が個々の身分行為の時点で，その意味内容を理解するだけの判断能力（意思能力➡**2-3**）をもっていれば，当該身分行為は本人が単独で有効に行なうことができる。

②遺 言

3-17 死者の最終意思

　　また，遺言の代理も認められない。たしかに，遺言が財産処分を内容とすることは少なくない。しかし，遺言は死者自身の最終意思を尊重し，その実現を目的とした制度であることから（➡16-1），代理には親しまないとされるのである＊。

　　＊　これに対して，**相続の承認・放棄**（➡15-46）については，成年後見人がこれを代理して行なうほかない。相続の承認・放棄は財産に関する法律行為そのものであり，相続人がこれをするには財産法上の行為能力（➡2-9）を必要とするからである（➡15-48）。

③人事訴訟

3-18 人事訴訟における成年後見人の地位

　　離婚の訴えや認知の訴えなど，夫婦関係や親子関係という人の基本的な身分関係に関わる訴えを**人事訴訟**（➡11-21）という。人事訴訟では，未成年者，成年被後見人・被保佐人・被補助人であっても，意思能力がある限り，単独で訴訟行為を行なうことができる（人事訴訟法13条1項）。夫婦関係や親子関係は当事者本人の意思に基づいて形成されるべき事柄であり，これらの身分関係の紛争を解決するにあたっても，本人の意思ができる限り尊重されなければならないからである。

　　もっとも，成年被後見人は，「事理を弁識する能力を欠く常況」（民法7条➡2-23）にあることから，意思能力を欠き訴訟行為ができないことも少なくない（➡2-14）。そこで法は，成年後見人が被後見人のために，訴訟の原告または被告になることを認めている（人事訴訟法14条1項）。これを法定代理と解する見解もあるが，判例は，身分行為が代理に親しまないことを理由として法定代理説を排除し，成年後見人の訴訟上の地位を法定訴訟担当（職務上の当事者）と解している（最判昭和33・7・25民集12巻12号1823頁）。

④居所指定

Check!〔28-83-1改〕

成年後見人は，成年被後見人の意思に反していても，介護保険施設に強制的に入所させることができる。　　　　　　　　　　〔下線部が誤り➡**3-19**〕

3-19　事実行為についての意思決定

　成年後見人には，適切な住居を確保する権限と義務がある（**身上配慮義務**➡**4-11**）。被後見人がもはや在宅での生活を送ることが難しいというのであれば，介護施設への入所を考えるほかない。介護施設への入所契約を結ぶことも成年後見人の職務である（身上監護を目的とする法律行為）。

　もっとも，成年後見人は，被後見人本人を強制的に入所させる権限までもつわけではない。「入所する」という行為は本人が行なうしかないのであり，そうした**事実行為**についてまで後見人の決定権限が及ぶとなると，本人の自己決定や身体の自由を制約するおそれがある。成年後見制度は，本人の自己決定の支援（➡**1-19**）を目指している。本人の意思に反してまで入所させることは，自己決定権の侵害であり，成年後見制度の趣旨に反する。本人を介護施設等に入所させるのであれば，本人の同意を得ることが必要である（➡〔28-83-1改〕）。

⑤医療同意

Check!〔28-83-4改〕

成年後見人は，成年被後見人の白内障の手術のために，医療同意権を行使することができる。　　　　　　　　　　　　　　　〔下線部が誤り➡**3-23**〕

3-20　医療行為と同意

　例えば，認知症高齢者が各種の検診や予防接種あるいは治療を受けるとしよう。本人の意思を確認できない場合，誰がこうした医療行為について決定・同意の権限をもつのか。医療行為は人の身体に対する物理的・化学的な干渉（**医的侵襲**）を内容とするが，その結果がどのようなものであれ，これを引き受けるのは対象者たる本人にほかならない。また，医療に関する決定には多分に非合理的・情緒的な事情も加味されることから，本人以

外の者がその是非を判断することも難しい。そのため，医療行為に同意を与えるかどうかは本人の判断に委ねざるをえないのであり，今日，このことは**自己決定権**（憲法13条）の医療分野における現れとして理解されている。

> ＊　以下では後見類型を直接の対象として考察を進めるが，保佐・補助の類型さらには任意後見についても別途より詳細な検討が必要になると思われる。たしかに，保佐・補助のケースでは，医療行為への同意能力を本人が全く失っているとはいえまい。しかし，本人の同意能力が完全なわけでもない。また，任意後見に至っては，そもそも委託された「事務」の内容が本人の意思（自己決定）に基づいてあらかじめ定められており，法定後見とは異なる事情がそこには見受けられるのである［須永 2010：240-241］。

3-21　家族による同意

医療行為について本人から同意を得ることができないとき，医療の現場では家族に同意権を与えるという慣行がみられる。だが，そのことに直接的な法文上の根拠があるわけではないし，実際にも，同意権をもつ家族の範囲やその権限を行使する順位など，曖昧な点は少なくない［野﨑 2011：25］。また，そもそも家族が存在しない場合もある。

3-22　成年後見人による同意

そこで，近時は成年後見人に医療同意権を認める立場も有力であるが，しかし，医療行為が重大な侵襲を伴う場合や，後見人が本人と何ら親交のない場合にまで関与を認めてよいのかといった疑問はなお残る。

3-23　立法による解決

第三者による医療同意という問題は，成年後見の場面だけでなく，例えば交通事故で一時的に意識不明になった場合などにも起こりうる。成年後見人は基本的に財産管理権をもつにとどまるのであり（➡**3-9**），医療行為の諾否はその権限外の事柄に属する（➡〔28-83-4改〕）。問題はもはや成年後見制度の枠を超えたところにあり，これを抜本的に解決するためには法の整備を図るほかないといえよう。

3　保佐人の代理権

1　法定代理権

Check!〔23-72-4改〕
被保佐人が別荘を建てるために所有している土地を売却することになった場合，保佐人がこれを代理するためには，保佐開始の審判とは別に，この土地を売却するための代理権の付与についても審判を受ける必要がある。　〔正しい➡3-27〕

Check!〔25-80-5〕
家庭裁判所は，職権で被保佐人のために特定の行為について保佐人に代理権を付与する旨の審判をすることができる。　〔下線部が誤り➡3-27〕

3-24　支援のあり方
　成年後見人と保佐人とは，包括的な代理権が付与されるか否かで区別される。成年被後見人は「事理を弁識する能力を欠く常況」（民法7条）にあることから，みずからの判断で法律行為をすることが難しい。そのため，後見類型では財産上の行為すべてについて成年後見人が代理するが，これに対して，保佐人が代理による支援を行なうのは特に必要な場合に限定される。被保佐人の場合，「著しく不十分」（民法11条）とはいえ事理弁識能力を有することから，必要な法律行為は被保佐人本人みずから行なうことが前提であり，保佐人は，本人のしようとする行為に同意を与えることを主な役割とするのである（➡2-28）。

3-25　限定的な代理権
　とはいえ，被保佐人みずからが法律行為をすることに困難や支障のみられることも少なくない。そこで，「特定の法律行為」（例：年金の受領，不動産の売却）についてではあるが，保佐人に代理権を与えることも認められている（民法876条の4第1項）。保佐においても後見に近い保護までが可能とされているのである。保護という観点から類型間の連続性を図り，対象者の多様な判断能力に応じた柔軟な制度を目指しているものといえよう

［小林＝大門編著　2000：77］。

3-26　法定代理の必要性

　この代理権は，代理権授与契約によって与えられるもの（**任意代理➥3-7**）であってもよい。被保佐人は，保佐人の同意権の範囲外の行為であれば，みずから単独で法律行為をなすことが可能であり（➥**2-29**），必要があれば任意代理人を選任することもできないわけではないのである。もっとも，代理権授与契約（➥**3-8**）を結ぶのであれば，契約内容（例：代理権の範囲）の取り決めや代理人の監督も被保佐人みずからが行なわなければならず，このことは，本人の判断能力によっては必ずしも容易ではなかろう。そこで現行法は，家庭裁判所の関与により代理権を付与する途を用意した（**法定代理➥3-7**）。保佐の制度では，代理権は家庭裁判所が個別に付与し，また，事務処理の状況についても家庭裁判所や保佐監督人（➥**5-3**）が監督をするのである。

3-27　本人の意思的関与

　もっとも，被保佐人はみずから法律行為をすることもできるのであり，その意思に反してまで，保佐人に代理権を付与する必要はない。そこで，代理権付与にあたっては以下のような手続きが用意されている。

　第1に，成年後見の場合（➥**1-14**）と異なり，保佐開始の審判により代理権が自動的に付与されることはない。保佐開始の審判とは別個に，保佐人に代理権を付与する旨の審判がなされるのであり（民法876条の4第1項➥〔23-72-4改〕），しかも，この特別の審判は，本人の請求によるか，そうでない場合には本人の同意がなければ行なうことができない（民法876条の4第2項➥〔25-80-5〕）。

　第2に，代理権の範囲についても，本人の請求または同意のあったものに限定される（民法876条の4第2項）。どのような法律行為について代理権を付与するのかについても，本人の意思に委ねられているのである。たしかに，保佐人の代理権は，法律の規定に基づいて家庭裁判所が与えるものである。しかし，この法定代理権の発生それ自体についても，その範囲についても，本人の意思的関与が認められている点に，保佐人の代理権の特

色がみられる。

> * なお，代理権付与の審判の申し立ては，❶保佐開始の審判の申し立てとともにする場合のほかに，❷保佐開始の審判の後，特定の法律行為について追加的にする場合，❸代理権付与の審判がなされた後，他の法律行為について追加的にする場合がある［小林＝大門編著 2000：77-78］。

2　代理権の範囲

> **Check!**〔25-80-2〕
> 保佐人と被保佐人との利益が相反する行為については，保佐人は特別代理人の選任を家庭裁判所に請求しなければならない。　　　　〔下線部が誤り➡**3-30**〕

3-28　「特定の法律行為」の内容

代理権は「特定の法律行為」（民法876条の4第1項）について付与されるが，その範囲については特に制約がない。同意権の対象となる行為（➡**2-29**）と異なり，民法13条1項に列挙されたものに限定されるわけではなく，また，日常生活に関する行為を代理することもできる。

> *　財産管理を目的とする法律行為のほか，身上監護を目的とする法律行為，さらには公法上の行為（➡**3-11**）も代理権の対象とされる。

3-29　身分行為，遺言

一方，**身分行為**（➡**2-26**）や**遺言**（➡**16-1**）については，代理権付与の対象とならない。これらの行為は，本人の意思が特に尊重されるべきだからである（➡**3-16**），**3-17**）。

3-30　代理権の制限

❶被保佐人の**居住用不動産の処分**（➡**3-12**）については，家庭裁判所の許可が代理権行使の要件とされる（民法876条の5第2項・859条の3）。

❷**利益相反行為**（➡**3-14**）についても，保佐人の代理権は制限される。保佐人と被保佐人との利益が相反する行為については，**臨時保佐人**が権限を行使する。この臨時保佐人は，家庭裁判所によって選任されるが，保佐人はその選任請求を義務づけられている（876条の2第3項➡

〔25-80-2〕)。なお、**保佐監督人**(民法876条の3 ➡**5-3**)が選任されている場合は、あえて臨時保佐人を選任するまでもない。利益相反行為については、保佐監督人が保佐人の権限(代理権または同意権・取消権)を行使することができるからである(876条の3第2項・851条4号)。

❸さらに、保佐人が代理人として、被保佐人本人の**事実行為を目的とする契約**(➡**3-15**)を結ぶ場合には、本人の同意を得なければならない(民法876条の5第2項・824条ただし書)。

3　財産管理権

3-31　代理権の付与と財産管理権

保佐人は、代理権を付与された範囲で被保佐人の財産を管理する。たしかに、法は成年後見人の財産管理権に関する規定(民法859条1項➡**3-9**)を保佐人には準用していない。しかし、例えば銀行取引について代理権を付与された保佐人が、預金通帳や印鑑を保管しておくことも許されないとすると、付与された代理権に基づく事務の遂行にも支障を来す。それゆえ保佐人は、代理権付与の審判の効果として、その権限の行使に必要な範囲で財産管理権も認められると解されている［小林＝大門編著 2000：140］。

4　補助人の代理権

1　行為能力の制限と代理権

3-32　保護方法の選択

補助開始の審判があったからといって、補助人に対して自動的に代理権が付与されるわけではない。補助開始の審判とは別個に、「特定の法律行為」について代理権を付与する旨の審判がなされて初めて、補助人は代理権をもつ(民法876条の9第1項)。

代理権付与の審判は、被補助人本人の請求または同意を要件とする(民法876条の9第2項・876条の4第2項)。補助人に代理権を与えるかどうか、与えるとしたとき、どのような法律行為について代理権を与えるのかは、

本人の選択に委ねられている。補助の対象となる者は，後見・保佐類型の対象者と比べて判断能力が高いことから，保護の内容（同意権，代理権）や範囲について，本人の自己決定に委ねることとされているのである（➡1-16）。

3-33 法定代理の必要性

補助人に対して代理権のみを付与することも認められている。たしかに，補助類型の対象者は，その判断能力の点からみて，みずから代理権授与契約（➡3-8）を締結することもできないわけではない。しかし，代理人の選任・監督を家庭裁判所が支援したほうが望ましい場合も考えうるのである（➡3-26参照）。

3-34 代理権の対象

代理権の対象となる「特定の法律行為」には，同意権・取消権（➡2-35）と異なり，法律上の限定はない。財産管理を目的とする法律行為のほか，身上監護を目的とする法律行為，これらの行為に関連する公法上の行為（➡3-11）も対象とすることができる。

3-35 法律行為の競合

補助人に対して代理権のみが付与された場合，被補助人の行為能力（➡2-9）が制限されることはない。もともと補助類型は，補助人に付与される権限によって，❶同意権のみ，❷代理権のみ，❸同意権および代理権という三通りの保護内容に分けられるが，このうち被補助人が「制限行為能力者」とされるのは，補助人に同意権が付与された範囲（❶と❸の場合）に限られるのである（民法20条1項参照）。

それゆえ，例えば不動産の売却について補助人に代理権を付与したとしても，必ずしも被補助人がこれを売却する権限を失うとは限らない。補助人による売却行為と被補助人本人による売却行為とが競合することもありうる（❷の場合）。この場合，一方が履行されれば他方は不履行となり，当該行為を本人に単独でさせないためには，その行為を要同意事項とする審判が必要である［安永 2000：48］。

3-36 財産管理

なお，代理権付与の審判があった場合，補助人は，その代理権の範囲内で本人の財産を管理をする［小林＝大門編著 2000：54］。

② 代理権の制限と限界

> **Check!** 〔27-80-4〕
> 補助監督人がいない場合で利益相反するときには，補助人は臨時補助人の選任を請求しなければならない。　　　　　　　　　　　　〔正しい➡3-37〕

3-37 代理権の制限

補助人に付与された代理権の範囲内であっても，以下のような制約があることは，成年後見人・保佐人の場合と同様である（➡3-12～3-15，3-30）。

❶補助人が，被補助人の居住用不動産を処分するには家庭裁判所の許可を得なければならない（民法876条の10第1項・859条の3）。

❷補助人と被補助人との利益が相反する行為については，補助人みずからが代理権を行使することはできず，**補助監督人**が代わってしなければならない（民法876条の8第2項・851条4号）。補助監督人がいないときは，**臨時補助人**が被補助人に代わって当該法律行為をする権限をもつ。この臨時補助人は家庭裁判所によって選任されるが，補助人はその選任請求を義務づけられている（民法876条の7第3項➡〔27-80-4〕）。

❸被補助人の行為を目的とする債務の発生にかかわる契約は，被補助人の同意を必要とする（民法876条の10第1項・824条ただし書）。

3-38 代理権の限界

身分行為や遺言などが代理権付与の対象とならないことは，後見類型や保佐類型と同様である（➡3-16，3-17，3-29）［小林＝大門編著 2000：55］。

コラム 3

本人宛て郵便物と成年後見人の権限

1　民法の一部改正
〈郵便物等の管理〉

　成年後見人が被後見人本人の財産を適切に管理するためには，後見事務の一環として，郵便物等の管理が必要となる。金融機関からの請求書，クレジットカードの利用明細，定期預金の満期の案内などは，本人宛ての郵便物として送付されるのが通常であろう。財産管理のためには，その郵便物等の存在や内容を確実に把握することが求められる。事情によっては，本人宛ての郵便物等を後見人が直接に受領し，それが財産に関するものかどうかを開封して点検することも必要となる。しかし，従来，成年後見人のこうした権限については必ずしも明確でなかったことから，「成年後見の事務の円滑化を図るための民法及び家事事件手続法の一部を改正する法律」（2016〔平成28〕年成立）により，本人宛ての郵便物等に関する成年後見人の権限が民法に明記された。

2　郵便物等の受領
〈財産管理と通信の秘密〉

　成年後見人は，被後見人に宛てた郵便物等[*1]の配達を受けることができるようになった。成年被後見人は，文書を送付されたとしても，その重要性を判断できなかったり，あるいはみずから管理するのに困難をかかえる場合も少なくない。そのため，郵便物等の転送を受ける権限[*2]が成年後見人に認められたのであるが，一方，このことは被後見人の通信の秘密（憲法21条2項後段[*3]）に制約をもたらすことにもなる。そこで，法は司法審査を介在させることで，成年後見人による財産管理の必要性と被後見人の通信の秘密の保護との調整を図っている。

〈郵便物等の配達の嘱託〉

　郵便物等の転送といっても，成年後見人が日本郵便等（「信書の送達の事業を行う者」）に対して転送を申請する必要はない。家庭裁判所から同社等に対し郵便物等を後見人に配達すべき旨の嘱託がなされる（民法860条の2第1項）。嘱託期間は，通信の秘密に対する制約を最小限度にとどめるため［大口ほか編著 2016：80-81，大塚 2016：78］，6か月以内と限定されている（民法860条の2第2項）。

　家庭裁判所の嘱託は審判事項（➡11-34）であり，法定後見開始の審判（➡6-1）などと同じく，申立てによる（家事事件手続法別表第一の12の2項）。成年後見人は，郵便物等の配達が必要な場合，家庭裁判所に申立てをし，この嘱託を利用して被後見人に宛てた郵便物等を受領することができるのである。

〈保佐・補助類型と配達の嘱託〉

なお，保佐・補助類型について配達の嘱託は認められない。被保佐人・被補助人には相応の判断能力があり，郵便物等をみずから管理することが期待できるからである［大口ほか編著 2016：78-79，大塚 2016：77-78］。

> *1　「郵便物等」とは，郵便法上の「郵便物」または民間事業者による信書の送達に関する法律2条3項に規定する「信書便物」をいう（民法860条の2第1項）。物品の送付に利用される「ゆうパック」等は，郵便法上の郵便物に該当しないため，転送の対象とはならない［大口ほか編著 2016：79-80，大塚 2016：77］。
>
> *2　郵便物等の転送といえば，一般に転居先への配達を指すことから，それと区別する趣旨で「回送」という語も用いられる。
>
> *3　ここにいう通信は，手紙・はがき，電話，電子メールなどをいい，その内容だけでなく，送り手・受け手の住所・氏名，通信日時など通信の意味内容が察知される可能性のあるものについても，秘密の保障が及ぶ。私的な生活を保護するという点で，通信の秘密はプライバシーの権利と同趣旨の権利であり，公権力だけでなく誰に対しても主張することができる。

3　郵便物等の開封・閲覧

〈開封・閲覧の対象〉

郵便物等の開封・閲覧についても，従来，通信の秘密との関係で疑義がもたれていたが，この点も立法的に解決された。成年後見人は，「受け取った」郵便物等を開いて見ることができる（民法860条の3第1項）。郵便物等の転送を受けた場合であると，それ以外の方法で郵便物等を受け取った場合であるとを問わない。なお，成年後見人は，基本的にすべての郵便物等を開いて見ることができる。実際に開いて中身を確認しない限り，当該郵便物等が後見事務に関係するかどうかを判断することは難しいからである［大口ほか編著 2016：85，大塚 2016：79］。

> *　例えば，成年後見人が被後見人と同居する親族である場合が考えられる［大口ほか編著 2016：84，大塚 2016：79］。

参考文献

赤沼康弘「郵便物および死後事務に関する民法等の改正」『実践成年後見』63号（2016年），23-28頁。

大口善徳＝高木美智代＝田村憲久＝森山正仁編著『ハンドブック　成年後見2法』創英社／三省堂書店，2016年。

大塚竜郎「『成年後見の事務の円滑化を図るための民法及び家事事件手続法の一部を改

正する法律』の逐条解説」『家庭の法と裁判』7号（2016年），76-87頁。
小林昭彦＝大門匡編著『新成年後見制度の解説』金融財政事情研究会，2000年。
須永醇『民法論集』酒井書店，2010年。
床谷文雄「成年後見における身上配慮義務」『民商法雑誌』122巻4・5号（2000年），
　　533-553頁。
野﨑和義『コ・メディカルのための医事法学概論』ミネルヴァ書房，2011年。
安永正昭「成年後見制度（3）」『法学教室』238号（2000年），46-51頁。

第4章　成年後見人等の職務遂行上の義務

1　成年後見人等の職務

1　成年後見人の職務
①財産管理と身上監護

4-1　二つの事務

　民法858条は，「成年後見人は，成年被後見人の生活，療養看護及び財産の管理に関する事務」（民法858条）を行なうと定めており，この規定によると，成年後見人の職務は，**財産管理**を目的とした事務と**身上監護**（生活，療養看護）を目的とした事務とに大別される。

②財産管理に関する事務

4-2　財産の保存・利用・改良

　このうち財産管理に関する事務については既にみた（➡➡3-10）。成年後見人は，財産の保存・利用・改良を目的とする事実上および法律上の一切の行為を行なうとされるのである。

③身上監護に関する事務

4-3　療養看護

　一方，身上監護事務をみると，成年後見制度の改正（1999〔平成11〕年）以前の民法では，本人の身上面（心身の状態や生活の状況——民法858条後段参照）としては後見人の**療養看護義務**が規定されるのみであった（民法旧858条1項）。しかも，その内容は，「療養」とは医療を受けさせることをいい「看護」とは自傷他害を防止することをいう［於保＝中川編　1994：408

〔秋山和夫・國府剛〕〕と抽象的に示されるにとどまっていた。

> ＊　この定義は,「精神衛生法」が精神障害者の保護義務者として後見人に課していた義務にならったものである。精神衛生法は, 今日の「精神保健及び精神障害者福祉に関する法律」(以下,「精神保健福祉法」と略記) の前身であり, 1950 (昭和25) 年に制定された。その22条１項は,「保護義務者は, 精神障害者に治療を受けさせるとともに, 精神障害者が自身を傷つけ又は他人に害を及ぼさないように監督し, 且つ, 精神障害者の財産上の利益を保護しなければならない」と定めており, ここにいわゆる保護義務者には, 精神障害者の後見人が含まれていた (精神衛生法20条１項)。もっとも, この保護義務者 (1993〔平成５〕年から「保護者」と改称) に課されていた自傷他害防止監督義務は, 1999 (平成11) 年の精神保健福祉法一部改正で削除された。また, 精神障害者に治療を受けさせる義務も, 2013 (平成25) 年の同法の大幅改正で保護者制度それ自体が廃止された結果, 今日もはや存在していない。

4-4　「生活」に関する事務

しかし, 高齢社会への対応や障害者福祉の充実などが課題とされている今日 (➡➡1-18), 成年後見制度による支援の対象者は, 重度の精神障害者だけでなく認知症高齢者等にまで拡大し, その比重も増している。また, それに伴い, 日常的に必要とされる医療の確保, 介護・福祉サービスの利用など, 対象者の身上面で求められるニーズも高まりをみせている。現行法が療養看護とは区別して「生活」という一般的な事項を取り上げ, これを成年後見人の職務としたのは, そのためといえよう。

> ＊　身上監護事項として, 具体的には, ❶介護・生活維持に関する事項, ❷住居の確保に関する事項, ❸施設の入退所, 処遇の監視・異議申立て等に関する事項, ❹医療に関する事項, ❺教育・リハビリに関する事項等が示されている〔小林＝大門編著 2000：143〕。

4-5　法律行為

成年後見人は, 本人のために契約などの法律行為を代理し (民法859条１項), また, 本人のした法律行為を取り消す (民法120条１項) 権限をもつ。この権限から見る限り, 身上監護の「事務」といっても, それは**法律行為**によって達成することが基本であり, 介護や看病といった**事実行為**をすることまで後見人に求められているわけではない。例えば, 病院や施設, 介護サービス事業者と契約を結ぶなど, 被後見人本人が適切な医療や介護を

うけることができるよう配慮することが，成年後見人のなすべき「事務」とされるのである。

* 取消しも法律行為の一つである。法律行為は，権利義務の発生・変動を直接の目的としており（➡**コラム2**：法律行為と事実行為），その代表例が，複数の者（例：売り主と買い主）の関与する契約である。もっとも，法律行為にはほかに一方的に権利義務を発生させるものもある。取消しがそれであり，例えば，成年被後見人のした契約を後に後見人が取り消すと，売り主には代金の返還義務，買い主には目的物の返還義務が発生する（➡**2-18**）。こうした法律行為は**単独行為**（➡**16-6**）といわれ，遺言や法定代理人による同意・取消し等がこれに属する。

4-6　法律行為に伴う事実行為

それゆえ，法律行為と関係しない「事務」が成年後見人の職務内容とされることはないが，ただし，事実行為であっても，それが法律行為に当然伴うものであるときは，後見人の職務内のものとされる［道垣内 2002：238］。例えば介護に関していえば，そのサービス等を受ける契約を結ぶことだけが後見人の事務内容とされるわけではない。契約を締結するにあたっては，本人の状況を把握した上で，サービスの内容を検討することが求められよう。また，契約締結後は，サービス内容が決められたとおり提供されているか否かを確認することも必要となろう。これらはいずれも**事実行為**であるが，契約の締結という法律行為を行なうにあたって当然に必要とされるものであり，成年後見人のなすべき事務といいうるのである。

2 保佐人・補助人の職務

4-7　限定的な権限

成年後見人については，被後見人の「生活，療養看護及び財産の管理に関する事務」が明示されているが，保佐人・補助人についてはそのような包括的な職務規定が設けられているわけではない。保佐人・補助人の権限は限定されているため，「保佐の事務」（民法867条の5第1項）・「補助の事務」（民法867条の10第1項）と表現されるにとどまる。

とはいえ，保佐人・補助人も，その付与される権限の行使を通じて，後見人と同様の職務を担う。例えば，被保佐人が介護サービス契約を単独で

締結した場合，その取消権の行使を通じて，保佐人は身上監護事務を行なうこととなる。また，保佐人・補助人が，代理権を付与された範囲内で被保佐人・被補助人の財産管理事務を行なうことはすでにみた（➡3-31，3-36）。

2 善良な管理者としての注意義務

Check!〔24-74-4〕

成年後見人は，財産のない被後見人に対する事務を遂行するに当たっては，善良な管理者としての注意義務は負わない。　　　　　〔下線部が誤り➡4-8〕

4-8　財産管理者としての注意義務

成年後見制度は，判断能力の不十分な者を取引社会のなかで保護することを目的としている。十分な取引能力をもたない高齢者や精神障害者の行為能力を制限する一方，これに成年後見人等の保護機関を付すことで，その制限された部分を補い，かれらの社会生活を維持させようというのである。成年後見人の権限もそのためのものであり，これに選任された者は，被後見人の全財産を管理する者として，また，財産に関する法律行為について包括的な代理権を行使する者として，その財産に損害を与えることのないよう**善良な管理者としての注意**（➡コラム4：注意義務の程度）をもって，後見事務を処理することが求められる（民法869条・644条➡〔24-74-4〕）。例えば，被後見人の財産の増加を図るためとはいえ，株式投資等を行なうことは，それ自体が善良な管理者としての注意義務（**善管注意義務**）に違反するものとされよう。本来そうした投機的な運用は自己責任でなされるべきであり，被後見人本人が元本割れ等のリスクを承知の上で後見人に代理権を与えているわけではない以上〔高村 2001：175〕，そのリスクや損失を本人に負わせることは適切とはいえないからである。

4-9　委任と後見

この成年後見人の注意義務について，民法は委任に関する規定を準用し

ている（民法869条・644条）。委託された一定の事務をみずからの裁量のもとで処理する契約が**委任**であり（→**コラム9**：委任契約と代理），その際に払うべき注意の程度は「善良な管理者の注意」という文言で示される。たしかに，後見人が被後見人のためにその事務を処理することは，委任契約によるものではなく，法律の規定により認められたものである。しかし，信頼関係に基づき裁量的な事務処理を行なう点で，両者の関係は委任に類似する。成年後見人の財産管理について受任者の規定が準用されるのは，この点に着目してのことといえよう。

* 保佐人・補助人も，他人のために一定の事務を行なうことを責務とする点で後見人と同様であり，善良な管理者の注意をもって事務処理を行なう義務を負う（民法876条の5第2項・644条，876条の10第1項・644条）。

コラム4

注意義務の程度

ある物を保管したり他人の事務を処理したりするとき，そこに要求される注意義務の程度には軽重がある。例えば，友人の自動車を無料で預かるのであれば，自分の車と並べて青空駐車にしておいてもよい。好意から無償で預かるときは，「自己の財産に対するのと同一の注意」（民法659条）をもって保管すれば足りるとされるのである。しかし，保管料を取って預かるのであれば，シートをかぶせ，また敷地内の駐車場に入れるなどの配慮が必要となる。他人の物であることから粗末な扱いは許されず，社会の平均的な人が払うべき注意が要求されるのである。

この平均人に求められる注意義務が善良な管理者としての注意義務（**善管注意義務**）であり（民法400条），そこでは本人の年齢や資質など個人的な能力の差が問題とされることはない。たとえ注意力の散漫な者であっても十分な注意が求められるのであり，これが，注意義務の程度について原則的な基準とされている。一方，特に注意義務が軽減されてよい場合は個別に規定が設けられる。例えば，上述の無償で保管する場合がそれである。そのような場合，自己の物と一緒に保管するのが通常であり，注意義務の程度について自己と他人とを切り離すことは適切でないと考えられたのであろう。

事務処理にあたっても，特段の規定がない限り，「善良な管理者の注意をもって」することが原則である（民法644条，852条，869条など）。例えば，親権者が子の財産管理を行なう際には自分の能力に応じた程度の注意（「自己のためにするのと同

一の注意」——民法827条）を払えば足りるとされるが（➡**14-9**），これに対して，成年後見人は，そうした主観的な注意義務よりも重い注意義務（善管注意義務）を求められるのである。

> * 来栖三郎『契約法』有斐閣，1974年，592頁。

3 本人意思尊重義務

4-10 自己決定の尊重

成年後見人は本人に代わって法律行為をするが，その効果は直接本人に及ぶ（民法99条1項➡**3-6**）。それゆえ，法定代理人である成年後見人が本人の意思や意向*に従うことは本人に対する義務であり，善管注意義務からの当然の帰結ともいいうる［道垣内 2015：23］。現行法があえて本人の意思を尊重すべきことを規定したのは，その自己決定を能う限り尊重しようという制度理念（➡**1-19**）を明確にするためにほかならない［小林＝原 2002：257］。

> * 民法上，一般に意思とは法律効果の発生に向けた意欲をいうが，ただし民法858条にいう「意思」については，広く意向や好悪の感情も含まれると理解されている。同条が問題とするのは利害得失の判断能力を欠く常況（➡**2-23**）にある者（民法7条）の「意思」であり，それは必ずしも権利義務関係の形成に向けられているというわけではない。しかし，そうした意思決定の能力が備わっていない者であっても，希望を述べたり価値を選択することは十分にできる［新見 1995：10］。そして，本人の財産なのであるから，その使い道の検討にあたって本人の意向等に従うべきことは，後見人にとってむしろ当然とも言いうるのである［赤沼 2015：10］。

4 身上配慮義務

4-11 身上配慮義務の明文化

成年後見人は，財産管理者として通常の善管注意義務［片岡ほか 2011：14］を負うだけではない。その職務は，生活・療養看護に関する事務はもちろん財産管理に関する事務であっても，それが高齢者・障害者に対する

支援としてなされる以上，かれらの「心身の状態」や「生活の状況」(民法858条)にかかわらざるをえない。例えば，居住用不動産の処分は財産管理行為であるが，被後見人にとって，その居住環境の変化は精神面・生活面にも大きな影響を及ぼす (➡︎3-13)。そこで法は，成年後見人が事務処理をするにあたって，心身の健康や生活の安全など本人の身上面にも配慮すべきことを明文で示した (民法858条)。この**身上配慮義務**は，本人意思尊重義務と並んで善管注意義務の内容を具体的に説明したものと理解されている[小林＝原 2002：259]。

* 保佐人および補助人も，その権限の対象とされた事務の範囲内で，本人意思尊重義務および身上配慮義務を負う (民法876条の5第1項，876条の10第1項)。成年後見人と比べて権限が限定的であるとはいえ，保佐人・補助人の職務も，成年後見人の職務と質的に異なるものではないからである (➡︎4-7)。

4-12 意思尊重義務と身上配慮義務との調整

この身上配慮義務は，本人意思尊重義務を制約する根拠ともなりうる。例えば，在宅生活の困難となった被後見人が生活の場所を施設に移したという場合，成年後見人は，事情があれば，本人が以前に住んでいた自宅を，その意思・意向に反してでも売却することができる。たしかに，たんに管理の経費がかかるからといって，本人が愛着をもつ自宅を売却することには慎重でなければならない。しかし，売却しなければ施設の利用料が支払えないというのであれば，本人が反対の意向を示していたとしても売却するという選択をせざるをえないであろう。本人の自己決定がみずからの生活基盤に重大な影響を与え，あるいはその喪失を招く場合には，最善の利益に基づいた判断が優先する［赤沼 2015：12］。もともと人の自己決定には不合理な意思・意向も含まれるが，それが判断能力の低下によるものであり，これをそのまま尊重することが本人の客観的な利益と一致しないからこそ成年後見人等による支援が必要とされているのである。

参考文献

赤沼康弘「成年後見人の権限と限界」『判例タイムズ』1406号 (2015年)，5-15頁。
於保不二雄＝中川淳編『新版　注釈民法25』有斐閣，1994年。

片岡武＝金井繁昌＝草部康司＝川畑晃一『家庭裁判所における成年後見・財産管理の実務』日本加除出版，2011年。

小林昭彦＝大門匡編著『新成年後見制度の解説』金融財政事情研究会，2000年。

小林昭彦＝原司『平成11年民法一部改正法等の解説』法曹会，2002年。

高村浩『成年後見の実務』新日本法規，2001年。

道垣内弘人「成年後見人の権限」『判例タイムズ』1100号（2002年），238-239頁。

道垣内弘人「成年後見人等の財産に関する権限と限界」『判例タイムズ』1406号（2015年），22-28頁。

新見育文「意思決定の代行制度の整備に向けて」『法律時報』67巻10号（1995年），6-9頁。

第5章　成年後見人等に対する監督，成年後見人等による不正

1　成年後見人等に対する監督

1　家庭裁判所による監督

> **Check!**〔28-81-1〕
> 成年後見人に不正な行為，著しい不行跡などの事実がある場合，家庭裁判所は，職権で成年後見人を解任できる。　　　　　　　　　　　〔正しい➡5-2〕

> **Check!**〔28-81-2〕
> 成年後見人の業務に疑義があることを理由に，家庭裁判が直接，成年被後見人の財産状況を調査することはできない。　　　　　　　　　〔下線部が誤り➡5-2〕

5-1　監督制度の必要性

　　成年後見人は，被後見人本人の財産について全面的な管理権・代理権をもつ（民法859条1項➡3-9）。また，保佐人・補助人も，代理権およびそれに付随する財産管理権をもつことができる（➡3-31, 3-36）。さらに，法定後見の各類型には取消権も認められている（➡1-14～1-16）。このように成年後見人等には広範な権限が与えられており，その適切な行使が求められるが，とはいえ，すでに判断能力の減退している本人がこれを監督することは困難であろう。成年後見人等による権限の濫用防止を制度的に担保する方策が必要となるのは，そのためである。

5-2　後見監督

　　成年後見人等は家庭裁判所が選任するのであり（➡7-9），後見等の事務の適正を監督することも第一次的には家庭裁判所の責務である。家庭裁判所は，成年後見人に対して後見事務の報告や財産目録の提出を求めたり，

後見事務や財産状況の調査をする権限をもつ（民法863条1項➡〔28-81-2〕）。また，財産管理その他の後見事務に関して必要な処分（例：介護契約の内容変更）を命じたり（民法863条2項），成年後見人の職務遂行が不適切な場合は，一定の者の請求により，または**職権**（家庭裁判所みずからの判断）で，これを解任することもできる（民法846条➡〔28-81-1〕）。これらは家庭裁判所による**後見監督**と総称され，その規定は保佐および補助にも準用（➡コラム5：準用の意義）されている（保佐について民法876条の2第2項，876条の5第2項。補助について民法876条の7第2項，876条の10第1項）。

コラム5

準用の意義

　本書でもたびたび用いられる「準用」という言葉について，ここで整理しておこう。我が国のように「文章の形式で表現された法」（成文法）をもつ国では，条文の肥大化を抑制するために，同じ取り扱いをするものについては規定の繰り返しを避けるという工夫がみられる。この立法技術が「準用」であり，性質の許す限り，ある事項について定められている規定を別の事項についても適用することと定義される。例えば，牛に関する規定を馬に準用するというのであれば，角に関する部分を除いてこれを適用することになろう。本文でみたように，成年後見人に関する事項を定めた規定を保佐人・補助人について準用する規定も少なくない。成年後見人の場合と内容が異なるものについては明文の規定を置く一方，同じ処理をするものについては，成年後見人の規定を借用するのである。

2　成年後見監督人等による監督

Check!〔25-80-1〕

家庭裁判所は，必要があると認めるときは，被保佐人，その親族若しくは保佐人の請求により又は職権で保佐監督人を選任することができる。　　〔正しい➡5-3〕

5-3　成年後見監督人等の選任

　このように，成年後見人等に対する監督は基本的に家庭裁判所の役割で

あるが，さらに，これを補完するものとして**成年後見監督人・保佐監督人・補助監督人**（以下，「成年後見監督人等」と略記）の制度がある。もっとも，成年後見監督人は必ず置かれるわけではなく任意の機関にとどまる。家庭裁判所がこれを必要と認めるとき*，請求（本人・その親族・成年後見人自身の請求）により，または職権で選任するのである（民法849条）。その数には制限がなく，また法人を選任することも認められている（民法852条）。保佐監督人および補助監督人の選任についても同様である（民法876条の3，876条の8 ➡〔25-80-1〕）。

* 例えば，成年後見人と被後見人との間で遺産分割（➡15-35）をする場合などに必要とされよう。両者の利益が相反するため，成年後見人のみでは後見事務に支障を生じることが予想されるのである（➡3-14）。

5-4 成年後見監督人等の職務

家庭裁判所だけでなく，成年後見監督人も，成年後見人に対して後見事務の報告を求めたり，本人の財産状況について調査をする権限をもつ（民法863条1項）。そして，成年後見人による事務遂行が不適切であれば，その解任を家庭裁判所に請求することもできる（民法846条）。保佐監督人および補助監督人の職務内容も同様である（民法876条の3第2項，876条の5第2項，876条の8第2項，876条の10第1項）。

なお，成年後見監督人がある場合，成年後見人が，被後見人本人に代わって不動産の処分など重要な取引行為（民法13条1項所定の行為）をするときは成年後見監督人の同意を得なければならない（民法864条）。被後見人を保護するために，成年後見人の法定代理権を制限したものであり，同意を得ずに行なわれた行為は，本人・成年後見人がこれを取り消すことができる（民法865条1項）。もっとも，例えば銀行預金の引き出しなど「元本の領収」をするには後見監督人の同意を必要としない（民法864条ただし書）。それ自体が被後見人に不利益をもたらすとは考えられないからである。また，保佐人・補助人の代理行為については，その代理権が一部に限られていることもあり，監督人の同意という制約は設けられていない。

2 成年後見人等による不正

1 親族による後見

5-5 横領罪

友人から預かっている洋服を勝手に第三者に売却などすると単純横領罪（刑法252条）に問われる。また、客から預かっている洋服についてクリーニング業者がそのようなことをすると、さらに強い責任非難が向けられ、**業務上横領罪**（刑法253条）として刑が加重される*。そのいずれであれ、**横領罪**は「自己が占有する他人の物」を勝手に処分する行為を処罰するものであるが、ただし、ここにいう「占有」は、横領の態様からみて、物に対する利用・処分の可能性で足りるとされている。例えば、預金口座の通帳と印鑑を所持していれば、口座のなかの預金を処分しうる地位を与えられており、横領罪における「占有」を認めうる。

成年後見人が、被後見人の財産を不正に処分した場合も同様に考えることができる。成年後見人は、家庭裁判所の監督のもとで成年被後見人の財産管理その他の事務を行なうが、その際、職務上管理している被後見人の預貯金を勝手に引き出し着服するなどのことがあれば、これも業務上横領罪に問われる。

*　一般に「業務」とは、社会生活上の地位に基づいて、反復継続して行なわれる事務をいうが、業務上横領罪にいう業務は、その性質上、委託を受けて他人の物を保管・管理することを内容とする。ただし、それは報酬や利益を目的とするものに限られない。また、業務の根拠は、法令・契約のほか、例えば慣例であってもよい。

5-6 親族相盗例

もっとも、この横領罪など一定の財産犯罪については、それが親族間で行なわれた場合、刑を免除する規定がある（刑法244条）。例えば、親が子の物を盗み、また、夫が妻の物を盗んでも処罰されることはない。この刑法244条は**親族相盗例**と呼ばれる規定であるが、その趣旨は、「法は家庭に入らず」という格言に示されている。強盗や殺傷に及んだ場合であればともかく、窃盗にとどまるのであれば親族間の解決に委ねれば足り、国家は

第5章　成年後見人等に対する監督，成年後見人等による不正　65

介入を差し控えたほうが望ましいとされるのである。

　業務上横領罪についても，刑法255条により刑法244条の規定が準用（▶**コラム5**：準用の意義）されている。それゆえ，例えば父親の財産を管理・保管する息子がこれを横領したとき，息子は刑法244条1項により刑が免除される。では，息子が家庭裁判所により成年後見人に選任され，管理保管中の父親の財産を横領したときも，同様に処罰を免れるのだろうか。我が国では，成年後見人は被後見人の親族から選任されることも少なくない。この親族である成年後見人が被後見人の財産を横領した場合も刑法244条を準用すべきかが問題となる。

　　＊　配偶者，直系血族，または同居の親族間での窃盗行為については刑が免除される（刑法244条1項）。また，刑法244条1項に規定する親族以外の親族との間で同様の罪を犯した場合は親告罪とされ，告訴（▶**15-19＊**）がなければ公訴を提起することができない（刑法244条2項）。

2 後見事務の公的性格

Check!〔24-74-5〕

未成年後見人は，被後見人たる児童が同居の親族に該当する場合，未成年後見人が被後見人の財産を横領したとして刑を免除する親族間の特例が適用される。
〔下線部が誤り▶**5-7**〕

5-7　未成年後見と親族相盗例

　この点，未成年後見（▶**14-32**）の事案（祖母が孫の未成年後見人となっていた）についてであるが，親族相盗例の準用を否定する判断がすでに最高裁判所によって示されている。**未成年後見人**の事務は家庭裁判所の公的な信任を得て遂行されるものであり（民法846条，863条，869条・644条参照），親族としての立場でなされるわけではない。そのような公的な性格をもつ後見事務について，親族相盗例が準用されることはないというのである（最決平成20・2・18刑集62巻2号37頁▶〔24-74-5〕）。

5-8　成年後見と親族相盗例

　この判例は，未成年後見人の事務がもつ公的性格に着目して親族相盗例

の準用を否定するものであるが，そこに示された考え方は，成年後見人による不正な財産処分についても及ぼしうるものと思われる。成年後見人も，未成年後見人と同じく家庭裁判所から選任され，また職権で解任されうるなど（➡5-2），公的な信任のもとにその職務を遂行するからである。[*]

* すでに下級審の裁判例のなかには，成年後見人による業務上横領の事案について親族相盗例の準用を否定したものがみられる（仙台高裁秋田支判平成19・2・8『判例タイムズ』1236号104頁）。一方，後見事務の公的性格が親族相盗例の準用を排除する根拠だとすると，任意後見人による不正な財産処分については，その準用を否定することが困難だと思われる。

第6章　法定後見開始の申立て

1　家庭裁判所への申立て

1　申立主義

Check!〔26-80-1〕

精神上の障害により事理を弁識する能力が不十分な者については，家庭裁判所は，職権で補助開始の審判をすることができる。　〔下線部が誤り➡**6-1**〕

6-1　申立てによる手続きの開始

　　法定後見（後見・保佐・補助）開始の審判は，**申立て**[*]により開始される（民法7条，11条，15条1項➡〔26-80-1〕）。申立てができるのは，本人や4親等内の親族（➡**6-8**＊）など一定範囲の者（**申立権者**）に限定されている。それゆえ，隣人やホームヘルパーなど申立権者でない者から通報があったとしても，家庭裁判所は手続きを開始することができない。

　　＊　民法上は「**請求**」とされるが，審判の手続きを定める家事事件手続法（➡**11-20**）では「申立て」という語が用いられる。

6-2　申立主義の問題点

　　しかしそうなると，例えば高齢者に身寄りがなく，しかも本人は重度の認知症のため申立てができない場合，法定後見制度の利用が困難となり，保護に欠けるのではないかという疑問も生じる。そこで，申立てを待たず家庭裁判所みずからの判断（**職権**）で手続きを開始することも考えうるが，法は，各種福祉サービスの実施機関である市町村（その長）に申立権を認めることで（**市町村長申立て**➡**6-12**），この問題に対処している。

6-3 私的自治と裁判所の役割

　もともと財産の管理や処分は私的な領域に属する事柄であるが（**私的自治**➡1-6），法定後見が開始されると，本人はこれを単独で行なうことを制約される。こうした能力制限をもたらすこととなる手続きを裁判所がみずからの判断で開始することは，中立的な判断機関たるべきその役割からみてふさわしくない。審判手続きの開始にあたって一定の者からの申立てを要件としたのは，こうした事情によるものといえよう［小林＝原 2002：58参照］。

2　成年後見制度を利用している場合の申立て

Check!〔22-73-2〕

保佐開始の審判を受けていた者が，事理弁識能力を欠く常況になった場合には，家庭裁判所は，職権で後見開始の審判を行うことができる。〔下線部が誤り➡6-4〕

6-4 類型相互間の移行

　すでに成年後見制度を利用している者が判断能力の変化に応じて別の類型を利用する場合も，改めて申立てをしなければならない。例えば，すでに保佐開始の審判を受けている者がいるとしよう。その者の判断能力が回復して補助のほうが適切であると考えられる場合，保佐人や保佐監督人（➡5-3）等は補助開始の審判を申し立てることができる。一方，精神の障害が進行して保佐では本人を保護することができない状況になったというのであれば，保佐人や保佐監督人等は後見開始の審判を申し立てる必要がある（➡〔22-73-2〕）。法定後見の各類型では保護の内容が異なることから，家庭裁判所は，類型相互間の移行であっても，申立てがない限り，開始の審判を行なうことができないのである。

3　法定後見開始の申立てと本人の同意

Check!〔25-82-3改〕

独居で身寄りのないGさん（認知症が悪化し，後見類型相当との診断）。市町村長申立てにより弁護士の後見人が選任された――Gさんの同意なく後見申立てしたの

であれば問題だ。　　　　　　　　　　　　　　　〔下線部が誤り➡**6-5**〕

> *Check!*〔29-81-2〕
>
> 保佐開始及び補助開始の申立てにおいては，いずれの場合も本人の同意が必要である。　　　　　　　　　　　　　　　　　　　　〔下線部が誤り➡**6-5**〕

6-5　審判の要件

　法定後見（後見・保佐・補助）開始のいずれの審判においても，本人の同意は申立ての要件ではない（➡〔25-82-3改〕，〔29-81-2〕）。たとえ本人が望まなくても審判の開始を申し立てることはできる。

　たしかに，家庭裁判所が審判をするにあたって同意の確認が必要とされることはある。例えば，補助開始の審判を本人以外の者の申立てに基づいて行なう場合には，本人の同意が必要とされる（民法15条2項➡**7-8**）。しかし，この同意は審判をするための要件であるから，たとえ本人が「補助など必要ない」と言っていたとしても，申立てはすることができる。本人の同意は家庭裁判所が審理の過程で確認すれば足りるのであり〔小林＝原 2002：137，於保＝中川編 2004：558〔神谷遊〕➡**7-3**〕，審判までに同意が得られないときは，補助開始の申立てが却下されることになる（札幌高決平成13・5・30『家庭裁判月報』53巻11号112頁）。

2　民法上の申立権者

> *Check!*〔23-72-1〕
>
> Hさん（最近，判断能力が著しく低下）に身寄りがない場合，日常生活自立支援事業を実施している法人としての社会福祉協議会は，成年後見制度を利用するための申立てを家庭裁判所に行なうことができる。　　〔下線部が誤り➡**6-6**〕

> *Check!*〔25-82-2改〕
>
> 独居で身寄りのないGさん（認知症が悪化し，後見類型相当との診断）──支援事業の主体である社会福祉協議会が後見の申立てをする。　〔下線部が誤り➡**6-6**〕

> **Check!** 〔28-78-1〕
> 保佐開始の審判を本人が申し立てることはできない。　　〔下線部が誤り ➤➤6-7〕

6-6　申立権者の限定

　法定後見（後見・保佐・補助）開始の審判の申立権者は限定されている。民法典に列挙（民法 7 条, 11 条, 15 条 1 項）されている者および特別法で認められている市町村長（➤➤6-12）のほかには申立権をもたない（➤➤〔23-72-1〕,〔25-82-2 改〕）。民法上の申立権者は, いくつかのグループに分けて整理することができる。

6-7　本人

　成年後見制度は, 本人の自己決定権を尊重し, その現有能力を最大限に活用することを基本理念としている（➤➤1-19）。それゆえ, 本人が法定後見による支援を望む場合, みずから申立てをすることができるのは当然であり, 条文上も, 保佐・補助開始の審判だけでなく, 後見開始の審判についても, その申立権者として本人が明記されている（➤➤〔28-78-1〕）。もっとも, 後見類型の場合, 本人は判断能力が欠けた「常況」（➤➤2-23）にあることから, その申立てが認められるのは, 一時的にせよ本人の判断能力が回復している場合に限られよう〔新井＝赤沼＝大貫編 2014：27〕。

6-8　配偶者, 4 親等内の親族

　配偶者および 4 親等内の親族[*]は, 本人の身近にいてその状況を把握するのにふさわしいと考えられることから, 申立権者としての役割が期待されている。

> [*]　「親族」の範囲は, 配偶者のほか「6 親等内の血族」および「3 親等内の姻族」と定められている（民法 725 条➤➤12-8）。このうち「4 親等内の親族」が申立権をもつというのであるから, 血族については 4 親等（例：いとこ）まで, 姻族については 3 親等（例：配偶者の叔父・叔母）までが申立権者とされることになる。

6-9　制限行為能力の他の類型から移行する場合の関係者

　法定後見の各類型相互間での移行（➤➤6-4）を円滑に行なうために, 申立

権者として他の類型の援助者も挙げられている。例えば，後見開始の審判を受けていた者が補助段階まで能力を回復した場合，成年後見人が補助開始の審判を申し立てることも認められている（民法15条1項）。

　本人が未成年者である場合，**未成年後見人**（➡︎14-32）または未成年後見監督人（➡︎14-37）も申立権者とされる。たしかに，未成年者には，親権者または未成年後見人が付されているため，かりに「精神上の障害」のため本人の判断能力に問題があったとしても，通常は法定後見を開始する実益がない。しかし，未成年後見制度による保護と成年後見制度による保護とではその内容に差異がある*だけでなく，本人が成年に達した時点で未成年後見から成年後見制度へと直ちに移行させたいといった要請もみられることから［小林＝原 2002：45，63］，未成年後見が開始されている者についても法定後見開始の審判を受けうる方途を用意するのである。

　　＊　例えば，成年後見開始の審判を受けた者が遺言をするには，医師の立ち会いが必要とされる（民法973条1項➡︎16-3）。

6-10　任意後見から法定後見への移行する場合の関係者

　任意後見から法定後見への移行が必要となる場合（例：同意権・取消権による保護を要する場合➡︎9-34）には，任意後見受任者・任意後見人（➡︎9-4＊）・任意後見監督人（➡︎9-10）も法定後見開始の審判の申立人となりうる（任意後見契約法10条2項）。

6-11　検察官

　検察官の申立権は公益上の観点から認められたものであり，従来あまり活用された例はないといわれる。もっとも，民法典には，検察官に申立権を認める規定が一定数あることから（例：民法25条〔不在者の財産管理➡︎コラム11：不在と失踪〕，834条〔親権喪失の審判➡︎14-26〕），各制度間でのバランスに配慮して，後見・保佐・補助についても申立権者として維持されている［小林＝原 2002：66-67］。

3　市町村長申立て

> **Check!**〔28-82-1〕
> 65歳未満の者を対象として，市町村長申立てをすることはできない。
> 〔下線部が誤り ➡6-13〕

> **Check!**〔28-82-2〕
> 後見のみを対象としており，保佐及び補助の開始を申し立てることはできない。
> 〔下線部が誤り ➡6-14〕

> **Check!**〔28-82-3〕
> 本人に四親等内の親族がいる場合，市町村長申立てをすることはできない。
> 〔下線部が誤り ➡6-15〕

> **Check!**〔28-82-5〕
> 市町村長申立てができない場合，都道府県知事が申立てをする。
> 〔下線部が誤り ➡6-12〕

6-12　市町村長に対する申立権付与

　市町村長（東京都23区の区長も含む）にも，法定後見開始の審判等の申立権が認められている。民法上の申立権者がいないために後見等の保護を受けられないという事態を防止するためである。

　本来であれば，身寄りがない等の事情があるときは公益の代表者である検察官が申立てをするべきであろう。しかし，検察官は刑事事件を扱うことを主たる職務としており，福祉的な事柄にまで対応することが難しい。一方，福祉関係の行政機関であれば，必要な情報も迅速・的確に収集することができる。地域福祉の中核を担う市町村（その長）に申立権が付与されたのは，そのためにほかならない（➡〔28-82-5〕）。

6-13　申立ての対象者

　市町村長申立ては，行政法規である老人福祉法等にその根拠をもつ。申立ての対象者は，「65歳以上の者（65歳未満であって特に必要があると認められる者を含む――老人福祉法5条の4第1項）」（老人福祉法32条），「知的障害者」（知的障害者福祉法28条），「精神障害者」（精神保健及び精神障害者福祉に関する法律〔以下，「精神保健福祉法」と略記〕51条の11の2）であり（➡〔28-82-1〕），これに該当しない者は申立ての対象とはならない。*

* なお，**高次脳機能障害**は，かつて精神保健福祉法の対象となるかどうかに疑問がもたれ，若年の高次脳機能障害者に身寄りがなく，また本人も申し立てができないような場合，検察官の申立てによって手続きを進めるほかないとされていた。しかし今日，高次脳機能障害は「器質性精神疾患」として精神障害に位置づけられており［宮本 2008：9-10］，上記のような場合についても，広く「精神疾患を有する者」（精神保健福祉法5条）を対象とする精神保健福祉法のもとで，市町村長申立てが可能と解されている。

6-14　対象となる審判

　市町村長に申立権が与えられたのは，❶後見・保佐・補助開始の各審判（民法7条，11条，15条1項➡〔28-82-2〕），❷保佐人の同意権拡張（民法13条2項➡**2-30**）・代理権付与（民法876の4第1項➡**3-27**）の審判，❸補助人の同意権・代理権付与の審判（民法17条1項，876の9第1項➡**2-34**，**3-32**）についてである。これら以外の審判については，選任された成年後見人等が申立てを行なうことが期待できるため，市町村長申立ての対象とはされていない［小林＝原 2002：70］。

6-15　要件

　市町村長申立ては，「福祉を図るため特に必要があると認めるとき」に認められる。具体的には，配偶者や4親等内の親族がいない場合，これらの親族がいてもその協力が得られない場合（例：申立権をもつ親族が虐待している場合）などを考えうる（➡〔28-82-3〕）。

4　市町村長申立ての推進と市民後見人

> **Check!** 〔28-82-4〕
> 市町村には，市町村長申立ての円滑な実施のために，後見等の業務を適正に行える人材を育成するのに必要な措置を講ずる努力義務がある。　　　〔正しい ➡ **6-18**〕

6-16　市町村長申立てと第三者後見人

　　成年後見人等は，制度の利用者本人との関係でみると，配偶者・子などの**親族後見人**と，それ以外の**第三者後見人**とに分類されるが，今日では，成年後見等開始の審判申立事件で第三者後見人の選任される割合が半数を超えている。その要因としては，❶親族間の関係の希薄化，❷親族自身の高齢化，❸本人の資産をめぐる親族間紛争の深刻化等により，成年後見人等として選任すべき親族が見当たらない事案や親族を成年後見人等に選任するのが相当でない事案の増加していることが考えうる［成年後見制度研究会 2010：8］。

　　特に市町村申立事案については，第三者後見人が選任される割合が一層高くなる。親族が後見人等に就任できるのであれば，より負担の軽い申立ても親族が担い，市町村長申立てをするまでもなかったはずだからである［上山 2015：282］。

6-17　専門職後見人と市民後見人

　　第三者後見人としては，弁護士・司法書士・社会福祉士などの専門職（**専門職後見人**）にその役割が期待される。しかし，専門職後見人の人数に限りがあるだけでなく，成年後見人等としての事務量の多さから，一人の専門職が成年後見人等を受任できる人数にも限界がある［成年後見制度研究会 2010：10］。一方，第三者後見だからといって，必ずしも高度の専門性が要求されるというわけでもない。日常的な金銭管理など比較的安定したケースについては，法律や福祉に関する専門家でなくても支援が可能なのであり［新井 2006：6］，そのため今日では，専門職以外の市民からも成年

後見人等（**市民後見人**）の候補者を養成し，これを積極的に活用しようという取り組みが広がりをみせている。

6-18　立法の対応

　そうしたなか，2012（平成24）年の改正老人福祉法は，市民後見人の育成および活用のために必要な措置を講じることを市町村の努力義務とした[*1]（老人福祉法32条の2第1項）。その内容は，❶研修の実施，❷後見等の業務を適正に行うことができる者の家庭裁判所への推薦，❸その他の措置[*2]からなり，これらを通じて市町村長申立ての円滑な実施を図ることが期待されている（➡〔28-82-4〕）。また，2016（平成28）年に成立した「成年後見制度の利用の促進に関する法律」（以下，「利用促進法」と略記）においても，成年後見制度の理念の尊重，成年後見制度の利用に関する体制の整備と並んで，市民後見人の養成が同法の基本理念として掲げられている（利用促進法3条）。

> *1　知的障害者福祉法および精神保健福祉法についても，老人福祉法32条の2の規定の新設と同趣旨の改正がなされている（知的障害者福祉法28条の2，精神保健福祉法51条の11の3）。
>
> *2　「その他の措置」としては，養成研修終了者の名簿等への登録，市民後見人の活動支援が示されている（「市民後見人の育成及び活用に向けた取組について」平成24年3月27日付け厚生労働省老健局高齢者支援課認知症・虐待防止対策推進室事務連絡）。

6-19　市民後見人の積極的な役割

　たしかに，市民後見人が必要とされる背景には専門職後見人の不足を補うという側面もみられる。しかし，この側面の強調が市民後見人のもつ積極的な役割を看過させるものであってはならない。一般に市民後見人は利用者の生活圏域周辺で生活（居住・勤務等）している。また，専門職と比べて活動時間に余裕のある場合も少なくない［上山 2015：267-268］。そのため，市民後見人としてのかかわりは，利用者に対する手厚い見守りやきめ細かい対応を期待しうるものとなり，地域における権利擁護活動の一端を担うという固有の意義をもちうるのである。

> **参考文献**

新井誠「第三者後見人養成の意義」『実践成年後見』18号（2006年），4-7頁。
新井誠＝赤沼康弘＝大貫正男編『成年後見制度〔第2版〕』有斐閣，2014年。
於保不二雄＝中川淳編『新版　注釈民法（25）〔改訂版〕』有斐閣，2004年。
上山泰『専門職後見人と身上監護〔第3版〕』民事法研究会，2015年。
小林昭彦＝原司『平成11年民法一部改正法等の解説』法曹会，2002年。
成年後見制度研究会「成年後見制度の現状の分析と課題の検討」2010年。
宮本哲也「高次脳機能障害者のある方々への支援」『実践成年後見』24号（2008年），4-16頁。

第7章 審判手続き

1 審 理

【図：家庭裁判所における手続きの流れ】

1 本人の陳述聴取と同意の確認

7-1 事実の調査

家庭裁判所が成年後見等開始の審判をするためには，人の判断能力や生活・財産状況など様々な事実関係を把握しなければならない。それによって，本人に対する支援の要否・内容（成年後見等の開始の有無，代理権や同意権の付与），支援者の選任などについて適切な判断が可能となるのであり，家庭裁判所は，これらの**事実の調査**を職権（➡**6-2**）ですることができる（家事事件手続法56条1項）。

7-2 本人の陳述聴取

なかでも，申立ての内容について本人の陳述を聴くことは欠かすことができない。家庭裁判所は，後見・保佐・補助開始のいずれの審判事件においても**本人の陳述聴取**を行なうことを求められている（家事事件手続法120条1項1号，130条1項1号，139条1項1号）。たしかに，後見・保佐・補助の制度は本人保護を目指すものであるが，一方で，保護機関に付与される権限（同意権・取消権，代理権）は，本人の自由に対する制約となる面もあ

る（➡1-22）。それゆえ，これらの制度について本人に説明し，その意思を確認する機会を設けることが，本人の自己決定を尊重する上で必要とされるのである［高村 2000：144］。

7-3 同意の確認

補助開始の審判にあたっては，それが本人による申立てでない場合，本人の同意が必要とされるが（民法15条2項➡7-8），この同意の確認も陳述聴取の手続きのなかで行なわれる。また，補助開始に伴ってなされる同意権付与審判および代理権付与審判についても，それが本人による申立てでない場合，本人の同意が確認できなければ審判をすることができない（民法17条2項，876条の9第2項・876条の4第2項➡2-34，3-32）。さらに，保佐開始の審判にあたっても，本人の陳述を聴取するなかで同意を確認することがある。本人以外の者の申立てにより家庭裁判所が保佐人に代理権を付与する旨の審判をするときは被保佐人本人の同意が必要とされるが（民法876条の4第2項➡3-27），この審判が，保佐開始の審判とともに申し立てられた場合がそれである［於保＝中川編 2004：536〔小川富之〕］。

2 鑑定・診断

> **Check!**〔27-80-2〕
> 補助の開始には，精神の状況につき鑑定が必要とされている。
> 〔下線部が誤り➡7-6〕

7-4 診断書の提出

法定後見の対象者は，「精神上の障害」により「事理を弁識する能力」（判断能力）が十分でないか，あるいはそれを欠く者である。制度の利用を家庭裁判所に申し立てる際には，この点を認定するための資料として医師の**診断書**を提出することが求められる。

7-5 後見開始・保佐開始の審判と鑑定

さらに，後見・保佐を申し立てた場合には，明らかに必要がないとき

（例：本人が植物状態のとき）を除いて，**鑑定**が行なわれる（家事事件手続法119条1項・133条）。鑑定は，裁判所が鑑定人を指定し鑑定事項を定めて行なわれる［最高裁判所事務総局家庭局 2007：5-6］。裁判所の依頼により行なわれるのであり，この点，当事者（本人，家族，その他の申立人）が医師に依頼する**診断**とは異なる。

　後見・保佐が開始されると，本人の行為能力が大幅に制限されるだけでなく，一定の資格も制限される（➡**7-22**）。そのため，信頼性の高い資料により判断能力を慎重に判断し，本人の利益保護を図ることが求められているのである［小林＝大門編著 2000：287］。

7-6　補助開始の審判と診断書

　一方，補助開始の審判をする場合には鑑定を必要とせず，申立て時に提出される診断書で足りる（➡〔27-80-2〕）。家庭裁判所は，本人の「精神の状況につき医師その他適当な者の意見」を聴かなければならないとされるにとどまるのである（家事事件手続法138条）。❶補助の開始の審判は必ずしも本人の行為能力（➡**2-9**）を制限するとは限らないこと（代理権を付与するだけの場合もあること），❷行為能力を制限する場合であっても，その範囲が後見・保佐類型と比べて狭いこと，❸補助の制度は，その利用が本人の関与（本人自身による申立てまたは審判に対する同意➡**7-8**）のもとに進められることからすれば，鑑定による慎重な手続きを求めるまでもなく，本人の利便性を図っても支障がないとされるのである［小林＝大門編著 2000：289，小林＝原 2002：134］。

2　審　判

Check!〔26-80-3〕

家庭裁判所は，成年後見開始の審判をするときは，職権で成年後見人を選任し，保佐人及び補助人についても同様に職権で選任する。〔正しい➡**7-9**〕

> **Check!**〔27-80-1〕
> 補助開始の審判には，本人の同意は必要とされない。
> 〔下線部が誤り ➡ 7-8〕

> **Check!**〔29-81-5〕
> 補助人に同意権を付与するには，被補助人の同意は不要である。
> 〔下線部が誤り ➡ 7-8〕

7-7 後見等開始の審判

　家庭裁判所は，審理の結果，本人（成年被後見人となるべき者）が「精神上の障害により事理を弁識する能力を欠く常況にある」と判断したときは，「本人について後見を開始する」という審判を行なう。保佐および補助開始の審判も同様であり，それぞれの申立てについて，家庭裁判所が開始の要件を充たしていると判断した場合に各審判がなされる（民法7条，11条，15条1項）。

7-8 補助開始の審判と本人の同意

　なお，後見・保佐類型と異なり補助類型については，それが本人による申立てでない場合，本人の同意がなければ開始の審判をすることができない（民法15条2項➡〔27-80-1〕，〔29-81-5〕）。補助類型の対象者は，その判断能力が後見・保佐類型の対象者ほどには低下しておらず，決定的な保護を必要とするというわけでもない。それゆえ，本人は，その意思に反してまで行為能力を制限されたり代理権を付与されたりすることはないのである。

7-9 成年後見人等の選任

　家庭裁判所は，後見等開始の審判をするときは，職権で成年後見人等を選任する審判（➡ 11-22）を行なう（民法843条1項，876条の2第1項，876条の7第1項➡〔26-80-3〕）。1999（平成11）年に改正されるまでの民法では，本人が禁治産宣告や準禁治産宣告（➡ 1-17）を受けた場合，その配偶者が当然に後見人・保佐人となる旨が定められていた（**配偶者法定後見人制度**——民法旧840条，847条）。しかし，夫婦の一方が成年後見開始等の審判を受けている場合，他方の配偶者も高齢であることが多く，配偶者が常に成

年後見人等として適切とは限らない。そこで，現行法は配偶者法定後見人制度を廃止し，家庭裁判所が成年後見人等を「職権で……選任する」旨の規定を設けた。配偶者がいる場合であっても，家庭裁判所が個々の事案に応じて適任者を成年後見人等に選任しうるよう改めたのである。

3 成年後見人等

1 複数後見

Check!〔27-80-5〕

複数の補助人がいる場合，補助人は共同して同意権を行使しなければならない。　　　　　　　　　　　　　　〔下線部が誤り➡7-10〕

Check!〔28-78-3〕

保佐人が2人以上選任されることはない。　〔下線部が誤り➡7-10〕

7-10 役割分担

　旧制度（➡1-17）のもとでは，後見人・保佐人はいずれも一人でなければならないとされていた（民法旧840条, 847条）。しかし今日，成年後見人・保佐人・補助人は複数選任することができる（➡〔28-78-3〕）。成年後見人等の事務は財産管理および身上監護であるが（➡4-1），こうした性質の異なる事務を単独で行なうことは負担が大きく，むしろ役割を分担したほうが効果的な場合もみられるからである（➡〔27-80-5〕）。例えば，財産管理の事務については法律の専門家が，身上監護の事務については福祉の専門家が，それぞれ事務を分担することなどが考えられよう。

2 法人後見

Check!〔28-78-4〕

法人が保佐人として選任されることはない。　〔下線部が誤り➡7-11〕

7-11 後見事務の組織的対応

かつては，**法人**（➡コラム6：法人の意義）が後見人・保佐人となりうるかどうかについて明文の規定がなく，解釈論上も意見が分かれていた。しかし，保護の必要な高齢者に身寄りがない場合，保護の開始年齢は早くても知的障害・精神障害等のため後見等の期間が相当長期に及ぶ場合など，後見事務の組織的な対応を図ったほうが適切とみられるケースも少なくない。そこで今日では，「成年後見人となる者が法人であるときは」という文言で，間接的な表現ながら法人も成年後見人となりうることが法文上明らかにされている（民法843条4項）。また，法人が保佐人・補助人となることも認められている（保佐人については民法876条の2第2項，補助人については876条の7第2項で843条4項を準用➡〔28-78-4〕）。

この改正された民法では，成年後見人等となるべき法人の資格について特に制限は設けられていない。それゆえ，社会福祉協議会その他の社会福祉法人はもちろん，株式会社のような営利法人も成年後見人等になりうる。

もっとも，法人の利益が本人の利益と相反する場合も考えうる。例えば，本人が施設に入所している場合，その施設の経営主体である法人との間で，介護サービスの費用などをめぐって争いが生じないとも限らない。そのため，新規定では，「その法人及びその代表者と成年被後見人との利害関係の有無」という項目を特に設け（民法843条4項），法人を成年後見人等に選任するあたっては，家庭裁判所がその適格性を慎重に審査することで対応を図っている。

3　欠格事由

> **Check!**〔26-80-5〕
>
> 家庭裁判所は，破産者を成年後見人に選任することはできないが，未成年者を成年後見人に選任することはできる。　　　　　　　〔下線部が誤り➡7-12〕

7-12 未成年者等

成年後見人等となるために特別な資格は必要ない。ただし，未成年者や破産者，以前に成年後見人等を解任されたことのある者などは，成年後見

人等になることができない（民法847条，876条の２第２項，876条の７第２項➡〔26-80-5〕）。

* なお，婚姻により成年者とみなされる者（民法753条）は，成年後見人等になることができる。未成年者も婚姻をすれば親の親権から離脱し，行為能力者（➡2-9）として独立した生活を営むことが可能とされる。この**成年擬制**（➡12-25）の規定は，成年者であることを求める私法上の個別の規定についても適用が認められているのである。

コラム6

法人の意義

〈権利能力の付与された団体〉

権利能力は生きている個人（**自然人**）であれば誰にでも認められるが（➡1-3），ほかに，一定の要件を満たす団体に対しても権利能力が付与されることがある。法が特に「人」としての資格を認めることから，こうした団体を**法人**という。

〈社団法人と財団法人〉

法人は，その成り立ちから社団法人（人の集団）と財団法人（財産の集合）とに区別される。**社団法人**は，一定の目的のもとに組織された人の集団であって，権利能力（**法人格**ともいわれる）を認められたものをいう（例：株式会社……株主という人の集まり）。一方，一定の目的に向かって運営される財産の集合が法人格を与えられると，**財団法人**といわれる（例：美術館……絵画や彫刻の集まり）。

〈法人の役割〉

今日の社会生活は，個々の人間だけを単位として成り立っているわけではない。団体（人の集団や財産の集合）それ自体にも独立した法的主体としての地位を認め，団体の名で権利を取得し，あるいは義務を履行するということも行なわれている。こうした団体のもつ社会的機能に着目して，法人という制度は生み出された。

〈法人法定主義〉

もっとも，法人は，私人の契約などで自由に設立できるわけではない。いかなる団体を権利義務の主体と認めるかは，社会の取引にも重大な関わりをもつため，国家はこれについて一定の基準を定め，この基準に合致したものだけを法人とするという態度をとるのが通常である。我が国では，法人は，民法その他の法律の規定によらなければ設立を認められない（民法33条１項）。このような立法主義を**法人法定主義**という。

4 審判の確定

1 審判の告知・通知

7-13 告知の対象者

後見等開始審判の内容は，申立人や成年後見人等に選任される者に知らされる（家事事件手続法74条1項，122条2項1号，131条1項1号，140条1項1号）。これを**告知**といい，審判を受ける本人も，最大の利害関係者として，こうした手続き上の保護を与えられなければならない。ただし，成年被後見人となるべき者に対しては**通知**で足り，審判の詳細な内容を省略することができる（家事事件手続法122条1項）。後見開始の審判を受ける本人は「事理弁識能力を欠く常況」にあり，一般に審判の告知を受ける能力がないと考えられるためである。

2 不服申立て

7-14 即時抗告

法定後見開始審判の内容については，**即時抗告**（➡**11-39**）という方法で不服を申し立てることができる＊（家事事件手続法123条1項1号，132条1項1号，141条1項1号）。即時抗告には申立期間の制限があり，審判は，2週間を経過するまでの間に即時抗告がなされなかった場合，その内容をもはや争うことができなくなり**確定**する（家事事件手続法86条1項・2項）。

　＊　なお，成年後見人等の選任については不服を申し立てることができない。誰を選任するかは家庭裁判所の職権に委ねられているからである（➡**7-9**）。

7-15 期間の起算日

保佐・補助開始審判に対する即時抗告期間は，審判を受ける本人に対する告知があった日および保佐人・補助人に選任される者に対する告知があった日のうち最も遅い日から進行する。一方，成年後見開始審判の場合には，後見人に選任される者への告知をもって即時抗告期間が進行する（家事事件手続法123条2項，132条2項，141条2項）。本人に対しては告知では

なく「通知」にとどまることから（➜7-13），それをもって期間の起算日とされることはない。

5　後見登記

1　公示の要請

7-16　事前の確認

　法定後見開始の審判が即時抗告期間の経過により確定すると，後見等が開始される。この法定後見の制度は本人保護を目指すものであるが，一方，取引関係に入ろうとする第三者にとっては影響が大きい。行為能力の制限（➜2-9）を理由に契約が取り消されると，本人と有効に契約を締結したと信じていた相手方は不測の損害を被ることになる[*1]。また，成年後見人等と取引をする場合にも，その相手方は，後見人等が当該行為について現実に代理権をもつかどうかについて関心を払わざるをえない[*2]。取引の相手方としては，本人が契約等にあたって同意権・取消権による制限を受けているかどうか，また，成年後見人等がどのような代理権を付与されているのかを事前に確認することが必要とされるのである（➜**コラム7**：制限行為能力者の相手方の保護）。

　＊1　取消権は制限行為能力者の側にのみ与えられている（民法120条1項）。しかも，取り消した側は現存利益を返還すれば足りるのに対して，制限行為能力者と取引をした相手方は原状を完全に回復しなければならない（➜2-17，2-20）。
　＊2　保佐人を例にとると，その付与された代理権の範囲外の事項について代理行為をしたときは**無権代理**となり，当該行為は原則として「効力を生じない」（民法113条1項➜3-14）。無権代理行為の効果は本人に帰属せず，相手方は本人に対して義務履行を求めることができないのである（ただし，無権代理行為によって損害を受けた相手方は，保佐人に対して，その損害を賠償する責任を追及することができる──民法117条1項）。

7-17　戸籍記載の廃止

　それゆえ，後見等が開始していることについては何らかの方法で**公示**（➜2-11）されなければならないが，この点，現行の成年後見制度（2000年4月より施行）となる以前は，禁治産・準禁治産宣告（➜1-17）がなされる

と，その旨を本人の戸籍に記載するという方法がとられていた。しかし，能力制限に関する情報が戸籍に記載されることに対しては，本人やその家族などに強い心理的抵抗感があり，制度の利用を躊躇させる要因ともなっていた。また，現行の成年後見制度では後見人等の類型や権限が多様なものとなり公示内容も複雑化したため，戸籍への記載では十分に対処できないという問題もあった。戸籍への記載という公示手段に代えて，もっぱら成年後見に関する事項のみを扱う新たな登記制度（**成年後見登記制度**）が創設された（後見登記等に関する法律）のは，そのためにほかならない。

> ＊ 例えば，かつては保佐人が法定代理権をもつことはなかったが，今日では特定の法律行為について保佐人に代理権を付与することも認められている（➡3-25）。また，新設された補助類型では，特定の法律行為について補助人に同意権・取消権（➡2-34）または代理権（➡3-32）が付与される。さらに任意後見制度の導入により，任意後見人の代理権（➡9-1）を公示することも必要とされる。

2 後見登記の仕組み

Check!〔29-82〕

次のうち，成年後見登記事項証明書の交付事務を取り扱う組織として，正しいものを一つ選びなさい。
1　法務局〔正しい➡7-19〕　　2　家庭裁判所　　3　都道府県
4　市町村　　5　日本司法支援センター（法テラス）

7-18　嘱託による登記

後見等開始の審判が確定したときは，家庭裁判所書記官からの嘱託により法定後見の登記がなされる＊（家事事件手続法116条）。

> ＊ また，任意後見契約（➡9-1）が締結されたときは，公証人からの嘱託により任意後見契約の登記がなされる（公証人法57条の3第1項➡9-6）。

7-19　後見登記事務の取扱い

後見登記等に関する事務は，「法務大臣の指定する法務局若しくは地方法務局若しくはこれらの支局又はこれらの出張所」が登記所として取り扱う（「後見登記等に関する法律」2条1項）。現在，東京法務局のみが登記所としての指定を受けており，同法務局で全国の後見事務が集中的に取り扱わ

れている。なお，後述する「登記事項証明書」および「登記されていないことの証明書」の交付事務については，全国の法務局・地方法務局の本局でも取り扱われている（➡〔29-82-1〕）。

7-20　登記される事項

法定後見の登記は，後見・保佐・補助の別，被後見人等の氏名，後見人等の氏名など「後見登記等に関する法律」に定める事項を**後見登記等ファイル**に記録することによって行なわれる（同法4条1項）。保佐人・補助人の同意権の範囲（➡2-30，2-35）についても登記されるが，ただし，民法13条1項各号列挙の行為は保佐人の要同意事項として明らかであることから，登記による公示はなされない。また，保佐人・補助人の代理権については，審判で付与された範囲（➡3-28，3-34）が登記事項となる。一方，成年後見人の権限については，それが法律上明らかであることから（取消権➡2-24，包括的な代理権➡3-9），登記の対象とはならない。

③　登記事項証明書

7-21　取引の安全とプライバシーの保護

登記された内容は，登記官が交付する**登記事項証明書**によって証明されるが[*]，その交付を請求できる者は，本人や成年後見人，配偶者，4親等内の親族など一定の者に限定されている（後見登記等に関する法律10条）。後見登記等ファイルには人の判断能力に関するプライバシー性の高い情報が記録されており，誰でもがこれを取得できるとすることは適切でないからである。たしかに，取引の相手方としては，本人の能力制限や後見人等の代理権の有無・範囲を確認することで取引の安全を図る必要がある。しかし，そうした情報は，本人や成年後見人等に対して登記事項証明書を提示するよう求めることで，間接的に確認しうるにとどまるのである。

* 一方，後見登記等ファイルに記録がなければ，「**登記されていないことの証明書**」によって，その証明がなされる。

コラム 7

制限行為能力者の相手方の保護

〈事後的な問題処理〉

本文でみた公示の制度は、制限行為能力者と取引をする相手方に事前の注意を促すための仕組みであるが、さらに法は、相手方がすでに取引をした場合、事後的に問題を処理するための方策も用意している。

1 催告権

〈催告〉

制限行為能力者と知らずに契約をしてしまった場合、相手方は、その契約がいつ取り消されるか分からないという不安定な状態におかれる。こうした状態を抜け出すために、相手方には、本人ないしその保護機関が当該契約を取り消すのか追認するのかを明確にするよう**催告**する権利が認められている[*]（民法20条）。

> [*] ここでいう追認（**取り消しうべき行為の追認**）とは取消権の放棄をいう。追認により、一応有効ではあるが取り消しの可能な行為が初めにさかのぼって確定的に有効なものとされるのである（民法122条）。これに対して、**無権代理行為の追認**（→3-14*）は、もともと無効な行為を有効とする点で性格が異なる。

〈催告の効果〉

この催告が権利とされるのは、一定の催告期間（1か月以上の期間）内に回答が得られなくても、以下のような効果が生じうるからである。

a）単独で追認できる立場にある者[*1]（例：後見人・保佐人・同意権付与の審判を受けた補助人）に対して催告をした場合、契約は追認したものとみなされる。

b）単独で追認できる立場にない者（例：被保佐人・同意権付与の審判を受けた被補助人）に対して催告をした場合、契約は取り消したものとみなされる[*2]。

> [*1] ほかに、契約時に未成年であった者が成年に達した場合、制限行為能力者であったが能力が回復し能力制限を受けなくなった場合などに、単独で追認をすることができる。

> [*2] なお、未成年者や成年被後見人本人に対しては、催告することができない。これらの者は、相手方の意思表示を正しく理解する能力を欠いているとされ（民法98条の2参照）、意思表示やこれに類する催告にあたって特に保護されるのである。

2 取消権の剥奪

〈制限行為能力者による詐術〉

制限行為能力者が自身を行為能力者であると思い込ませるために「詐術」を用いたときは、取消しをする権利が認められない（民法21条）。このような場合にまで、制限行為能力者を保護する必要がないからである。「詐術」というためには、制限

行為能力者であることを黙秘したというだけでは足りないが,「他の言動などと相俟って,相手方を誤信させ,または誤信を強めたものと認められるとき」は,詐術に当たると解されている(最判昭和44・2・13民集23巻2号291頁)。

6 資格制限

1 成年後見制度と資格要件

7-22 制度の転用

　法定後見(特に後見・保佐)開始の審判を受けると,特定の権利や資格を得ることができなくなったり,あるいは取得していた権利や資格を失うことがある(例:公務員の就業資格〔国家公務員法38条1号・76条,地方公務員法16条1項・28条4項〕)。法定後見は本人の財産管理能力に着目して能力制限を課すものであるが,この制度が各種の資格等にも転用され,成年被後見人や被保佐人になった者は,財産管理能力だけでなく,他の領域で必要とされる能力も低下・欠如しているものと判断されるのである。

　＊　補助開始の審判を受けた者,任意後見において任意後見監督人が選任された者については,権利や資格の制限はない。

2 成年被後見人の選挙権

7-23 公職選挙法の改正

　かつて我が国では成年被後見人となると選挙権を失った。公職選挙法(以下,「公選法」と略記)11条1項1号が,成年被後見人には選挙権を認めない旨を定めていたからである。その規定が削除され,成年被後見人にも選挙権が認められたのは2013年5月のことである。

7-24 違憲判決

　この公選法改正の契機となったのは,成年被後見人の選挙権制限を違憲(憲法15条1項および3項,43条1項並びに44条ただし書に違反)と判断した東京地裁の判決である(平成25・3・14『判例時報』2178号〔2013年〕,3頁以下)。

たしかに，この判決も，選挙権が「公務員を選定する」という公務的性格を併せもつ以上，その行使に一定の能力を必要とすることは認める。しかし，この「選挙権を行使するに相応しい判断能力」を測る基準として成年後見制度を「借用」することは明確に否定する。後見開始の審判の際には「自己の財産を管理・処分する能力」の有無や程度が判断されるが，その判断は，「主権者であり自己統治すべき国民として選挙権を行使するに足る能力があるか否かという判断とは，性質上異なるもの」であり，「後見開始の審判がされたからといって，選挙権を行使するに足る能力が欠けると判断されたことにはならない」というのである。そして判決は，成年被後見人の事理弁識能力について，その回復可能性が法律の前提とされていることを指摘し*，「成年被後見人とされた者の中にも，選挙権を行使するに必要な判断能力を有する者が少なからず含まれていると解される」以上，「能力が回復した場合にも選挙権の行使を認めないとすることは，憲法の意図するところではない」という結論を導く。

> ＊　成年被後見人は，事理弁識能力（→2-12）を欠く「常況にある」（民法7条）にとどまり，その「状態から離脱して，事理を弁識する能力を回復した状況になること」も想定される。このことは，後見開始の審判の申立て（民法7条→6-7），「日用品の購入その他日常生活に関する行為」（民法9条ただし書→2-25），婚姻（民法738条）・離婚（民法764条）・遺言（民法962条，963条）などの身分行為（→2-26）を成年被後見人みずからなしうると規定されていることからも明らかであるとされる。

3　ノーマライゼーションの理念

7-25　個別の能力判定

　法定後見開始の審判を受けたからといって，必ずしも各種の権利や資格に必要な能力まで低下・欠如しているとは限らない。先にみた公務員についていえば，その職務内容は多様であり，一般行政職員等のほか，技能労務職として業務（例：清掃業務）に従事する者もいる。そうした者が成年後見や保佐の開始によって一律に失職せざるをえないというのであれば，ノーマライゼーションの理念（→1-19）からみて疑問が生じよう［上山2015：314-316］。各種制度の資格要件等は，「本来，各種の資格等が要求する能力の内容に応じて個別的・実質的に定められるべきもの」であり［小

林=原 2002：538］，成年後見制度を画一的に転用することは，本人にとって過剰な能力制限をもたらさざるをえないのである［上山 2013：48］。

参考文献

於保不二雄＝中川淳編『新版　注釈民法（25）〔改訂版〕』有斐閣，2004年。
上山泰「公職選挙法改正と成年後見制度の転用問題」『週刊社会保障』273号（2013年），44-49頁。
上山泰『専門職後見人と身上監護〔第3版〕』民事法研究会，2015年。
小林昭彦＝大門匡編著『新成年後見制度の解説』金融財政事情研究会，2000年。
小林昭彦＝原司『平成11年民法一部改正法等の解説』法曹会，2002年。
最高裁判所事務総局家庭局『成年後見制度における鑑定書作成の手引』2007年。
最高裁判所事務総局家庭局『成年後見制度における診断書作成の手引』2013年。
高村浩『Q＆A　成年後見制度の解説』新日本法規，2000年。

第8章　法定後見の終了

1　成年後見等の終了

1　終了事由

Check!〔26-80-4〕
成年後見人は，いつでも家庭裁判所に届け出ることによって，その任務を辞することができる。　　　　　　　　　　　　　　　〔下線部が誤り ➡8-2〕

Check!〔28-81-3〕
成年後見人は，正当な事由がある場合，家庭裁判所への届出をもって，その任務を辞することができる。　　　　　　　　　　　　　〔下線部が誤り ➡8-2〕

8-1　絶対的終了
　成年後見は，成年被後見人の死亡により終了する。これについて明文の規定はないが，判断能力の不十分な者の支援という制度目的が失われることから，そのように理解されている。また，成年被後見人の判断能力が回復するなどして，後見開始の審判が取り消された場合にも終了する*（民法10条）。これらは，後見そのものが終了することから，**絶対的終了**といわれる。
　　*　保佐・補助の終了については，民法14条，18条参照。

8-2　相対的終了
　一方，後見それ自体は終了しないが，後見人に交代が生じて担当していた者の任務が終了する場合を**相対的終了**という。成年後見人の辞任・解任などがこれにあたる。成年後見人は，正当な事由があれば（➡〔26-80-4〕），家庭裁判所の許可を得て（➡〔28-81-3〕）辞任することができる（民法844

条)。また，任務に適しない事由があるとき，家庭裁判所は，請求または職権（➡6-2）で，成年後見人を解任することもできるのである*（民法846条➡5-2）。

> * 後見人の辞任・解任に関する規定は，保佐人および補助人についても準用されている（民法876条の2第2項，876条の7第2項）。

2 後見等の終了に伴いなすべき事務

8-3 管理の計算，管理財産の引渡し

被後見人の死亡により成年後見が終了すると，その財産は相続人が承継・管理することになる（民法882条，896条）。もっとも，後見は財産管理を重要な職務としていることから（➡3-9），財産管理の終了に伴う清算事務が後見人には課される。**管理の計算**（民法870条）といわれるものがそれであり[*1]，後見人は，後見の開始から終了までの収支を計算し，これを相続人に報告しなければならない。また，この報告と併せて[*2]，これまで管理してきた財産を相続人（あるいは相続財産管理人）に引き渡すことも，後見人の職務として当然の義務とされる。

> *1 保佐人・補助人も代理権およびこれに伴う財産管理権を付与されることがある（➡3-25, 3-31, 3-32, 3-36）。そのため，後見終了時の管理計算規定は，保佐人および補助人の任務が終了した場合にも準用されている（民法876条の5第3項，876条の10第2項）。
>
> *2 相続人がいない場合は，家庭裁判所に対して**相続財産管理人**（➡15-61）の選任を申立て（民法952条1項），選任された相続財産管理人に対して管理の計算を報告する。

2　法定後見と死後の事務

1 「後見の社会化」と死後の事務

8-4 死後事務の要請

本人の死亡により成年後見は終了し，その財産は，相続財産として相続人に帰属する。後見人は管理計算事務等の限定された業務をなしうるにと

どまるのであるが，しかし実際には，相続人が直ちに相続財産の管理を開始できるとは限らない。そのため，本人の死亡後，その財産が相続人（あるいは相続財産管理人）に引き継がれるまでの間，後見人であった者には様々な事務処理（例：本人の生前の入院費用や公共料金の支払い）が求められることも少なくない。

8-5　後見の社会化

　こうした死後事務の処理は，従前の禁治産・準禁治産制度（➡1-17）の下では必ずしも問題として意識されることがなかった。そこでは，後見人の多くが配偶者（**配偶者法定後見人制度➡7-9**）やその他の親族であり，本人の死亡によって後見が終了したとしても，それらの者が，以後は法定相続人（➡15-3）としての資格で事務処理をすることができた。しかし今日，成年後見人等（成年後見人，保佐人および補助人）になる者のうち過半数は親族以外の第三者であり（➡6-16），もはや後見と相続を一連のものとして把握することはできない。死後の事務処理という問題は，**後見の社会化**（親族後見からの脱却）によって顕在化したものともいいうる[上山 2004：16-17]。

　　＊　もっとも，任意後見の場合は，契約締結時には本人に判断能力があることから，死後事務の問題に遺言や死後事務処理の委任（➡9-32）で対処する余地がある。また，保佐・補助類型の場合も，そうした可能性が十分に考えうるとされる[藤原 2011：22]。死後事務の処理が特に課題となるのは後見類型である。

２　応急処分義務，事務管理

8-6　応急処分義務

　従来，こうした状況には応急処分義務あるいは事務管理を根拠として対応してきた。後見終了後であっても，「急迫の事情」があれば，後見人には「必要な処分」をする義務が残る（民法874条による654条の準用）。未払いの医療費などは，この**応急処分義務**（応急善処義務）を根拠として支払いを肯定することができるともいわれる。損害遅延金の発生防止がその主たる理由とされるが，しかし，それだけであれば，本人の生前に要した費用は，そのほとんどが「急迫の事情」の下に支払いを認められることにもな

りかねない。また，応急処分義務は成年後見人の義務であり，これを怠れば損害賠償義務も生じる。そのため，「急迫の事情」を緩やかに解することには慎重な意見も多い。

8-7 事務管理

　一方，死後事務のうち応急処分義務に当たらないとされたものについては，**事務管理**（→コラム8：事務管理）として正当化を図るほかない。もっとも，事務管理は後見人にとって負担が大きい。いったん事務管理を開始すれば，途中で辞めることはできない（管理継続義務――民法700条）。また，その労力にたいする報酬も請求することができないのである（民法701条参照）。

コラム8

事務管理

〈不法行為責任の否定〉

　例えば，隣人宅の窓ガラスを勝手に取り替えようものなら，通常は不法行為（民法709条）となろう。他人の財産に勝手に干渉しているからである。しかし，その隣人宅の窓ガラスが台風で破損し，しかも隣人は長期の海外旅行中であったという場合はどうか。そのような場合にも不法行為として扱われるとなると，この社会から相互扶助の精神は失われてしまうことにもなろう。そこで法は，たとえ義務がなくても他人のために事務（仕事）を管理（処理）して差し支えないことを認める。これが**事務管理**の制度であり（民法697条以下），管理者は，一定の要件を満たす場合，不法行為責任を免れ，また，管理に要した費用も回収することができるとされている。

〈「事務」の対象〉

　「事務」は財産的なものに限られない。人命救助や病気治療など，人の生命や健康にかかわる行為も事務管理となる。緊急性があれば**緊急事務管理**となり，「悪意（本人を害する意図）又は重大な過失」で行なったのでない限り，たとえ本人に損害が生じたとしてもこれを賠償する責任は負わない（民法698条）。成年被後見人が医療行為に同意する能力をもっていない場合（→3-20），その同意なしに行なわれた行為は，こうした事務管理の規定によって正当化することもできよう。

3 立法による対応

8-8 民法の一部改正

死後の事務処理については，成年後見人の権限をめぐって様々な議論がなされてきたが，2016（平成28）年の民法の一部改正で民法873条の2が新設され，一応の解決をみた。そこでは，相続人の利益との調整を図りつつ，後見人に一定の保存行為をなしうる権限を付与することが目指されている。「相続人が相続財産を管理することができるに至るまで」という時間的限定はあるものの，保存行為の必要性と「成年被後見人の相続人の意思に反することが明らか」でないという要件を満たせば，死後事務を行なう権限を後見人に認めようというのである。また，事務処理にあたっては，その必要性等について裁判所がチェックするという仕組み（家庭裁判所の許可）も併せて導入されている。

①個々の相続財産の保存行為（民法873条の2第1号）

8-9 相続人の意思との合致

まず，建物の雨漏りの修繕など個々の相続財産の維持保存に必要な行為が，後見人の死後事務として認められている。これらの行為は，相続人の通常の意思（推定的意思）にも合致することから〔大口ほか編著 2016：90，大塚 2016：82〕，裁判所の許可も必要とされていない。

②死体の火葬または埋葬に関する契約の締結，相続財産の保存に必要な行為（民法873条の2第3号）

Check!〔30-82〕

次のうち，民法上，許可の取得などの家庭裁判所に対する特別な手続を必要とせずに，成年後見人が単独でできる行為として，正しいものを1つ選びなさい。
1　成年被後見人宛の信書等の郵便物の転送
2　成年被後見人が相続人である遺産相続の放棄　　　　〔→正解〕
3　成年被後見人の遺体の火葬に関する契約の締結
4　成年被後見人の居住用不動産の売却
5　成年被後見人のための特別代理人の選任

・肢1：成年後見人が被後見人宛の郵便物の転送を受けるためには，「成年後見人

の申立て⇨家庭裁判所の審判⇨家庭裁判所から日本郵便への嘱託」というプロセスを経ることが必要である（➡**コラム3**：本人宛て郵便物と成年後見人の権限）。
- 肢2：成年被後見人である相続人が遺産相続を放棄をするときは，成年後見人がこれを代理するほかない。相続放棄は財産に関する法律行為であり，相続人がこれをするには行為能力が必要であるが，被後見人である相続人にはその能力が認められないからである（➡**3-17＊**）。成年後見人が代理して放棄するからといって，家庭裁判所の許可などは求められていない。ただし，被後見人と利益相反行為となる場合には，特別代理人を選任しなければならない（＝肢5）。
- 肢3：成年後見人が被後見人の遺体の火葬に関する契約を締結するには，家庭裁判所の許可を得なければならない（民法873条の2第3号➡**8-10**）。
- 肢4：成年後見人が被後見人の居住用不動産を売却するには，家庭裁判所の許可を必要とする（民法859条の3 ➡**3-12**）。
- 肢5：成年後見人と被後見人との利益が相反する場合，成年後見人は，特別代理人の選任を家庭裁判所に請求しなければならない（民法860条・826条➡**3-14**）。

8-10　遺体の引取りおよび火葬等に関する契約

「死体の火葬又は埋葬に関する契約の締結」が後見人の権限として明記され，後見人は，遺体の引取りおよび火葬等に関する事務委任契約を葬儀業者と結ぶことが可能となった。適切な方法で遺体を保管することは公衆衛生上不可欠であるが，一方，遺体の保管には相応の手間と費用がかかり，契約が遅延すると相続財産が減少するおそれもある。そのため，早期に遺体を引き取り火葬等の手続きをすることが必要と考えられ，成年後見人にその権限を認めたものである。もっとも，火葬はいったん行なうとやり直しがきかず，事後に相続人等との紛争を招くおそれもあることから［大口ほか編著 2016：92, 大塚 2016：82-83］，**家庭裁判所の許可**が必要とされている。

なお，今回の改正で後見人に認められたのは，死体の火葬・埋葬までであり，儀式としての性格をもつ葬儀は含まれない。葬儀は，これを行なわないことによって相続財産が減少するおそれをもたないことなどが，その理由とされる［大口ほか編著 2016：93, 大塚 2016：83］。また，火葬・埋葬契約の許可を得たとしても，その費用を捻出するために預貯金を払い戻す行為は，火葬等の契約とは別個の行為であるから，次にみる相続財産全体の保存に必要な行為として改めて家庭裁判所の許可を必要とする［赤沼 2016：27］。

8-11　水道等の解約，預貯金の払戻し

　　成年被後見人の居室に関する電気・ガス・水道等の供給契約の解約，債務を弁済するための預貯金の払戻しは，これを怠ると相続財産の総額が減少する。そのため，「相続財産の保存に必要な行為」として後見人がなしうるものとしたが，ただし，その行為は相続人等に与える影響が大きいため，家庭裁判所の許可を得るものとしている。

③履行期が到来した債務の弁済（民法873条の2第2号）

8-12　入院費用等の支払い

　　本人の生前の入院費用など弁済期の到来した債務の弁済も，本来は相続財産全体の維持保存に必要な行為に分類される。もっとも，そうした費用の支払いは，債務を消滅させ損害遅延金の発生を防止することにもつながるものであり，相続人の管理処分権を害するおそれは少ない。そのため，上記②について規定した3号とは別個に2号が設けられ，家庭裁判所の許可は不要とされている［大口ほか編著 2016：88，大塚 2016：81］。

④　保佐人・補助人と死後の事務

8-13　応急処分義務・事務管理による対応

　　以上にみた民法の一部改正は，成年後見人の死後事務に関する権限について定めたものであって，保佐人や補助人の権限についての規定ではない。成年後見人と異なり，保佐人や補助人は，被保佐人や被補助人の財産について包括的な管理権をもっているわけではない。それにもかかわらず，保佐人等に死後事務に関する権限を定めるとなると，被保佐人等の生前に付与されていた代理権の範囲を超えた権限を与えることになりかねず，相当ではない［大口ほか編著 2016：89，大塚 2016：81］。それゆえ，保佐人等は，従来どおり応急処分義務（民法876条の5第3項，876条の10第2項）や事務管理の規定で死後の事務に対応することとなる。さらに，任意後見と同じく，死後事務処理の委任（▶9-32）で対処する余地もある（▶8-5＊）。

参考文献

赤沼康弘「郵便物および死後事務に関する民法等の改正」『実践成年後見』63号(2016年), 23-28頁。

大口善徳=高木美智代=田村憲久=森山正仁編著『ハンドブック　成年後見2法』創英社／三省堂書店, 2016年。

大塚竜郎「『成年後見の事務の円滑化を図るための民法及び家事事件手続法の一部を改正する法律』の逐条解説」『家庭の法と裁判』7号(2016年), 76-87頁。

上山泰「成年被後見人等死亡の場合の成年後見人等の地位と業務」『実践成年後見』10号(2004年), 4-17頁。

藤原正則「死後事務における応急処分義務と事務管理の交錯」『実践成年後見』38号(2011年), 22-29頁。

第9章 任意後見制度

1 任意後見の仕組み

Check!〔15-61-B〕
民法の改正による新しい成年後見制度（補助・保佐・後見の制度）の導入に加えて，新たに任意後見制度も特別法により設けられた。　　〔正しい ➡ 9-2〕

Check!〔18-64-A〕
任意後見制度は，民法の改正によって導入された。　〔下線部が誤り ➡ 9-2〕

Check!〔18-64-D〕
任意後見契約は，家庭裁判所が任意後見監督人を選任したときから効力が生ずる。
　　〔正しい ➡ 9-2〕

Check!〔23-73-2改〕
任意後見契約を締結した後，本人が判断能力を喪失した場合，任意後見契約はその効力を失う。　　〔下線部が誤り ➡ 9-2〕

Check!〔30-79-1〕
任意後見契約は，任意後見契約の締結によって直ちに効力が生じる。
　　〔下線部が誤り ➡ 9-2〕

9-1　事前の措置

　これまでにみてきた法定後見の制度は，すでに判断能力が低下している者について，その支援内容や保護機関を法律および家庭裁判所の判断に基づいて決定するものであった。これに対して，任意後見は，判断能力の低下した場合に備えて，本人みずからが事前的な措置を行なう制度である。

現時点では判断能力に問題のない者が，あらかじめ後見人となる者を決め，その者と契約(**任意後見契約**)を結ぶ。この契約のなかで，後見人に委託する事務の内容や範囲等を定め，それに必要な代理権を与えるのである。このような契約の法的性格は**委任**にあたる（➡**コラム9**：委任契約と代理）。

　　＊　判断能力が，法定後見のいずれかの類型（後見・保佐・補助）に該当する程度（➡**1-12**）に低下することを必要とする。

9-2　任意後見監督人の選任

　もっとも，任意後見契約は，その契約の締結によって直ちに効力が生じるわけではない。本人の判断能力が不十分になると，家庭裁判所が，一定の者の申立て（➡**9-14**）により**任意後見監督人**を選任する。この監督機関の選任があって初めて，任意後見契約は効力を生じる（任意後見契約に関する法律〔以下，「任意後見契約法」と略記〕2条1号，4条1項➡〔18-64-D〕，〔23-73-2改〕，〔30-79-1〕）。任意後見人が必要となるとき，本人の判断能力はすでに低下しており，みずから後見人の活動をコントロールすることは難しい。そこで，任意後見人が活動をするにあたっては，必ず任意後見監督人による監督に服するという仕組みが設けられているのである。＊

　　＊　以上にみたように，任意後見制度は，代理・委任契約・後見といった民法上の諸領域にまたがる制度である。また，契約それ自体をみると，その方式については公正証書を要求し（➡**9-5**），効力については任意後見監督人の選任を発生条件とする（➡**9-7**）など，一般の契約とは異なる特殊性をもつ。任意後見制度が，民法典の改正という形式ではなく，任意後見契約法という民事特別法によって創設されたのは，そのためにほかならない（➡〔15-61-B〕，〔18-64-A〕）。

9-3　本人の行為能力

　任意後見契約の効力が生じたからといって，本人の行為能力（➡**2-9**）が制限されるわけではない。この点，法定後見とは異なる（➡**2-11**）。任意後見人は同意権や取消権をもたず，任意後見契約で委ねられた事項について代理権を有するにとどまるのである。それゆえ，判断能力の不十分な者も，任意後見人の同意を得ることなしに，単独で行為することが可能であり，意思能力（➡**2-3**）のない場合は別として，その行為の効力が否定されることはない。本人に浪費傾向が強いなどの事情があり，代理権だけでは本人

保護が十分に図れない場合は，法定後見へと移行することが必要になる（▶▶9-34）。

コラム 9

委任契約と代理

　弁護士に訴訟を依頼したり，不動産業者に土地売買を依頼するなど，「法律行為をする」（民法643条）ことを委託する契約を**委任契約**という。一方，診療や介護など事実行為を委託する契約は，「法律行為でない事務」（民法656条）の委託として**準委任契約**と呼ばれる。もっとも，準委任にも委任に関する規定がすべて準用される結果，両者を特に区別する実益は乏しい。

　この委任と密接に結びついているのが代理である。例えば，宅地の売却を委託された者は，その趣旨に沿って，本人を代理して買い主と売買契約を締結する。このように，法律行為を委託された者（受任者）は，委任者を代理して所定の法律行為を行なうのが通常であろう。[*]

　ただし，代理権は委任契約からのみ生まれるわけではない。例えば，集金人として雇用した（雇用契約——民法623条）者に代理権を与えることもある。また，代理権を与えない委任もある。委任と代理とは別個のものであり，それゆえ受任者に代理権を与えるためには，これを目的とする独立の行為（例：委任状の交付——代理権授与行為▶▶3-8）が必要である。

　＊　なお，「法律行為でない事務」の受任者は，委任者を代理することはない。

2　任意後見契約

Check!〔18-64-B〕
　任意後見契約は，公正証書によって作成しなければならない。　〔正しい▶▶9-5〕

Check!〔23-73-1改〕
　任意後見契約を締結するには，公正証書の作成が必要である。　〔正しい▶▶9-5〕

> *Check!*〔26-81-1〕
> 任意後見契約は，事理弁識能力喪失後の一定の事務を委託する契約書が当事者間で作成されていれば効力を有する。　　　　　　〔下線部が誤り ➡9-5〕

> *Check!*〔30-79-2〕
> 任意後見契約の締結は，法務局において行う必要がある。〔下線部が誤り ➡9-5〕

9-4　契約の当事者

任意後見契約は，本人と任意後見人となる者（**任意後見受任者***）との間で締結される。任意後見受任者について法律上の資格制限はない。また，法定後見の場合と同様（➡**7-10，7-11**），法人や複数の者を選任することも可能である。

> *　「任意後見人」は任意後見監督人が選任され任意後見契約の効力が生じた後の呼称であり，それ以前は「任意後見受任者」といわれる（任意後見契約法2条3号・4号）。

9-5　契約の方式

任意後見契約は，公証人役場で**公正証書**によって締結しなければならない（任意後見契約法3条➡〔18-64-B〕，〔30-79-2〕）。これは本人の真意を確認するためであるが，さらに紛争予防にも資する。法律の専門家である公証人が本人の契約締結能力をチェックすることで，契約の有効な成立を担保することができるのである（☞〔23-73-1改〕，〔26-81-1〕）。

9-6　任意後見契約の登記

公正証書が作成されると，公証人からの嘱託に基づいて，法務局で任意後見契約の登記がなされ，任意後見人の代理権の範囲等が**公示**される（➡**7-17***）。

9-7　契約の内容

任意後見契約には，「任意後見監督人が選任された時から」（任意後見法2条1号）契約の効力が生じるという条件を明記しなければならない。監

督機関の選任時期と契約の効力発生時期とを合致させることは，任意後見制度の根幹に位置する事柄だからである（➡9-2）。

また，この契約で定めうる事項も法定されている。判断能力が不十分となった時点での「自己の生活，療養看護及び財産の管理に関する事務」を委任し，それに必要な「代理権を付与する」こと（任意後見契約法2条1号）を内容としなければならないのである。

3 任意後見人とその職務

9-8 委託事項の範囲

任意後見監督人が選任されると，任意後見契約は効力を生じ，また，その契約に基づく代理権も効力をもつことになる。以後，任意後見人は，契約で委託された後見事務を行なう。例えば，預貯金の管理（財産管理を目的とする法律行為）や介護サービス契約の締結（身上監護を目的とする法律行為）などが，その事務内容とされよう。

一方，具体的な介護サービスなどの**事実行為**（➡コラム2：法律行為と事実行為）は任意後見人の事務に含まれない。後見人の職務は，本人に代わって意思表示を行ない一定の法的効果を目指す点にあり，これを伴わない性質の行為（事実行為）にまで及ぶものではないのである＊。また，法律行為であっても，身分行為（例：婚姻➡2-26）や遺言（➡16-1）のように，そもそも任意後見人が代理して行なうことが相当でないものも，委託事項に含まれることはない。

  ＊ もっとも，例えば介護施設への入所契約（法律行為）を締結するにあたっては，施設見学（事実行為）なども必要とされよう。それゆえ，代理権付与の対象となっている法律行為に付随する事実行為まで，任意後見人の職務内容から排除されるわけではない［新井＝上山 2004：650］。

9-9 任意後見人の義務

任意後見契約は委任契約（➡コラム9：委任契約と代理）の一類型であるから，任意後見人は，その受任者として**善管注意義務**（民法644条➡コラム4：注意義務の程度）を負う。また，任意後見人は，判断能力の不十分な状

況にある本人の支援にあたることから，法定後見の場合と同様（➡➡4-10，4-11），本人意思尊重義務および身上配慮義務も課されている（任意後見契約法6条）。

4 任意後見監督人とその職務

[1] 監督機関

9-10 必置の監督機関

　成年後見監督人など法定後見の監督機関は，必ず置かれるわけではなく，任意に設置される機関にとどまる。法定後見の制度では，家庭裁判所が成年後見人等を選任するのであり，その事務を監督することも基本的には家庭裁判所の役割とされるのである（➡➡5-2）。これに対して，任意後見制度には，任意後見人を家庭裁判所が監督する規定が見当たらない*（民法863条参照）。ここでは**任意後見監督人**が必置の機関として法定されており，任意後見人に対する直接の監督は，私人である任意後見監督人に委ねられているのである。任意後見人は本人がみずから選んだものであり，国家機関である家庭裁判所がこれを直接的に監督することは，私的自治（➡➡1-6）への過度の干渉であり，また実際上も困難であると考えられたものといえよう。

　　*　もっとも，直接の監督権が家庭裁判所に全くないというわけではない。例えば，家庭裁判所には任意後見人の解任権（➡➡9-28）が認められている（任意後見契約法8条）。

9-11 家庭裁判所による間接的な監督

　任意後見監督人が直接的な監督権能をもつのに対し，家庭裁判所は，この任意後見監督人に対する監督を通じて，間接的に任意後見人を監督する。家庭裁判所は，任意後見監督人に対する選任権（任意後見契約法4条1項）・解任権（同法7条4項，民法846条）をもつほか，任意後見監督人からの定期的な報告（任意後見契約法7条1項2号）を介して，任意後見人の事務の遂行状況を把握する。さらに，任意後見監督人に対して，追加的な報告や調

査その他の必要な処分を命じることもできるのである（任意後見契約法7条3項）。

2 任意後見監督人の選任

Check!〔23-73-3改〕
任意後見契約が登記された後、本人が判断能力を喪失した場合、その<u>本人の姉</u>*は、家庭裁判所に対し、任意後見監督人の選任を請求することができない。
〔下線部が誤り ➡9-14〕
　* 姉は本人からみて2親等の傍系血族であり（➡〔12-9〕）、任意後見監督人の選任請求権をもつ。

Check!〔26-81-2〕
任意後見契約では、本人の事理弁識能力が不十分になれば、<u>家庭裁判所が職権で任意後見監督人を選任する</u>。　〔下線部が誤り ➡9-12〕

Check!〔26-81-4〕
任意後見人の配偶者は任意後見監督人になることができないが、<u>兄弟姉妹は任意後見監督人になることができる</u>。　〔下線部が誤り ➡9-15〕

Check!〔30-79-5〕
任意後見人の配偶者であることは、任意後見監督人の欠格事由に該当する。
〔正しい ➡9-15〕

9-12 本人の判断能力の低下

　任意後見監督人は、本人の「事理を弁識する能力が不十分な状況」になったとき、所定の者の請求により（➡〔26-81-2〕）、家庭裁判所が選任する（任意後見契約法4条1項本文）。「事理を弁識する能力が不十分」というのは法定後見でいう「補助」（民法15条1項）開始の要件と同じであり、判断能力がこれを下回る場合（被保佐人・成年被後見人相当の場合）も当然に任意後見監督人を選任することができる。

9-13 判断能力の認定

本人の判断能力を認定するためには,「本人の精神状況につき医師その他適当な者の意見を聴かなければ」ならない（家事事件手続法219条）。補助開始の審判をする場合（➡7-6）と同じく,意見聴取で足りるとされ,**鑑定**（➡7-5）は必ずしも必要とはされていないのである。任意後見は,成年後見や保佐と異なり,本人の行為能力を制限するものではないこと（➡9-3）,任意後見による保護を受けるにあたっては本人の関与（本人による申立てまたは本人の同意）が制度的に保障されていることが,その理由とされる〔小林＝原 2002：426〕。

9-14 選任の請求権者

任意後見監督人の選任を請求できるのは,本人のほか,配偶者,4親等内の親族（➡〔23-73-3改〕）または任意後見受任者である（任意後見契約法4条1項本文）。法定後見と異なり,検察官（➡6-11）や市町村長（➡6-12）に請求権（申立権）はない。私的な後見に公益の代表者（検察官）が介入するのはふさわしくないこと,申立権者としてすでに任意後見受任者が存在しており,本人に身寄りのない場合であっても対応しうることが,その理由とされている〔小林＝原 2002：425-426参照〕。

なお,本人以外の者の請求によって任意後見監督人を選任する場合は,あらかじめ「本人の同意」が必要とされる（任意後見契約法4条3項本文）。本人の自己決定を尊重し,その了解なしに任意後見契約の効力が生じることのないよう配慮されているのである。

9-15 任意後見監督人の資格

任意後見監督人の資格に制限はない。また,法人であってもよいし,複数の者を選任してもよい。もっとも,適正な監督を確保するため,任意後見受任者の配偶者や直系血族・兄弟姉妹は,任意後見監督人になることができないとされている（任意後見契約法5条➡〔26-81-4〕,〔30-79-5〕）。また,法定後見人の欠格事由（例：未成年者➡7-12）も準用されている（任意後見契約法7条4項,民法847条）。

③ 任意後見監督人の職務

Check!〔26-81-3〕
任意後見人と本人との利益が相反する場合，任意後見監督人があっても特別代理人を選任しなければならない。
〔下線部が誤り ▶▶9-17〕

Check!〔30-79-4〕
任意後見人と本人との利益が相反する場合は，特別代理人を選任する必要がある。
〔下線部が誤り ▶▶9-17〕

9-16 任意後見人に対する監督

任意後見監督人は，任意後見人の事務を監督し（任意後見契約法7条1項1号），その事務について家庭裁判所に定期的に報告すること（同項2号）を主たる職務としている。また，その監督を実効的なものとするため，任意後見監督人は，いつでも任意後見人に対し後見事務の報告を求めたり，事務の遂行状況や本人の財産状況の調査をすることができる（任意後見契約法7条2項）。さらに，任意後見監督人は，任意後見人に不正な行為，著しい不行跡その他その任務に適しない事由があると認めるとき，家庭裁判所に対し，任意後見人の解任を請求することができる（任意後見契約法8条）。この請求を待たず，家庭裁判所が職権（▶▶6-2）で任意後見人を解任することはできない（▶▶9-28）。

9-17 任意後見監督人の代理権

任意後見監督人は本来的には監督機関であり，本人のための一般的な代理権までもつわけではない。もっとも，急迫の事情で任意後見人が業務に従事しえない場合（例：任意後見人の急病），任意後見監督人は，任意後見人がもつ代理権の範囲内で必要な処置をとることができる（任意後見契約法7条1項3号）。また，本人と任意後見人の利益が相反する場合（例：本人と任意後見人とが共同相続人となって遺産分割をする場合），本人を代理することも任意後見監督人の職務とされる（任意後見契約法7条1項4号▶▶〔26-81-3〕）。法定後見の場合は，後見監督人が任意の機関にとどまる（▶▶5-3）ため，この機関がなければ特別代理人が選任される（▶▶3-14）。これ

に対して任意後見の場合は，任意後見監督人が必置の機関とされていることから，本人を代理する権限もこれに委ねることとしたのである（➡〔30-79-4〕）。

［4］任意後見監督人の辞任および解任

9-18　任意後見監督人の辞任

　　任意後見監督人は，「正当な事由」がある場合に限り，家庭裁判所の許可を得て辞任することができる（任意後見契約法7条4項，民法844条）。その職務内容の重要性に鑑み，自由な辞任は制約されているのである。「正当な事由」としては，老齢・疾病等で監督事務の遂行が困難となった場合などが示されている［新井＝上山 2004：705］。

9-19　任意後見監督人の解任

　　家庭裁判所は，みずからが選任した任意後見監督人に不正行為などがあった場合，他の任意後見監督人（任意後見監督人が複数選任されている場合），本人，その親族もしくは検察官の請求により，または職権で，任意後見監督人を解任することができる（任意後見契約法7条4項，民法846条）。

5　任意後見の利用形態

［1］三つの形態

①将来型

9-20　もっぱら将来に備える形態

　　任意後見の利用形態は，将来型・即効型・移行型の3種類に分類することができる［小林＝大鷹＝大門編 2000：170-171］。このうち，もっぱら将来に備える形態は，**将来型**といわれる。これは，任意後見契約の定義規定（任意後見契約法2条1号）の法文に即した契約形態であり，任意後見制度の基本的な利用方法とされる。

②即効型

9-21 契約の当初からの保護

即効型は、任意後見契約を締結した後、直ちに家庭裁判所で任意後見監督人を選任してもらい、契約の当初から任意後見人による保護を受けるという方法である。すでに判断能力が不十分であるが、法定後見よりも任意後見による保護を速やかに受けたいという場合もある。そのような場合、任意後見契約を締結しうる能力があれば（例：軽度の認知症・知的障害などで補助の対象に該当する者）この即効型を利用しうる。本人は判断能力が「不十分な状況にある」（任意後見契約法4条1項）ことから、契約を結べば直ちに任意後見監督人の選任申立てをなしうるのである。

③移行型

9-22 通常の委任契約からの移行

移行型は、判断能力が十分なうちから財産管理などの援助を開始させる仕組みである。例えば、身体的な衰えや入院などのために財産管理が負担になっている場合、特定の者に財産管理の事務を委託する通常の委任契約（➡コラム9：委任契約と代理）を締結するとともに、その者を任意後見受任者とする任意後見契約を同時に締結する。受任者は、本人の判断能力が十分なうちは通常の委任契約で財産管理を行ない、本人の判断能力低下後は、任意後見契約に基づき引き続きその事務を継続する。通常の委任契約による事務処理から任意後見関係への移行は、家庭裁判所による任意後見監督人の選任により行なわれる。

2 各利用形態の問題点

9-23 将来型任意後見契約

以上にみた三つの利用形態のうち、まず将来型の任意後見契約については、任意後見監督人の選任申立て時期を逸するのではないかという問題がある。同居の家族であればともかく、専門家が受任者となった場合、委任者との間に日常的な交流が乏しいため、本人の判断能力の減退に気づかな

いことも予想されるのである。それゆえ，本人保護のためには，定期的な面談等を内容とする「見守り契約」を任意後見契約と併せて結ぶなどの工夫が必要とされよう。

9-24　即効型任意後見契約

即効型の場合，すでに本人の判断能力は低下しているため，後日，任意後見契約の有効性をめぐる紛争が生じないとも限らない。これを回避するために，任意後見受任者や公証人には，本人が任意後見という複雑な内容を十分に理解しているのかどうかを慎重に判断することが求められる。

9-25　移行型任意後見契約

移行型にも深刻な問題がみられる。任意後見監督人が選任されるまでは，監督者が存在しないのである。たしかに，先行する委任契約の間は，本人みずから任意後見受任者を監督するというのが法の建前である。しかし，現実に本人の判断能力が低下しているにもかかわらず，任意後見監督人の選任申立てがない場合，本人によるチェック機能は働かない。任意後見に移行することなく不適切な財産管理が継続されるおそれがあり，この点，制度的な改善の余地があると思われる。

6　任意後見の終了

1　任意後見契約の解除

Check!〔26-81-5〕

任意後見監督人の選任後，任意後見人は，正当な理由がある場合，家庭裁判所の許可を得れば任意後見契約を解除できる。　　　　　　　　〔正しい ▶9-27〕

Check!〔30-79-3〕

任意後見契約の解除は，任意後見監督人の選任後も，公証人の認証を受けた書面によってできる。　　　　　　　　　　　　　　　〔下線部が誤り ▶9-27〕

9-26　任意後見監督人の選任前

　任意後見契約は，任意後見監督人の選任によって契約の効力が生じる前であれば，当事者（本人，任意後見受任者）のいずれからでもこれを解除することができる。解除に理由は必要ない。ただし，解除は公証人の認証を受けた書面によって行なわなければならない（任意後見契約法9条1項）。当事者の真意に基づくものであることを制度的に担保するために，公正証書による契約締結（►9-5）と平仄を合わせたものといえよう。

9-27　任意後見監督人の選任後

　一方，任意後見監督人が選任された後になると，契約を自由に解除することはできない。本人または任意後見人は，正当な事由がある場合に，家庭裁判所の許可を得て初めて契約を解除することができる（任意後見契約法9条2項►〔26-81-5〕，〔30-79-3〕）。すでにこの段階では本人の判断能力が減退しているため，裁判所の関与によって，本人にとって不利益となる解除を防止しようというのである。

２　任意後見人の解任

> **Check!**〔23-73-5改〕
> 任意後見人に不正な行為があるとき，家庭裁判所は，その職権で任意後見人を解任することができる。　　　　　　　　　　〔下線部が誤り►9-28〕

9-28　請求による解任

　任意後見人に「不正な行為，著しい不行跡その他その任務に適しない事由」があるとき，家庭裁判所は任意後見人を解任することができる。ただし，任意後見人は本人が選任した者であるため，家庭裁判所がこれを職権で解任することはできない。不適格な任意後見人を排除するためには，任意後見監督人，本人，本人の親族，検察官＊のいずれかによって，解任が請求される必要がある（任意後見契約法8条►〔23-73-5改〕）。任意後見人が解任されると，委任された事務は遂行できなくなり，任意後見契約は自動的に終了する。

* 任意後見の制度は，各種請求の請求権者から検察官を基本的には除外するが（➡ **9-14**），ただし，任意後見人の解任請求に関しては，検察官も請求権者に含まれている。検察官は，横領・背任等の不正行為についての捜査・公判等の過程で，任意後見人の不適格性を知ることもありうるからである［小林＝原 2002：465-466］。

③ 任意後見契約の当事者の死亡等

9-29　委任契約一般の消滅事由

任意後見契約は，委任契約の一類型であることから（➡**9-1**），民法が定める委任一般の消滅事由に従い，本人または任意後見人（任意後見受任者）の死亡や破産によって終了する（民法653条）。また，任意後見人（任意後見受任者）が後見開始の審判を受けた場合にも，任意後見契約は終了する（同条）。

④ 任意後見と死後の事務

9-30　任意後見の対象

委任者本人に身寄りがなかったり，いても疎遠な場合，受任者（または任意後見人）に自己の葬儀や身辺整理などを依頼することができるだろうか。しかし，任意後見契約の対象は委任者の生存中の事務である（任意後見契約法2条1号：「能力が不十分な状況における自己の……に関する事務」）。それゆえ，死後事務の委託を任意後見契約の内容とすることはできない。

9-31　遺言の限界

一方，本人死後にその意思を実現するためには，遺言という方法がある。しかし，遺言にも限界がある。遺言できるのは法定された事項に限られ，それ以外の事項（例：葬式に関する事柄）については，たとえ遺言に記されていたとしても法的拘束力をもたない（➡**16-7**）。

9-32　（準）委任契約

それゆえ，任意後見契約や遺言では執行できない事務については，改めて取り決めるほかない。この点，任意後見制度を利用する場合，契約締結

時には本人に判断能力が認められることから，任意後見契約とは別個に通常の委任契約あるいは準委任契約（➡**コラム9**：委任契約と代理）を締結することで対応することができる。

たしかに，委任者本人の死亡は委任の終了事由である（民法653条➡**9-29**）。しかし，これを定めた規定は強行規定ではないため，委任者の死亡によって契約は終了しない旨の特約を付すことも認められる（最判平成4・9・22『金融法務事情』1358号55頁）。また，死後事務の委任は，委任者の地位を承継した相続人をも拘束すると考えなければ意味をなさない。この契約を相続人は解除できないとする裁判例もみられる（東京高判平成21・12・21・『判例時報』2073号32頁）。死後の事務は，任意後見契約を締結するに際して，それとは別個独立の契約（委任契約あるいは準委任契約）として処理することが可能である。

* なお，受任者（または任意後見人）にも**応急処分義務**（➡**8-6**）が課されているが（任意後見契約法7条4項，民法654条），「急迫の事情」が認められない事務については，その対象とすることができない。

7 法定後見と任意後見の関係

> **Check!**〔23-73-4改〕
> 任意後見契約が登記されている場合，家庭裁判所は後見開始の審判をすることはできない。　　　　　　　　　　　　　　〔下線部が誤り➡**9-34**〕

9-33　任意後見契約の優先
任意後見は法定後見に優先する。任意後見は本人の意思に基づく後見制度であり，その自己決定を尊重するためにほかならない。この原則は，以下のような規定に具体化されている。

9-34　任意後見契約が登記されている場合
任意後見契約が登記（➡**9-6**）されている場合，家庭裁判所は，任意後見監督人の選任の前後を問わず，原則として法定後見（後見・保佐・補助）開

始の審判をすることができない。ただし,「本人の利益のため特に必要があると認めるとき」は,例外的に後見等開始の審判をすることができる(任意後見契約法10条1項→〔23-73-4改〕)。本人保護のためには契約所定の事項を超えた代理権が必要であるが,本人に十分な意思能力がなく任意の授権が困難なため法定代理権を付与せざるをえない場合,本人に浪費癖があり同意権・取消権が必要な場合などが,この例外的事情に当たるとされている〔小林＝原 2002：478参照〕。

9-35 すでに法定後見が開始している場合

すでに法定後見が開始している場合も,原則として任意後見が優先する。例えば,被補助人が,任意後見契約を締結した場合,「補助を継続することが本人の利益のため特に必要」と認められない限り,任意後見への移行がなされる(任意後見契約法4条1項2号)。家庭裁判所は,任意後見監督人を選任して任意後見契約を発効させた場合,法定後見開始の審判を取り消さなければならない(任意後見契約法4条2項)。

参考文献

新井誠＝上山泰「任意後見契約に関する法律」於保不二雄＝中川淳編『新版注釈民法(25)〔改訂版〕』有斐閣,2004年,611-722頁。

小林昭彦＝大鷹一郎＝大門匡編『一問一答　新しい成年後見制度』商事法務研究会,2000年。

小林昭彦＝原司『平成11年民法一部改正法等の解説』法曹会,2002年。

第10章　成年後見・権利擁護にかかわる事業

1　日常生活自立支援事業

1　意　義

Check!〔23-75-1〕
日常生活自立支援事業は国庫補助事業であり，第二種社会福祉事業に規定された「福祉サービス利用援助事業」に該当する。　　　　　　　　　　〔正しい➡10-1〕

Check!〔23-75-2〕
日常生活自立支援事業の実施主体は都道府県であり，事業の一部を地域包括支援センターに委託できることになっている。　　　　　　　　　〔下線部が誤り➡10-2〕

Check!〔23-75-5〕
日常生活自立支援事業において具体的な支援を行う生活支援員は，社会福祉士や精神保健福祉士の資格があって一定の研修を受けた者とされている。
　　　　　　　　　　　　　　　　　　　　　　　　　　　〔下線部が誤り➡10-2〕

Check!〔27-82-3〕
この事業〔日常生活自立支援事業——筆者注〕の契約期間を定めた場合，利用者は期間の途中で解約できない。　　　　　　　　　　　　　　　〔下線部が誤り➡10-2〕

10-1　第2種社会福祉事業

　前章でみた任意後見契約（➡9-1）と同様に契約的な構成をとるものとして，**日常生活自立支援事業**[*1]がある。この事業は，介護保険制度の施行に伴い1999（平成11）年より国庫補助事業として開始されたものであり，社会福祉法に定める**福祉サービス利用援助事業**（社会福祉法2条3項12号）の一

つとして**第2種社会福祉事業**に位置づけられている[*2]（➡〔23-75-1〕）。

- [*1] この事業はかつて「地域福祉権利擁護事業」といわれていたが，2007（平成19）年度からその名称が「日常生活自立支援事業」へと変更されている（日常生活自立支援事業の実施について，平成19年5月15日，社援地発0515001号）。
- [*2] もっとも，日常生活自立支援事業と福祉サービス利用援助事業とは同じではない。日常生活自立支援事業の実施主体は限定されているが（➡**10-2**），福祉サービス利用援助事業は第2種社会福祉事業と規定されるにとどまり，実施主体に特段の制限はない。民間事業者など多様な団体の参入も想定しうるのである（ただし，国庫補助の対象とはならない）。

10-2 実施主体，契約のプロセス

日常生活自立支援事業の実施主体は都道府県社会福祉協議会および指定都市社会福祉協議会であるが，実際の業務は，その委託を受けた市区町村社会福祉協議会（基幹的社会福祉協議会）によって行なわれる（➡〔23-75-2〕）。具体的には，事業の利用申込みがあると，まず**専門員**が面接し支援計画を作成する。次いで，本人と利用援助契約を結ぶのであるが，これに基づく直接の援助は社会福祉協議会から派遣される**生活支援員**[*1]が行なう。そして利用者は，この提供された援助に対して料金を支払うのである。

なお，利用者は，いつでもこの契約をやめることができる[*2]（➡〔27-82-3〕）。契約期間の設定は必須のものではなく，期間が設けられているのは，契約を見直す機会とするため，あるいは利用者が解約をしにくい場合を考慮してのことであるとされる（全国社会福祉協議会 2000：96）。

- [*1] 生活支援員となるのに社会福祉士や精神保健福祉士の資格は必ずしも必要ない（➡〔23-75-5〕）。
- [*2] 福祉サービス利用援助契約は，（準）委任（➡**10-4**）という契約の性格上，解約に何ら特別の理由を必要としない。（準）委任は当事者間の信頼関係を基礎とする契約であり，委任者が受任者に事務を任せたくないと考えた場合，あるいは受任者が委任者のために事務を処理したくないと考えた場合には，契約を継続させることに意味はない。それゆえ，「各当事者がいつでもその解除をすることができる」とされるのである（民法651条1項，656条）。

2 事業の対象者

Check!〔23-75-3〕
日常生活自立支援事業の利用者の内訳は，認知症高齢者，知的障害者，精神障害者がほぼ同じ割合となっている。〔下線部が誤り ➡10-3〕

Check!〔27-82-1〕
精神障害者保健福祉手帳を所持していなければ，この事業〔日常生活自立支援事業——筆者注〕を利用することができない。〔下線部が誤り ➡10-3〕

10-3 契約締結能力

　日常生活自立支援事業を利用するためには初めに実施主体と契約を結ぶことが前提となるが，任意後見契約を結びうるだけの判断能力をもつ者であれば，[*1] 同事業の利用契約を結ぶことも当然可能である。また，法定後見でいえば，補助・保佐の対象者が同事業の対象者と重なる。

　ただし，日常生活自立支援事業は，判断能力の低下はみられるが補助にも該当しない軽度の者も対象とするのであり，この点に同事業の独自性がみられる。また，実施主体と契約を結ぶ能力は必要とされるものの，判断能力が不十分であれば同事業を利用しうるのであり，認知症と診断された高齢者，[*2] 療育手帳や精神障害者保健福祉手帳の所持者だけが対象者とされるわけではない（➡〔27-82-1〕）。さらに，在宅生活者に限らず，社会福祉施設入所者や入院患者もこの事業を利用することができる（「地域福祉推進事業の実施について」の一部改正について，平成14年6月24日，社援発0624003号）。

　なお，契約内容が理解できないほど本人の判断能力が低下しているからといって，直ちに同事業を利用できなくなるわけではない。実施主体と直接の契約を結ぶことが困難な場合であっても，成年後見人等の選任があれば，この後見人等が本人に代わって契約を結ぶことで同事業を利用することができるとされるのである（「地域福祉推進事業の実施について」の一部改正について，平成14年6月24日，社援発0624003号）。

　　＊1　契約の締結に必要な判断能力を測るために「契約締結ガイドライン」が作成されている。このガイドラインによって契約締結能力に疑義があると判定された場合は，都道府県・指定都市社会福祉協議会に設置された契約締結審査会で審査が行なわれ，

そこで最終的な判断が下される。
*2 この認知症高齢者が，日常生活自立支援事業の利用者のうち過半数を占めている（➡〔23-75-3〕）。

3 援助の内容
①福祉サービスの利用援助

Check!〔13-66-D〕
地域福祉権利擁護事業〔今日の「日常生活自立支援事業」──筆者注〕としての福祉サービス利用援助契約は，委任契約である。　　　　〔正しい➡10-4〕

Check!〔27-82-5〕
福祉サービスについての苦情解決制度の利用援助を行うことは，この事業〔日常生活自立支援事業──筆者注〕の対象となる。　　　　〔正しい➡10-4〕

10-4　手続きの援助

　日常生活自立支援事業の中心となるのは福祉サービスの利用援助であるが，その対象は，同事業の目的および実施体制を考慮して，手続きそのものに限られている。❶福祉サービスを利用し，または利用をやめるために必要な手続き，❷福祉サービスの利用料を支払う手続き，❸福祉サービスについての苦情解決制度を利用する手続き（➡〔27-82-5〕）が，援助の内容とされるのである。

　例えば，要介護認定の申請書を利用者本人に代わって市区町村に届ける（手続きの代行）こともあろう。この場合は**事実行為**（➡コラム2：法律行為と事実行為）としての援助が行なわれているのであるが，ほかに福祉サービスの利用契約の締結（ただし，施設への入所契約の締結などは除外される）といった**法律行為**にかかわる事務も援助の対象とされている。利用者がこうした「法律行為をすること」を依頼をする場合，援助の実施主体との間で結ばれる契約は委任契約であるが（民法643条➡〔13-66-D〕），一方，事実行為（「法律行為でない事務」）の依頼が契約内容の場合，締結される契約は準委任契約（民法656条）である。

　＊　もっとも，福祉サービスの利用契約の締結は代理（任意代理）による援助とされ

ることから，正確には利用者と実施主体との間で「代理権を含む契約」を結ぶことが必要となろう。代理権は委任契約によって直接に生じるわけではなく，その発生を目的とする独立の行為（授権行為）を必要とすると一般に理解されているからである（▶**コラム9**：委任契約と代理）。

②日常的な金銭管理の援助

Check!〔13-66-C〕
日常生活支援としての預貯金の出し入れに関する契約は，寄託契約＊である。
〔下線部が誤り▶**10-5**〕
　＊　寄託契約：荷物を預けるなど物を保管してもらう契約をいう。

Check!〔23-75-4〕
日常生活自立支援事業の事業内容には，福祉サービスの利用援助や苦情解決制度の利用援助のほか，本人の契約行為の取消しを含む日常的金銭管理などがある。
〔下線部が誤り▶**10-5**〕

Check!〔27-82-2〕
この事業〔日常生活自立支援事業——筆者注〕の実施主体は，利用者が不適切な売買契約を実施した場合，それを取り消すことができる。　〔下線部が誤り▶**10-5**〕

Check!〔29-79〕
次のうち，日常生活自立支援事業における日常的金銭管理の根拠を民法上の典型契約＊に求める場合，最も適切なものを1つ選びなさい。
　1　寄託契約　2　委任契約〔正解▶**10-5**〕　3　請負契約　4　雇用契約
　5　消費貸借契約
　＊　典型契約：民法典に定められた13種類（贈与，売買，交換，消費貸借，使用貸借，賃貸借，雇用，請負，委任，寄託，組合，終身定期金，和解）の契約を典型契約という。

10-5　代理による援助

　日常生活自立支援事業は，福祉サービスの利用援助に伴う日常的な金銭管理の援助についても，これを制度として確立している。例えば，日々の生活費のための預貯金の払い戻しは，ヘルパーなどが明確な権限を与えら

れないまま利用者本人から依頼され，事実上，行なうこともあった。これに対して本事業では，預貯金の出し入れといった財産管理についても代理によることを原則とし，権利義務関係の明確化が図られている。こうした代理による援助の場合，利用者は実施主体が代理人として法律行為をすることを依頼するのであるから，両者の間には委任契約が結ばれることになろうが（➡〔13-66-C〕，〔29-79-2〕），その場合にも代理権を含む契約が必要なことは上述した（➡10-4＊）。なお，同意権・取消権は法定後見に特有の制度であり（➡1-14～1-16），日常生活自立支援事業の事業内容に含まれることはない（➡〔23-75-4〕，〔27-82-2〕）。

③援助内容の拡大

Check!〔27-82-4〕

住民票の届出に関する援助は，この事業〔日常生活自立支援事業——筆者注〕の対象外である。　　　　　　　　　　　　　　　　〔下線部が誤り➡10-6〕

10-6　生活全般の支援

上記二つの援助に付随して，書類等（年金証書，預貯金の通帳，権利証，実印・銀行印など）の預かりサービスも従来より実施されている。紛失・盗難等の防止を目的とするものであり，福祉サービスの円滑な提供を確保するための間接的な援助とされる。また，近時は福祉サービスの利用援助という枠組みを超えて，広く利用者の生活全般を視野に収めた支援も援助内容に取り込まれている。具体的には，「住宅改造，居住家屋の賃借，日常生活上の消費契約及び住民票の届出等の行政手続に関する援助その他福祉サービスの適切な利用のために必要な一連の援助」が挙げられている（「地域福祉推進事業の実施について」の一部改正について，平成14年6月24日，社援発第0624003号➡〔27-82-4〕）。

2　成年後見制度利用支援事業

1　意　義

Check! 〔26-82-2改〕
成年後見制度利用支援事業は，申立て費用だけでなく，成年後見人等の報酬も対象とすることができる。　　　　　　　　　　　　　　　〔正しい ➡ 10-8〕

Check! 〔26-82-4改〕
成年後見制度利用支援事業は，「後見」を対象とし，「保佐」「補助」を対象とすることはできない。　　　　　　　　　　　　　　　　　　〔下線部が誤り ➡ 10-8〕

10-7　費用・報酬の負担

　法定後見の制度を利用するためには，まず家庭裁判所に対して後見開始等の審判の申し立てを行なうが（➡ 6-1），その際には，家庭裁判所に申立費用（例：申立手数料，登記手数料，連絡用の切手，鑑定費用）を納めなければならない（原則として申立人の負担）。また，事情によっては，選任された成年後見人に対する報酬も必要となる。現行法上，法定後見人への報酬の付与は家庭裁判所の裁量に委ねられているが（民法862条），その審判により報酬の付与が決定されると，被後見人は，定められた額をみずからの財産から報酬として支払わなければならないのである。さらに，成年後見人が後見事務を処理するために要する費用も本人負担である＊（民法861条2項）。

　　＊　これらの規定は，保佐人・補助人にも準用（➡ コラム5：準用の意義）されている（876条の5第2項，876条の10第1項）。

10-8　権利擁護の視点

　このように，法定後見の制度を利用するには一定の経済的負担を求められるが，しかし，そうなると資力の十分でない者は制度の利用が困難となり，本人保護に欠ける事態を招くおそれもある。権利擁護の必要性は，所得の多寡とは無関係である。誰もが安心して利用できる制度であるために

は，申立費用や報酬等を社会的に支援する体制を欠かすことができない。
　2001（平成13）年度から，市町村の行なう「成年後見制度利用支援事業」に対して国庫補助が開始された。この国庫補助事業は，具体的には，❶成年後見制度の利用促進のための広報・普及活動（例：パンフレットの作成・配布，説明会・相談会の実施），❷成年後見制度の利用にかかわる経費の助成（例：登記印紙代，鑑定費用，後見人・保佐人等の報酬➡〔26-82-2改〕，〔26-82-4改〕）を，その内容としている（平成20年10月24日付厚生労働省老健局計画課長事務連絡「成年後見制度利用支援事業に関する照会について」）。以下に，この公的な経済的支援の制度を上述の要請に照らして考察してみよう。

2　制度の内容

①対象者

Check!〔26-82-1改〕

成年後見制度利用支援事業は，市町村長申立て以外の場合を，対象とすることはできない。　　　　　　　　　　　　　　　　　〔下線部が誤り➡10-9〕

Check!〔26-82-3改〕

成年後見制度利用支援事業は，高齢者ではない知的障害者及び精神障害者を対象とすることはできない。　　　　　　　　　　　　　〔下線部が誤り➡10-9〕

10-9　対象者の拡大

　成年後見制度利用支援事業の対象者は，当初，認知症高齢者のみであったが，今日では，知的障害者や精神障害者も含まれている（➡〔26-82-3改〕）。もっとも，いずれの場合も介護保険や障害福祉サービスの利用を前提としており，それを必要としない者は対象外とされる。
　一方，従来，この制度を利用できるのは，市町村長申立てがなされた場合に限られていたが，2008（平成20）年以降，そうした限定は解除され，本人や親族からの申立ての場合についても補助の対象となりうるものとされている（平成20年3月28日付厚生労働省社会・援護局障害保健福祉部障害福祉課事務連絡「成年後見制度利用支援事業の対象者の拡大等について」，平成20年10

月24日付厚生労働省老健局計画課長事務連絡「成年後見制度利用支援事業に関する照会について」➡〔26-82-1改〕)。

②事業の根拠

> **Check!**〔26-82-5改〕
> 成年後見制度利用支援事業は，社会福祉法における第一種社会福祉事業として位置づけられている。　　　　　　　　　　　　　〔下線部が誤り➡**10-10**〕

10-10　通知という形式

　　成年後見制度利用支援事業は，対象者が高齢者か障害者かで位置づけが異なる。高齢者を対象とする場合，この事業は介護保険法に定める「地域支援事業」の中の任意事業として位置づけられている（厚生労働省老健局長通知「地域支援事業の実施について」平成21年4月28日〔改正〕老発第0428002号）。一方，障害者を対象とする場合，この事業は，障害者総合支援法（正式名称は「障害者の日常生活及び社会生活を総合的に支援するための法律」）に定める「市町村地域生活支援事業」の中の必須事業という位置づけを与えられている（平成26年3月31日〔改正〕障発第0801002号厚生労働省社会・援護局障害保健福祉部長通知「地域生活支援事業の実施について」）。いずれの場合も事業の根拠は法令ではなく，各省からの通知という形式にとどまっている＊。以下にみるように，事業の運用には地域格差があり利用者の権利擁護という観点からは疑問も少なくないが，これを克服するためには利用支援を法定のサービスへと引き上げることも課題とされよう〔河野 2006：237〕。

　＊　例えば，社会福祉法2条が定める第一種あるいは第二種社会福祉事業とされているわけではない（➡〔26-82-5改〕）。

③事業の課題

10-11　市町村の財政負担

　　成年後見制度利用支援事業は，その実施が自治体の財政にも左右されるため，必ずしもすべての市町村で実施されているわけではない。国の補助があるとしても，この事業を行なうにあたっては市町村にも一定割合の財

政負担が求められる。しかも対象が高齢者の場合，この事業は任意事業であることから，市町村は，その限られた財源の中で，これを運用することには消極的とならざるをえず，むしろ必須事業を優先する傾向にある。障害者を対象とする場合も同様の問題がみられる。地域生活支援事業は統合補助金による事業であるため*，その補助金の枠内で経費をどれくらい確保できるかが焦点とならざるをえないのである。

いずれにせよ，成年後見制度利用支援事業は，それが市町村において具体化・予算化されていなければ利用することができない。しかも，これを利用できるのは，介護保険の利用者または障害者で，加えてこの事業を行なっている市町村に居住している人に限られるのである。

* 国は，地域生活支援事業の具体的な事業箇所や内容を示さず，金額のみを定め，これを「統合補助金」として市町村に一括配分する。どの事業にどれだけの予算配分を行なうかは市町村の判断に委ねられている。

参考文献

河野正輝『社会福祉法の新展開』有斐閣，2006年。

全国社会福祉協議会『よくわかる地域福祉権利擁護事業』2000年。

第11章　家庭裁判所の職務と権限

1　民事の裁判

1　民事紛争の処理

11-1　民事紛争

市民間の権利義務や法律関係の存否をめぐる争いを**民事紛争**という。例えば、「貸した金を返せ」とか「この土地は私のものだ」といった争いがこれに当たる。

11-2　自力救済の禁止

しかし、こうした私人間の紛争を暴力等の実力で解決することは、今日の法治国家では許されない（**自力救済の禁止**）。そのようなことを認めると、結果は力の強いものの意のままになり、我々の社会は弱肉強食の世界となってしまうであろう。

11-3　民事裁判と民事訴訟

そこで、国家は紛争を法的に解決する制度を用意する。**民事裁判**の制度がこれであるが、なかでもその中心となる**民事訴訟**は、裁判所による法的な判断（**判決**➡**11-12**）によって、民事紛争の終局的な解決を強制的に実現する（➡**11-14, 11-15**）点に特徴をもつ。

11-4　人事訴訟

もっとも、夫婦関係や親子関係など基本的な身分関係（家族関係）の存否をめぐる紛争を解決するためには、**人事訴訟**という特殊な手続きが用意されている（➡**11-26**以下）。金銭の貸し借りなどをめぐる一般の財産法上

の紛争では，私人が任意に処分することのできる利益が問題となる。一方，身分関係をめぐる紛争は，その当事者だけでなく広く社会一般にも影響が及ぶことから（➡11-27），一般の民事訴訟とは異なった規律に服するのである。

11-5 審判，調停

人事訴訟はあくまで訴訟であり，特殊な手続きであるとはいえ，基本的には通常の民事訴訟と同じ構造（訴えの提起⇨審理⇨判決）をもつ（➡11-6）。しかし，民事紛争の中には，遺産分割（➡15-35）をめぐる争いのように，裁判所の判断（裁判）が，判決ではなく**審判**という簡略な**決定**（➡コラム10：判決と決定）で下されるものもある（➡11-34）。さらに，裁判所の関与はあるものの，裁判ではなく，当事者間の合意によって紛争を解決する**調停**という方法もみられる（➡11-31）。本章でみるように，各紛争の特質に応じて，それに適合する手続きが定められているのである。

2 民事訴訟の仕組み

Case XはAに500万円を貸したが，約束の期限になっても返してくれない。

11-6 手続きの3段階

民事訴訟手続きは，時系列でみると，大きく，❶訴えの提起，❷審理，❸判決という3段階で進行する。【Case】でいえば，XはAから500万円を返してもらう権利（貸金返還請求権——民法587条）を主張し，その権利の存否についての判断を求めて訴えを提起する。この貸金返還請求権の存否が民事訴訟手続きにおける審理および判決の対象となる。

審理の段階では，裁判官の面前でXとAが互いにみずからの言い分を主張し，それが食い違えば証拠を提出して応酬する。そして，両者のやり取りをもとに，裁判官は，権利の存否に関する判断を**判決**という形式で下す。

①訴えの提起

11-7 処分権主義

　上記の【Case】では，約束の期限になると，Xには500万円を返してもらう権利（貸金返還請求権）が発生する（民法587条）。しかし，Aがどうしても返済に応じない場合，自力救済は禁止されていることから（➡11-2），Xが貸金を回収するには，その支払いを求める民事訴訟を起こすほかない。

　訴訟は，訴えの提起（訴状の提出）により始まる。訴えを提起した者を**原告**，その相手方を**被告**といい，両者は併せて**当事者**と呼ばれる。【Case】では，Xが原告，Aが被告となる。

　Xからの訴えがなければ訴訟はありえない（「訴えなければ裁判なし」の原則）。また，その訴えで求められていることについてのみ，裁判所は判断することができる（民事訴訟法246条）。例えば，Xが貸金500万円のうち300万円のみの返還を求めているとき，裁判所が500万円の支払いを判決で命じることはできない。これを**処分権主義**という。

　Xがもつ貸金返還請求権は民事上の権利であり，そうした私的利益をどのように処分するか（例：放棄，第三者への譲渡）はXの自由な意思に委ねられている。この**私的自治の原則**（➡1-6）からすると，民事訴訟を利用するかどうか，また，何を審判の対象として設定するかも，Xの処分権に委ねられてよい。処分権主義は，私的自治の原則を訴訟手続きに反映させたものなのである。

11-8 管轄

　Xは，どの裁判所に訴えを提起するのか。これは事物**管轄**の問題と呼ばれている。我が国の裁判所組織は，最高裁判所を頂点として，その下に高等裁判所，さらに，その下に地方裁判所と家庭裁判所，そして一番下に簡易裁判所が置かれ，全体がピラミッド状に構成されている。これらのうち，家庭裁判所は家庭関係の民事事件と少年の保護事件を扱う裁判所であり（➡11-17），金銭の貸し借り等を扱うことはない。

　一般の民事事件の第1審を担当するのは地方裁判所か簡易裁判所であり，いずれの裁判所になるかは訴訟の金額による。問題となっている金額が140万円以下であれば簡易裁判所が担当し，それを超える金額であれば地

方裁判所が担当する（裁判所法24条1号，33条1項1号）。冒頭の【Case】の場合，仮にＸの請求する金額が500万円であるとすると，Ｘは地方裁判所に訴えを提起することになる。

11-9　審級制

　また，裁判所の間には**審級制**があり，我が国では同一事件の審理・裁判を三つの審級にわたって行なうことを原則としている（**3審制**）。第1審の判決に不服のある当事者は，上級裁判所に**上訴**することができるのであるが，そのルートは，民事事件の場合，「地方裁判所⇨高等裁判所⇨最高裁判所」というルートと「簡易裁判所⇨地方裁判所⇨高等裁判所」というルートとに分かれる。いずれのルートをとるかは訴額による（➜11-8）。

　第1審から第2審への不服申立ては**控訴**，第3審への不服申立ては**上告**といわれる。この3審制により，裁判の慎重を期すとともに，法令解釈の統一を図ることが目指されている。

　　＊　家庭裁判所が第1審として下した判決については，高等裁判所に上訴（控訴）がなされる。また，高等裁判所は，家庭裁判所の下した決定に対する不服申立て（抗告）についても裁判権をもつ（➜11-39）。

②審　理

11-10　口頭弁論

　訴えが提起されると，裁判所は，権利が存在するかどうかの**審理**を行なう。【Case】のＸは貸金返還請求権の存在を主張するが，しかし，それは権利という観念的なものにすぎず，目に見えるわけではない。そこで，当事者双方が言い分を述べ，争いのある事実について証拠を提出する場が設けられる。

　この審理の場では，当事者双方が，直接に顔をあわせてやりとりを行ない，その言い分に裁判官が耳を傾けるという方法がとられる。こうした審理の形態を**口頭弁論**といい，民事訴訟の基本原則とされている（民事訴訟法87条）。また，この口頭弁論は一般に公開されている（**公開主義**——憲法82条1項）。手続きの公正を担保するためにほかならない。

11-11　弁論主義

　裁判官は，当事者の主張・立証に基づいて事実を認定し判決を下すのであるが，そのために必要な事実や証拠（訴訟資料）の収集・提出は，当事者がみずからの責任で行なわなければならない。これを**弁論主義**といい，財産関係を対象とする通常の民事訴訟の基本原則とされている。【Case】でXがAに対する貸金返還請求の正当性を裁判所に認めてもらうためには，Aに対して500万円を交付したという事実，および，Aとの間にこれを返還する約束があったという事実をXがみずから主張し証明しなければならない。これらの事実について，裁判所がXの主張を補ったり，必要な証拠を収集することは許されない。ここにもまた，私的自治の原則の訴訟手続きへの反映（➡11-7）をみることができる。民事訴訟の対象は私人間の私益をめぐる紛争であり，私人の自由な処理に委ねられるものである。そのため，訴訟による解決にあたっても，できる限り当事者の自主的な解決に近いものにしようというのである。

③判決とその確定

11-12　判決

　裁判所は，XのAに対する500万円の金銭支払請求権が存在するかどうかを審理・判断する。この権利の存否に関する判断は，**判決**という形で下される。審理の結果，権利があると判断すれば，判決には，「被告は原告に500万円支払え」という結論と併せてそこに至る理由が示される。一方，権利がないと判断すれば，「原告の請求を棄却する」という結論の判決が下されることになる。

11-13　判決の確定

　裁判所が示した判断に不服があればその判断はさらに上級の裁判所によって再審査することが制度的に認められている（上訴制度➡11-9）。もっとも，その期間には制限があり，1審や2審の判決では，上訴がなされないままに2週間が経過すると，もはやその判決の変更を求めることはできなくなる（民事訴訟法116条，285条）。これを**判決の確定**といい，確定した

判決は**確定判決**といわれる。

11-14　判決の効力

　判決の確定によって，裁判所の判断には一定の拘束力が生じる。【Case】についていえば，Xの貸金返還請求権を認める判決が下され，もはや通常の不服申立方法では争えなくなった場合（判決の確定），Aは，500万円の返還義務がないと主張し争うことができない（**既判力**）。また，Aが任意に500万円を返還しない場合，Xには強制執行（➡11-15）を求めることも認められる（**執行力**）。なお，離婚訴訟のように，特定の法律関係を形成（発生・変更・消滅）することを求める訴えでは，これを認める判決が確定すると，その内容どおりの法律関係が生じる（**形成力**）。例えば，「原告と被告とを離婚する」という判決が下されると，それまで法律上の夫婦であった者は，赤の他人となる（➡11-29）。

11-15　判決内容の強制的実現

　「Aは，Xに対し500万円を支払え」という判決が確定したとしても，それだけでXが500万円の返還を受けることができるわけではない。判決によって，Xには返還を求める法的地位が認められたにすぎない。たしかに，Aが判決に従って500万円をXに支払えば一連の紛争は解決する。しかし，Aが必ずしも自主的な弁済に応じるとは限らない。そのような場合，Xとしては，自力救済が許されない以上（➡11-2），改めて国家の力を借りて判決の内容を実現してもらうほかない。Xは，確定判決を根拠に強制執行を申し立て，一連の執行手続を経て初めて500万円を回収することができる。例えば，Aが不動産を所有していれば，裁判所がそれを差し押さえた上で，これを競売にかけ，その代金の中から500万円が支払われることになる。

コラム 10

判決と決定

　裁判所の行なう判断には，判決のほかに決定といわれるものもある。**判決**は必ず**口頭弁論**（➡11-10）に基づいてしなければならない。また，それに対する不服申立てとしては，控訴・上告（上訴➡11-9）が用意されている。これに対して，**決定**の場合には，必ずしも口頭弁論を開く必要はない。決定は，判決に比べて簡略な裁判であり，不服申立ても**抗告**という簡易な方法をとる。これらは手続きの柔軟性・迅速性を確保するための方策にほかならない。例えば，離婚の際，誰を監護者とするかについて夫婦の協議が調わないときは，訴訟によらず，家庭裁判所が決定で審判をする（監護者の指定〔民法766条2項〕➡12-49）。こうした「子の監護に関する処分」については，これを家事審判事項と定めることで（➡11-36），子の利益を優先した迅速な解決を目指しているのである。

2　家庭裁判所の役割

1　成年後見制度と家庭裁判所

11-16　私人の生活関係への介入

　成年後見制度の運用にあたって家庭裁判所は大きな役割を果たしている。成年後見等開始の審判（➡7-7）を初め，成年後見人等の選任（➡7-9）・解任・辞任の許可（➡8-2），さらには成年後見人等に対する監督（➡5-2）など，家庭裁判所が制度の入口から出口まで積極的に関与する仕組みが用意されている。家庭裁判所は家庭にかかわる問題を扱う裁判所であるが，たんに紛争や利害の衝突を解決・調整するだけではない。私人の財産管理に関与するなど，その生活関係に介入する機関としての役割も担っているのである（➡11-18）。

2　家事事件と少年保護事件

> **Check!**〔22-76-4〕
> 家庭裁判所は，少年の保護事件について審判することはできない。
> 〔下線部が誤り ➡**11-19**〕

11-17　少年非行と家庭

　家庭裁判所は，家族生活に関する事件（**家事事件**）だけでなく，非行少年の事件（**少年保護事件**）をも取り扱う（裁判所法31条の3）。少年非行の背景には家庭の問題があるという理解がここにはみられる。

11-18　家事事件の特殊性

　家事事件の処理にあたって，裁判所は，たんに当事者間の権利義務関係を確定すれば足りるわけではない。そこでは，紛争それ自体が家族という継続的な人間関係にかかわることから，その調整を図る必要がある。また，家族関係は社会を構成する基礎的な関係であることから，その存否は客観的な事実に基づいて明らかにされなければならず，当事者間でのみ意味をもつものであってはならない（➡**11-27**）。さらに，家事事件では，相対立する当事者間の紛争処理だけが問題となるわけではない。例えば成年後見人の選任にみられるように，個人が生活をする上で自己の財産を適切に管理できない場合，本人保護のために，裁判所はみずから進んで事実を調査し迅速に解決を図ることも求められているのである。このように，家庭内の問題処理にあたって，裁判所には通常の民事訴訟とは異なる配慮が要請される。家庭裁判所が家事事件を専門に扱う裁判所として設置されたのは，そのためにほかならない。

11-19　少年保護事件

　非行少年[*]の事件（少年保護事件）を調査・審判し，少年に対する最終的な処分を決定するのも家庭裁判所である（➡〔22-76-4〕）。処分内容は様々であるが，少年の「性格の矯正および環境の調整」（少年法1条）という教育的性格をもつ**保護処分**が原則とされる［野﨑 2016：18］。

　この保護処分には3種類がある（少年法24条1項）。少年を現在の生活環

境から切り離す必要がなければ，社会内で通常の生活をさせながら，保護観察官や保護司による指導・監督を実施する（保護処分としての保護観察）。一方，少年を現在の生活環境に戻すことが困難な場合，少年は少年院に送致され矯正教育を受けるが，児童自立支援施設や児童養護施設といった児童福祉法上の施設で改善更生が図られることもある。

また，非行少年の事件については，少年やその周囲の人々への教育的働きかけが求められることから，刑罰を科すための手続き（刑事裁判）は必ずしもふさわしくない。そのため，少年保護事件の審判についても，裁判官が職権で証拠調べを行ない，みずから事実を解明していくなど独自の手続き的工夫がなされている［野﨑 2016：140］。

> *　少年法は，犯罪少年・触法少年・<ruby>虞<rt>ぐ</rt></ruby>犯少年の３種を非行少年として定義している。**犯罪少年**は罪を犯した14歳以上20歳未満の者，**触法少年**は14歳未満で刑罰法令に触れる行為をした者，**虞犯少年**は，特定の事由（例：暴力団との交際）があって，将来，犯罪または触法行為を行なう<ruby>虞<rt>おそれ</rt></ruby>のある20歳未満の者をいう（少年法３条１項）。

3　家事事件の紛争処理手続き

【図１】

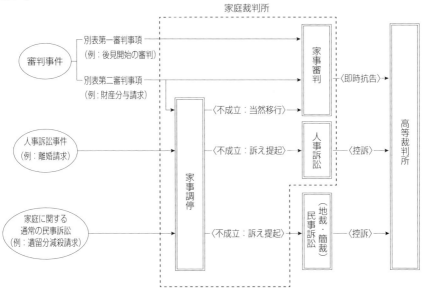

11-20　紛争処理手続きを定める法

家事事件は，事件の種類によって，❶人事訴訟事件（例：離婚訴訟➡11-33），❷家事審判事件（例：親権者の指定➡12-48），❸その他（例：親族間の金銭貸借）へと分類される。これらを処理するための手続法にも，「人事訴訟法」や「家事事件手続法」，さらには「民事訴訟法」と複数のものがある。

11-21　人事訴訟

夫婦関係や親子関係など基本的な身分関係の存否をめぐる紛争処理手続きを**人事訴訟**という。離婚の訴え・認知の訴えなどが，その典型例である（人事訴訟法2条）。

人事訴訟の第1審の管轄は家庭裁判所であり（人事訴訟法4条以下），その判決に不服があるときは，高等裁判所に控訴する（➡11-9＊）。

11-22　家事審判

例えば，成年後見人の選任（➡7-9）はもっぱら**家事審判**で判断される。本人の利益保護という観点から，裁判所が適切な判断を下すことが期待されているのである。成年後見人が当事者間の契約で選ばれることはない。

審判という語は家庭裁判所の行なう裁判に用いられるものであるが，そこでは権利義務の争いについて判断が下されるわけではない。また，その手続きも，通常の訴訟（➡11-6）と異なり，原告と被告を対立させるという図式を予定してはいない。単純に勝ち負けを決めるのではなく，裁判所の裁量に基づいた望ましい解決を目指す点に，審判の特徴がある。

11-23　家事調停

家事事件の処理にあたって特筆すべきは，**家事調停**という裁判外の紛争処理手続きである。家庭裁判所内で行なわれるとはいえ，人事訴訟事件および一定の家事審判事件（別表第二審判事項➡11-36）については，その手続きの前段階で裁判に至ることなく紛争の解決が目指されるのである。

11-24 民事訴訟

なお，家事事件であっても，人事訴訟事件および家事審判事件に該当しない事項は，通常の民事訴訟事件として扱われる。

11-25 家庭裁判所の組織

家庭裁判所では，その扱う事件の特殊性（→**11-18**）から，裁判官のほかに，家庭裁判所調査官，参与員，家事調停委員などが重要な役割を担っている。

家庭裁判所調査官は，心理学・社会学などの専門的知識を用いて家事事件（および少年保護事件→**11-19**）について必要な事実調査を行なう常勤の裁判所職員である。家事審判事件や家事調停事件については，家庭裁判所が職権で事実調査を行なう（→**11-31**，**11-38**）。その調査にあたって，家庭裁判所調査官は，専門的な知識や経験をもとにして裁判官を助けているのである。また，離婚の訴え（→**11-33**）を提起する際には，子の監護者の指定（→**12-49**）や財産分与の請求（→**12-52**）などの申立てが併せてなされることがあるが（**附帯処分**の申立て→**12-39**），そうした場合も，家庭裁判所は家庭裁判所調査官による調査を活用することができる（人事訴訟法34条）。もともとこれらの事項は家事審判手続きで審理されるべきものであることから（→**11-36**），それと同様に資料を収集することが認められているのである。

家事審判および人事訴訟は，民間から選任された**参与員**の関与のもとで行なわれる。家事審判は，参与員を立ち会わせ，その意見を聴いて行なうのが原則である（家事事件手続法40条1項・2項）。また，人事訴訟においても，家庭裁判所は，審理にあたって参与員の意見を聴くことができる（人事訴訟法9条1項）。家事審判や人事訴訟に一般国民の良識を反映させようというものであるが，ただし，いずれの場合にも参与員がみずから審理・判断をすることはない。

家事調停事件では，裁判官とともに**家事調停委員**（→**11-31**）が調停を担う。調停委員も裁判所の非常勤職員であり，民間人から選任される。参与員と並んで，国民の司法参加の制度である。

3　人事訴訟

1　人事訴訟手続きの特色

11-26　人事訴訟の対象

　人事訴訟の対象は，人事訴訟法2条に列挙されている。夫婦・親子・養子関係の形成（例：離婚，認知）や存否の確認（例：親子関係不存在の確認）を目的とする訴えが**人事訴訟**といわれる。

11-27　人事訴訟の手続き——身分関係の公益的性格

　財産法上の紛争を対象とする通常の民事訴訟では，その解決も，**私的自治の原則**（➡1-6）に基づき，当事者の自主性・自律性に委ねられる。裁判の基礎となる資料の収集は当事者に委ねられ，裁判官は，もっぱら当事者の主張・立証する範囲内で事実を認定する（**弁論主義**➡11-11）。

　これに対して，人事訴訟の手続きでは弁論主義が制限される（人事訴訟法19条）。婚姻などの基本的な身分関係の存否に関する紛争は，利害関係が，当事者だけでなく，その関係者（例：子ども）や社会一般にも広く及ぶ。身分関係は当事者の権利・利益に還元できない**公益的性格**をもつのであり，その存否をめぐる紛争については実体的真実に見合った裁判が要請される。人事訴訟の審理にあたって，「裁判所は，当事者が主張しない事実をしん酌し，かつ，職権で証拠調べをすることができる」（人事訴訟法20条——**職権探知主義**）とされるのは，そのためにほかならない。

11-28　非公開審理

　人事訴訟では，当事者や証人を尋問する際に，これを非公開とすることができる（人事訴訟法22条1項）。たしかに，裁判は，その公正を担保するために，公開を原則としている（**公開主義**——憲法82条1項➡11-10）。しかし，夫婦・親子等の関係をめぐる訴訟では，当事者等の「私生活上の重大な秘密」（例：出生の秘密）にかかわる事項が審理対象とされることもありうる。そのような場合，審理が公開されると，十分な陳述がなされず，

誤った身分関係の形成または存否の確認につながるおそれもある。人事訴訟の審理についても公開が原則であるが，公開がかえって裁判の公正さを損なうおそれをもつ場合には，公開制限も許されるのである。

11-29 判決の確定

　人事訴訟は，通常，判決によって終了する。判決に対して不服があれば，当事者は再審理を求めることができるが，しかし，それをいつまでも許すわけにはいかない。当事者が通常の不服申立て手段（控訴，上告➡11-9））で争うことができなくなると，もはや当該判決を取り消すことはできない（判決の確定➡11-13）。例えば，家庭裁判所で離婚を認める判決が言い渡された場合，判決書が当事者に送達されてから2週間以内に控訴の申立てがなされなければ，判決は確定する（民事訴訟法116条，285条）。判決が確定すると，当事者の意思とは無関係に婚姻の解消という身分関係が形成されることになる（➡11-14）。

11-30 判決の対世的効力

　通常の民事訴訟では，当事者間の訴訟の結果に第三者が拘束されるいわれはない。確定判決の効力は訴訟の当事者にのみ及ぶのが原則であり，これに加わっていない第三者との関係では相対的な意味しかもたない。これに対して，人事訴訟の判決は第三者に対しても効力をもつものとされている（人事訴訟法24条1項）。身分関係は公益的性格（➡11-27）をもつため，世間の誰からみても同じであることが求められているのである。

2　調停前置主義

Check!〔22-76-1〕

家庭裁判所は，離婚調停を取り扱うが，離婚訴訟は取り扱わない。

〔下線部が誤り➡11-33〕

11-31 紛争の自主的解決

　人事訴訟事件では，いきなり訴訟を提起することはできない。訴訟の提

起前に家庭裁判所に調停の申立てをしなければならないとされており（家事事件手続法257条1項），これを**調停前置主義**という。

申立てが受理されると，裁判所は，1名の裁判官と民間人から選任される2名の**家事調停委員**で**調停委員会**を組織する（家事事件手続法248条1項）。この調停委員会が当事者間の合意形成を促し，紛争の自主的解決に向けた助力を行なうのである。紛争が夫婦・親子などの継続的な人間関係の中で生じていることから，権利義務の確定だけでなく，当事者間の将来の関係をも考慮に入れた解決が，ここでは目指されているものといえよう。調停は非公開であり（家事事件手続法33条），また，事実の調査や必要な証拠調べは，家庭裁判所が職権で行なう（**職権探知主義**──家事事件手続法258条1項2号・56条1項〔➡11-38〕・262条）。

11-32　調停の成立

成立した調停は，**確定判決**（➡11-13）と同様の強力な効力をもつ（家事事件手続法268条1項）。一方，調停不成立の場合には，改めて家庭裁判所に人事訴訟を提起する手続きをとらなければならない。この点，家事審判の場合（➡11-36）とは異なる。

11-33　離婚調停と離婚訴訟

【図2】

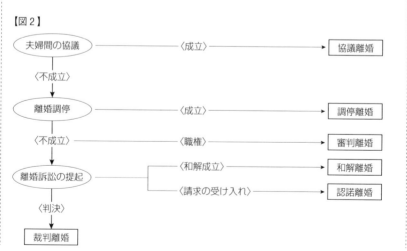

離婚については，家庭裁判所が調停・審判・訴訟をすべて担当している。これまでに見たことを離婚手続きを素材として整理してみよう。

離婚には，その代表的な方式として，協議離婚・調停離婚・審判離婚・裁判離婚がある。最も多く利用されているのは**協議離婚**（民法763条➡**12-35**）であり，これは，夫婦間の離婚の合意と離婚届の提出によって成立する。夫婦間で離婚の協議がまとまらない場合は，まず家庭裁判所に調停を申し立てる（調停前置主義）。そこで離婚を合意し，その内容を書面（調書）に記載すれば**調停離婚**（家事事件手続法244条，268条➡**12-36**）が成立する。

この調停が不成立になった場合，最終的には，民法770条所定の離婚原因（例：配偶者の不貞行為）を理由に**離婚の訴え**を家庭裁判所に提起する（➡〔22-76-1〕）。その判決によって成立するのが**裁判離婚**（➡**12-38**）であるが，ただし例外的に，訴訟に至る前段階で，審判での解決が図られることもある（家事事件手続法284条1項――**調停に代わる審判**）。例えば，離婚それ自体についての合意はあるが，財産分与の額（➡**12-53**）や親権者の指定（➡**12-48**）について意見に食い違いがあるため調停が成立しない場合，これまでの調停の経過を生かし裁判所が職権（➡**6-2**）で解決を図ろうというのである。この「調停に代わる審判」によって成立する離婚を**審判離婚**（家事事件手続法284条➡**12-37**）という。

* なお，この離婚訴訟中に当事者間に離婚の合意が成立することもある。この場合は，和解調書が作成され，離婚が成立する（**和解離婚**――人事訴訟法37条➡**12-43**）。また，離婚訴訟の被告が原告の離婚請求を認め，それが調書に記載されたときも離婚が成立する（**認諾離婚**――人事訴訟法37条➡**12-44**）。

4 家事審判

1 対　象

> *Check!*〔22-76-3〕
> 相続の放棄は，家庭裁判所が取り扱う家事審判事項には含まれない。
> 〔下線部が誤り➡**11-35**〕

> **Check!**〔22-76-5〕
>
> 離婚に伴う財産分与は，家庭裁判所が取り扱う<u>家事審判事項には含まれない</u>。
>
> 〔下線部が誤り ➡**11-36**〕

11-34 調停の可否による区別

家事審判の対象は限られており（家事事件手続法39条参照），家事事件手続法の別表第一・第二にその代表的な事項が列挙されている。別表の第一と第二は調停の可否による区別であり，その各事項は家事事件手続法の末尾に掲げられている。

11-35 別表第一審判事項

別表第一には，後見等の開始，成年後見人等の選任のほかに，親権の喪失や停止，相続放棄の申述（民法938条➡**15-56**）の受理など134の事項が掲げられている（➡〔22-76-3〕）。これらの事項は，相対立する当事者間の紛争という性格には乏しいものの**公益的性格**（➡**11-27**）をもつ。そのため，当事者の合意で自由に解決することは適切でなく，調停の対象とされることはない。

11-36 別表第二審判事項

これに対して，別表第二には離婚に伴う子の監護者の指定（民法766条2項➡**12-49**）・財産分与請求（民法768条2項➡**12-52**）など紛争性の強い16の事項が掲げられている（➡〔22-76-5〕）。これらの事項は，公益性はさほど高くない一方，対立当事者間での紛争という性格をもつことから，合意による解決も期待される。それゆえ，別表第二審判事項については**家事調停**を申し立てることも認められており（家事事件手続法244条），実際にも多くの事件で家事調停が行なわれている。*

なお，調停が不成立の場合，事件は当然に審判手続きに移行する（家事事件手続法272条4項）。家事調停を申し立てた者は，調停が不成立になると通常は家事審判を求めると考えられることなどが，その理由とされる［金子編著 2012：237］。

＊ ただし，調停を経ず，当初から家事審判申し立てることも可能である。調停の申

立てが必要なのは，「訴えを提起しようとする者」に限られているのである（家事事件手続法257条）。

2 家事審判の手続き

11-37 非公開主義

審理は，家族・親族のプライバシーに深くかかわることから，非公開で行なわれる（家事事件手続法33条）。

11-38 職権探知主義

また，**職権探知主義**（→**11-27**）が採用されており，事実調査や証拠調べは家庭裁判所の職権で行なわれる（家事事件手続法56条1項）。審判の対象には**公益的性格**が認められることから，裁判所には真実に合致した判断が求められているのである［金子編著 2012：114］。

11-39 不服申立て制度

審判に対して不服があるときは，特別の定めがある場合に限り，**即時抗告**[＊]をすることができる（家事事件手続法85条1項）。例えば，後見開始の審判それ自体に不服があるときは，2週間以内に即時抗告をすることで高等裁判所に審理をしてもらうことができる（家事事件手続法123条1項1号→**7-14**）。一方，成年後見人の選任については，家事事件手続法に即時抗告に関する規定が設けられておらず，不服があるからといって即時抗告はできない。このように家事審判について不服申立ての対象も期間も限定されているのは，法律関係を早期に安定させ，簡易迅速に紛争を解決するためである［金子編著 2012：144］。

＊　家事審判などの決定に対する上訴は抗告であるが（→**コラム10**：判決と決定），その内，抗告期間に定めのないものを**通常抗告**，一定の抗告期間が定められているものを即時抗告という。

5　その他の家庭に関する事件

> **Check!** 〔22-76-2〕
> 遺留分の減殺は、家庭裁判所が取り扱う家事審判事項には含まれない。
> 〔正しい➡11-40〕

11-40　通常の民事訴訟と調停前置

　　人事訴訟や家事審判の対象となる事件は法定されているため、いずれの対象ともされない事件は、通常の民事訴訟事件として解決されることになる。親族間の金銭貸借や離婚による慰謝料請求などがその例であるが、ほかに遺留分減殺請求（➡16-47）についても同様の処理がなされる（➡〔22-76-2〕）。例えば、Aが全財産をXに譲るという遺言をしたとしよう。❶この包括遺贈（➡16-28）の結果、Aの全財産の所有権は、ひとまずXに移転する。❷しかし、遺留分をもつ相続人（遺留分権利者──例：Aの妻子➡16-41）が遺留分減殺請求権を行使すると、❸減殺対象とされた財産の所有権は、遺留分権利者に復帰する。❹それゆえ、遺留分権利者は、この復帰した所有権に基づいて財産の引渡しや金銭の交付を請求することが可能となり、❺裁判で争うときは、通常の貸金請求をめぐる訴訟などと同じく、一般の民事訴訟事件として地方裁判所または簡易裁判所（➡11-8）に訴えを提起することになる。

　　もっとも、人事訴訟や審判手続きで扱われることがないとはいえ、紛争が「家庭に関する事件」（家事事件手続法244条）であるならば、話し合いにより解決することが望ましい。そこで、これらの紛争について訴訟を提起する場合は、あらかじめ家事調停の申立てをしなければならないとされている（**調停前置主義**──家事事件手続法257条１項）。遺留分に関する事件についても、この調停前置主義が妥当する。家事調停が成立すれば事件は終了するが、調停が成立しない場合は、改めて地方裁判所（あるいは簡易裁判所）に訴えを提起しなければならない。そこでは、弁論主義（➡11-11）に基づく通常の民事訴訟手続きが進行する。

参考文献

梶村太市＝徳田和幸編著『家事事件手続法（第3版）』有斐閣，2016年。
金子修編著『一問一答　家事事件手続法』商事法務，2012年。
野﨑和義『ソーシャルワーカーのための更生保護と刑事法』ミネルヴァ書房，2016年。

第12章　婚姻と離婚

1　家族法の意義

1　家族法の特色と親族法

Check! 〔4-145〕

次に掲げるもののうち，届出によって成立する身分行為（創設的身分行為）でないものはどれか。
　1　婚姻　　2　離婚　　3　出生　　4　認知　　5　養子縁組

〔正解：3　（➜12-3）〕

12-1　親族法と相続法

　「家族法」という言葉が民法典に記されているわけではない。ただ，一般に家族法といえば，民法典の第4編「親族」（725条-881条）および第5編「相続」（882条-1044条）が，その対象とされている（➜**コラム1**：成年後見制度と民法典）。このように家族法は親族法と相続法からなるが，両者の性格は必ずしも同一ではない。たしかに，今日の相続制度のもとでは，原則として特定の親族関係にある者が財産を継承するのであり，この点で，相続法は親族法と密接な関連性をもっている。しかし，相続法が扱うのは，人の死亡に伴う財産関係の変動である。例えば，誰が所有者か，誰が債務者かは財産法の規律するところであるが，相続では，その所有者や債務者が交替するにすぎないともいいうる。この財産移転という側面を考慮に入れると，相続法は，財産法と家族法の双方の性格を併せもつものとみることができるのである。

　これに対して，親族法は財産法から独立した領域を形成している。経済的合理性を基礎とする財産法の体系とは異なり，身分関係の規律にその重点がおかれている。本章ではこの親族法の領域を考察し，相続法について

は第15章および第16章で扱う。

12-2　親族法の対象と身分権

　親族法は，夫婦・親子・親族という**身分関係**（➡**2-26＊1**）を対象としている。この身分関係に基づいて発生する権利義務が**身分権**といわれる。財産権に対する用語である。例えば，婚姻の成立により，妻・夫としての権利義務（例：同居・協力・扶助の権利義務――民法752条➡**12-23**）が発生し，子どもの誕生によって親としての権利義務（例：親権――民法820条➡**14-1**）が発生する。この身分権は，一身専属的な性質（その人にだけ帰属するという性質）をもち，譲渡することも放棄することもできず，また相続の対象にもならない（例：扶養請求権――民法881条➡**13-56**）。

12-3　形成的（創設的）身分行為

　身分関係は，各人の意思によって形成・変更・解消されることも少なくない。例えば，婚姻は男女が婚姻の意思をもって届け出ることによって成立する（民法739条1項➡**12-15**）。このように身分関係の変動をもたらす行為を**形成的（創設的）身分行為**といい，これは，いずれも届出によって成立するとされている。婚姻のほかに，協議離婚（民法764条➡**12-35**）・任意認知（民法781条➡**13-7**）・養子縁組（民法799条➡**13-18**）・協議離縁（民法812条➡**13-33**）なども届出の受理によって初めて身分関係の変動が法的に認められる（➡〔4-145-1・2・4・5〕）。これに対して，出生は，その事実の発生によって法律関係に変動が生じるのであって，届出は報告的な意味をもつにとどまる＊（➡〔4-145-3〕）。なお，身分行為も法律行為の一つであるが（➡**2-26**），その中には財産上の**行為能力**（➡**2-9**）までなくても，**意思能力**（➡**2-3**）があれば単独でなしうるものも少なくない（例：制限行為能力者である成年被後見人の婚姻――民法738条➡**12-20**）。身分上の行為の意味を理解する能力があれば足りるのである。

　　＊　身分関係の変動は，原則として当事者からの届出に基づいて戸籍に記載されるが（戸籍法15条），この届出には創設的届出と報告的届出がある。**創設的届出**は，婚姻・協議離婚のように，届出によって初めて身分上の効果が発生するものをいう。これに対し，出生・死亡・裁判離婚・調停離婚など，すでに発生した事実や法律関係を報告するために行なわれるものを**報告的届出**という。

2 親族関係

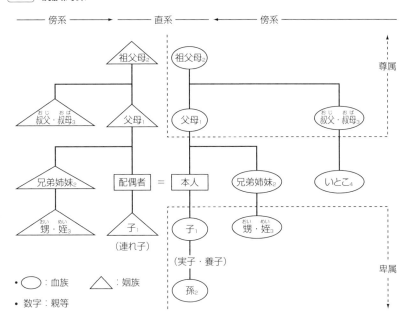

- ◯：血族　△：姻族
- 数字：親等

①親族の種類

12-4　親族の意識

　例えば，「夫の親」と「妻の親」との間に親族関係はない。親同士がどれほど親類づきあいをしていたとしても，法律上は他人である。日常生活では親戚・親類などの言葉が用いられるが，民法が「親族」というときは法律上の効果に着目してその範囲を定めるのであり，必ずしも一般的な意識と一致するわけではない。この民法上の親族には，血族・配偶者・姻族の区別がある。

12-5　血族

　血族とは本来は血のつながりのある者（**自然血族**）をいうが，ほかに**養子縁組**（➡13-18）によって血縁関係を擬制された者（**法定血族**）も含まれる。この法定の血族関係は養親およびその血族と養子との間に形成され*（民法727条），例えば実子と養子は兄弟姉妹（傍系血族2親等）となる。

> ＊　現行法上，法定血族は，この養子縁組によって生じる関係だけである。一方，明治民法では，夫の先妻の子（夫の**連れ子**）と後妻との間にも法定血族の関係が認められていた。いわゆる継母と継子とは親子（直系血族1親等）とされていたのであるが，今日，この継親子は姻族（姻族1親等）にとどまり，法律上の親子ではない。

12-6　配偶者

夫婦の一方を他方に対して**配偶者**という。両者の間には血族関係も姻族関係もない。また，親等もなく，いわば異身同体とされる。なお，**内縁**＊の夫婦は，法律上の配偶者ではない。

> ＊　婚姻届は出していないものの夫婦同様の共同生活がみられる男女の関係を内縁という。

12-7　姻族

「夫」と「妻の血族」の間，および「妻」と「夫の血族」の間は**姻族**といわれる。一方，夫の父母と妻の父母，兄の妻と弟の妻などは姻族関係にない。配偶者の一方と他方の血族（3親等まで）が，相互に姻族とされるのである。

②親族の範囲

12-8　親等

民法の定める親族の範囲は，6親等内の血族，配偶者，3親等内の姻族である（民法725条）。親等は親族間の遠近を測る尺度であり，親子一代を1単位とする（民法726条1項）。例えば，本人と父母は1親等，本人と祖父母は2親等である。

12-9　直系と傍系

父母と子，祖父母と孫のように，血統がまっすぐに上下する関係は**直系**といわれる。これに対して，例えば兄弟姉妹は，父母を共同の始祖として，そこから枝分かれしている。こうした共同の始祖から分かれた者の関係は**傍系**といわれ，その親等は，一方から共同の始祖までさかのぼり，そこから他方に下るまでの世代数を合算する（民法726条2項）。例えば，本人とその兄とは2親等（本人→親→兄）となり，本人とその母の弟の子（本人か

らみて「いとこ」)とは4親等の関係(本人→母→祖父母〔共同の始祖〕→母の弟〔本人からみて「叔父(おじ)」〕→いとこ)になる。

12-10 姻族の親等

姻族間の親等は，夫婦を一体とみて計算し，例えば，夫からみて妻の父母は1親等の直系姻族，妻の兄弟姉妹は2親等の傍系姻族とされる。直系姻族間の婚姻は禁止されている(民法735条➡12-19)。

12-11 尊属と卑属

自分よりも先の世代(自分の父母と同列以上)の血族(例：祖父母，父母，叔父(おじ)・叔母(おば))は**尊属**，自分よりも後の世代(自分の子と同列以下)の血族(例：子，孫，甥(おい)・姪(めい))は**卑属**といわれる。ただし，必ずしも年齢の上下とは一致しない。配偶者，兄弟姉妹，いとこなど自分と同じ世代にある者は，尊属でも卑属でもない。この尊属・卑属の区別は，婚姻の禁止(民法736条)，相続順位(民法887条)などについて実益がみられる。

  * 尊属・卑属の区別は血族に固有のものであり，姻族にはない。例えば，直系尊属も相続人となりうるが(民法889条1項1号)，この「直系尊属」の中に姻族が含まれることはない。民法の定める相続人は，配偶者のほかには故人と一定の血縁関係にある者に限定されているのである(➡15-3)。

12-12 親族関係の効果

民法は，親族関係から生じる法的効果について，範囲を限定して個別に定めている。例えば，扶養義務(民法752条，877条➡13-50)，相続権(民法887条，889条，890条➡15-3～15-6)，さらには法定後見開始の審判の申立権者の範囲(例：民法7条➡6-8)など，それぞれの事項について親族の範囲は特定されているのである。たしかに，直系血族および同居の親族間の「扶(たす)け合い義務」(民法730条)のように，民法には親族に集団としての役割を付与する規定もみられる。しかし，その内容が不明確なだけでなく，また特に扶養については別個の規定が用意されているのであり，そこに倫理的な意味合い以上のものを求めることは難しい。民法725条は親族の範囲を一般的に定義するが，今日，その存在意義については疑問視されている。

2　婚姻の成立——形式的要件

1　婚姻の成立要件

12-13　形式的要件と実質的要件

　　結婚式を挙げ夫婦生活に入ったからといって，直ちに法律上の夫婦となるわけではない。民法上の婚姻が成立し夫婦となるためには，形式的要件と実質的要件を充足することが必要である。形式的要件は婚姻の届出であり，一方，実質的要件は双方の意思の合致と婚姻障害のないことである。

2　届出と受理

Check!〔10-126-1〕

戸籍吏員は，届出については実質的審査権を有している。

〔下線部が誤り ➡ 12-17〕

Check!〔10-126-2〕

婚姻は，届出が受理されたときに有効に成立する。　　〔正しい ➡ 12-16〕

12-14　法律婚主義と事実婚主義

　　慣習上認められた婚姻の儀式を挙げることで法律上の婚姻が成立したとみる制度を**事実婚主義**という＊。これに対し，国家の定めた一定の法律上の手続きによって婚姻が成立するとみる制度を**法律婚主義**という。手続きの過程で，当事者の意思が確認されると同時に重婚や近親婚といった婚姻障害（➡ 12-19）の存否も審査され，さらに婚姻を登録することで**公示**（➡ **2-11**）の機能も果たされることから，法律婚主義を多くの国が採用する。

　　＊　なお近時は，婚姻届を出さないで家族としての共同生活を営む関係を「事実婚」と呼ぶことが一般化してきている。夫婦別姓の実践，家意識への抵抗，男女の固定的な役割分担への批判など様々な事情から法律婚を回避し，主体的に「事実婚」が選択されているのである。こうした「事実婚」を支持する考え方も事実婚主義といわれるが，これは本文で述べた用例とは別個のものである。

12-15　婚姻の届出

　わが国の民法も法律婚主義に立ち，「婚姻は，戸籍法の定めるところにより届け出ることによって，その効力を生ずる」と規定している（民法739条1項）。条文上は「効力を生ずる」という文言であるが，ここにいう**届出**は婚姻成立の形式的要件と一般に考えられている。

　法律婚主義の建前からすると，届出も当事者の婚姻意思を確認するための一つの方法である。したがって，婚姻の意思は届出の時点で存在しなければならない。たしかに，民法739条1項の文言からすると，届出の作成によって婚姻が成立し，届出は効力発生の要件にすぎないとも考えうる。しかし，そうなると婚姻届書の作成時には当事者に婚姻意思が存在したが，届出時には翻意していたような場合も婚姻は有効に成立していることになり，届出時に本人の意思を確認するという民法の趣旨は没却されてしまうのである。

12-16　受理

　婚姻の届出は，受付け・受理・戸籍簿記載という順序で行なわれる。戸籍事務担当者は，婚姻届書を受付けた後，戸籍簿や届書および法定の添付書類によって，その婚姻が法令の規定に違反しないことを認めて初めて届出を**受理**することができる（民法740条）。

　この受理によって婚姻は効力を生じる。戸籍簿に記載されることは要件でない。厳密にいえば，届書の提出があり，それが受理された時点で婚姻は成立するのである（➡〔10-126-2〕）。

12-17　形式的審査権

　もっとも，戸籍事務担当者は，提出された届書を戸籍謄本などと照合して審査するにすぎない。もっぱら書類による**形式的審査権**しかもたず，当事者の意思を確認したり，記載されていることの真偽を他の証拠によって確かめる実質的な審査権を与えられているわけではない（➡〔10-126-1〕）。裁判官でもない戸籍事務担当者にこうした審査権限を認めることは，妥当でないのみならず制度としても予定されていないのである。

　したがって，戸籍事務担当者は，婚姻の障害事由があることを実際に

知っていたとしても、書面上そのことが明らかでない限り、届出を受理せざるをえない。例えば、近親婚の禁止（➜12-19）に抵触する者が婚姻届を提出したとしよう。戸籍記載の誤りなどでその親族関係が戸籍に表示されていない以上、たとえ近親婚の事実が明らかであったとしても、戸籍事務担当者は届出の受理を拒否できないとされるのである。

3　婚姻成立の実質的要件

1　婚姻意思の合致

12-18　婚姻という契約

　婚姻も契約である以上、当事者間に婚姻意思の合致がなければならない。「人違いその他の事由によって当事者間に婚姻をする意思がないとき」婚姻が無効とされるのも（民法742条1号）、このことを当然の前提としている。

2　婚姻障害事由

12-19　婚姻障害事由の確認

　婚姻が有効に成立するためには、婚姻障害事由に抵触してはならない。戸籍事務担当者は書類を審査し、これらの事由があれば婚姻届の受理を拒むことができることから（民法740条）、婚姻障害事由のないこともまた婚姻の実質的な成立要件とされる。婚姻障害として民法は以下のものを規定しており、このうち❶～❹の事由がある場合、婚姻は取り消されることがある（民法744条）。

❶婚姻適齢：男性は満18歳、女性は満16歳にならなければ婚姻をすることができない（民法731条）。

❷重婚の禁止：配偶者のある者は、重ねて婚姻をすることができない（民法732条）。

❸女性の再婚禁止期間：女性は、前婚の解消（夫の死亡、離婚）または取消しの日から100日間は、再婚をすることができない（民法733条1項）。

❹近親婚の禁止：生物学的な配慮から親子兄弟など近親者間の婚姻は禁止される（民法734条）。また，かつての婚姻相手の親と婚姻することなども，社会倫理的な見地から許されていない（民法735，736条）。
❺未成年者の婚姻：未成年者が婚姻をするには父母の同意を得なければならない（民法737条1項）。社会的経験に乏しい未成年者が，軽率に婚姻をすることを防止するための規定であるとされる。父母の一方が同意しないときなどは他方の同意だけで足りる（民法737条2項）が，両方とも同意をしないときは，婚姻届が受理されない[*]（民法740条）。

 [*] しかし，737条の規定に違反していても，誤って婚姻届が受理されてしまえば，その婚姻はもはや取り消すことができない（民法744条1項参照）。

3 制限行為能力者の婚姻

Check!〔19-67-D〕

未成年後見人，成年後見人ともに，その被後見人の婚姻について同意権を有する。

〔下線部が誤り ➡ 12-20〕

12-20 未成年後見人・成年後見人と婚姻の同意

　成年被後見人も，自分の意思だけで婚姻をすることができる（➡ 2-27，12-3）。成年後見人の同意が必要ない（民法738条）ことはもちろん，後見人が代わって婚姻の意思表示をすることもありえない。婚姻は，当事者にとって最も個人的な事柄だからである。なお，被保佐人・被補助人の婚姻に保佐人・補助人の同意が必要ないことは，成年被後見人であっても自由に婚姻できることからも明らかである。

　一方，未成年者が婚姻をするには，父母の同意を必要とするのが原則であるが（民法737条1項 ➡ 12-19），父も母もいないときは誰の同意も必要とされない。たとえ未成年後見人（➡ 14-32）が選任されていたとしても，その同意すら必要ないのである。

　このように未成年後見人および成年後見人は，いずれも婚姻について同意権をもたない（➡〔19-67-D〕）。同意の問題が生じるのは父母のいる未成年者のみであり，この点で，制限行為能力者の婚姻に対する民法の態度は

首尾一貫していないともいいうる。

4　婚姻の効果

1　婚姻の一般的効果

Check!〔11-66-1〕
夫婦は，婚姻に際し，必ず夫又は妻の氏を称しなければならない。
〔正しい ➡12-21〕

Check!〔11-66-2〕
夫婦の一方が死亡した場合，婚姻によって氏を改めた夫又は妻は，必ず婚姻前の氏に復しなければならない。　〔下線部が誤り ➡12-22〕

①夫婦の氏

12-21　夫婦同氏の原則

　婚姻の効果として，法は，夫婦の氏など一般的な権利義務に関する効果（一般的効果）と夫婦間の財産関係についての効果（財産的効果）とを規定している。
　氏とは姓名のうちの「姓」を指す。夫婦はどちらか一方の氏を選んで，同一の氏を名乗らなければならない（**夫婦同氏の原則**——民法750条 ➡〔11-66-1〕）。夫婦それぞれが婚姻前の氏を名乗り続けることも，第三の氏を名乗ることも許されないのである。
　たしかに，民法750条は「夫又は妻の氏を称する」ことにしているのであるから形式的には平等な規定である。しかし，今日もなお女性の改姓を当然とする風潮が残り，現に多くの夫婦が夫の氏を選択している。一見すると平等な規定であっても現実には不平等をもたらしている以上，そのルールは差別的と言わざるをえない。

12-22　生存配偶者の復氏

　夫婦の一方が死亡すると婚姻関係は消滅するが，だからといって他方の

配偶者（生存配偶者）の氏が当然に変更されるわけではない。婚姻によって氏を改めた生存配偶者は，婚姻中の氏を継続して名乗るか，婚姻前の氏に復するかを自由に選択することができるのである（民法751条1項➡〔11-66-2〕）。

②同居・協力・扶助義務

12-23　婚姻生活の維持
　　夫婦は同居し，互いに協力し扶助しなければならない（民法752条）。婚姻生活を維持するための基本的な義務とされている。

③貞操義務

12-24　離婚原因としての不貞
　　配偶者の不貞行為が離婚原因となることから（民法770条1項1号），明文の規定はないが，夫婦は相互に貞操義務を負うと解されている。

④成年擬制

12-25　婚姻生活の独立性
　　未成年者が婚姻をしたときは，成年に達したものとみなされる（民法753条）。民法上，行為能力者（➡2-9）として扱われ，法定代理人の同意なしに法律行為をすることができる。また，生まれた子に対して親権（➡14-1）を行使することもできる。婚姻後も未成年者として扱い，契約などについて父母などの同意を必要としたのでは，婚姻生活は成り立たないからである。その代わり，未成年者が婚姻するには父母の同意が必要であり（民法737条1項➡12-19），この段階で，独立した社会生活を営みうるかどうかが吟味される。なお，以上のような趣旨とは無関係の制度についてまで，成年擬制が適用されるわけではない。例えば飲酒や喫煙に関しては，たとえ婚姻したとしても未成年者として扱われる。

⑤契約取消権

12-26　夫婦間の契約

　例えば，夫が妻に対し「指輪をプレゼントする」という約束をしたとしても，夫はこの約束を「婚姻中，いつでも」一方的に取り消すことができる（民法754条）。こうした夫婦間の契約の履行は当事者の愛情に委ねるべきであって，裁判所で争うことは好ましくないとされるのである。

　もっとも，この規定が現実に問題となるのは，夫婦関係が破綻に瀕している場合である。夫が離婚の補償として妻になした贈与や，円満であった時期になされた妻への贈与が取消しの対象とされるのである。このような場合，取消しが認められるとなると，妻の地位はきわめて不安定なものとならざるをえない。そこで判例は，夫婦関係が実質的に破綻しているような場合，754条の契約取消権は行使できないとしている（最判昭和42・2・2民集21巻1号88頁）。

2　婚姻の財産的効果

①夫婦財産契約

12-27　婚姻の届出前の契約締結

　夫婦間の財産関係については当事者で自由に取り決めることができる。しかし，この夫婦財産契約は婚姻の届出前に締結しなければ効力がない（民法755条）。また，婚姻の届出前に登記をしなければ，相続人や第三者に対してその契約内容を主張することもできない（民法756条）。さらに夫婦財産契約は，婚姻の届出後は原則として変更することができない（民法758条）。こうした厳格な条件が付されているためもあって，今日，夫婦財産契約はほとんど利用されていない。夫婦が婚姻の届出前に夫婦財産契約を締結していない場合，その財産関係は，次にみる法定財産制によることになる（民法755条）。

②法定財産制

> **Check!** 〔10-124-1〕
>
> 妻が勝手に買った電子レンジの代金は，原則として，夫にも支払義務がある。
>
> 〔正しい▶▶12-30〕

12-28　夫婦別産制

　法定財産制として，民法は**夫婦別産制**を採用している。夫婦の一方が婚姻前からもつ財産および婚姻中に自己の名義で取得した財産は，それぞれの個人財産とされるのである（民法762条1項）。

12-29　婚姻費用の分担

　夫婦の財産関係が別々である（夫婦別産制）ことから，夫婦は婚姻生活を営むにあたって，その費用（婚姻費用*）を分担しなければならない（民法760条）。この費用分担は，金銭的な分担に限られない。家事労働や育児労働といった現物出資の形で提供されることもある。

　　* 「婚姻」費用といわれるが，結婚式の費用のことではない。夫婦の生活費や子どもの養育費など，家庭生活を営む上で必要な費用のことである。

12-30　日常家事債務の連帯責任

　夫婦別産制のもとで婚姻費用を夫婦が分担することになると，日常の家事（例：衣食住に関する法律行為）も夫婦の共同の事務となる。したがって，それにより生じる債務も夫婦共同の債務である。実際上も，家事について取引する相手方は，夫婦の双方と取引していると考えているのであって，こうした第三者を保護するためにも家事処理に伴う債務は夫婦の連帯責任とされるのである（民法761条本文）。例えば，電気料金の支払債務・家賃の支払債務・家電製品の代金支払債務などについては，夫婦が連帯して責任を負う。

　連帯責任である以上，夫婦のどちらが注文したとしても，夫婦双方が代金の支払義務を負う（連帯債務）。例えば，妻の購入した電子レンジの代金が夫に対して請求された場合，夫は，それを注文したのは妻だからといって，自分に代金支払義務はないと断ることはできない（▶▶〔10-124-1〕）。

ただし，夫が事前に電気店に対し自分は代金を支払わないと予告していたのであれば，夫はその責任を免れることができる（民法761条ただし書）。

5　離婚とその手続き

1　婚姻の解消

12-31　意義

婚姻は，離婚によるほか，当事者の一方の死亡およびこれに準ずる失踪宣告（➡コラム11：不在と失踪）によって解消する。いったん有効に成立した婚姻が終了するのであり，**婚姻の無効**や**取消し**とは異なる。*

> *　婚姻の無効・取り消し：婚姻は，当事者間に婚姻意思がない場合と婚姻の届出がない場合に無効とされる（民法742条）。婚姻が無効とされると，当事者間には初めから法律婚が存在しないことになり，その間に子が生まれても嫡出子（➡13-2）としての身分を取得することはできない。
> 　婚姻が取り消されるのも二つの場合である。第1は，婚姻障害のうち婚姻適齢・重婚・再婚禁止期間・近親婚に抵触する場合である（➡12-19）。第2は，詐欺・強迫による婚姻の場合である（民法747条1項）。取消しの効果は，一般の取消し（民法121条➡2-16）とは異なる。取消しによって初めから無効になることはなく，将来に向かってのみ婚姻の効力がなくなる（民法748条1項）。事実上存在した夫婦生活を法律の力で白紙に戻すことは不可能であるし，さかのぼって無効にすると当事者や生まれた子，第三者の利益が害される（例：日常家事債務の連帯責任〔➡12-30〕が消滅する）おそれも生じるからである。取消しがなされるまでは有効な婚姻関係が存在するのであり，その間に生まれた子の身分も嫡出子のままである。

12-32　当事者の死亡

民法に直接の規定はないが，夫婦の一方が死亡すると婚姻関係は当然消滅する。ただし，婚姻関係から派生した関係までが直ちに消滅するわけではない（例：氏について➡12-22）。

12-33　失踪宣告

夫婦の一方の死亡には，死亡を擬制する**失踪宣告**（民法31条➡コラム11：不在と失踪）も含まれる。失踪宣告を受けた者は，法定の時期に死亡した

ものとみなされるため、失踪者の婚姻関係は解消するのである。その結果、失踪者の配偶者は再婚しうるが、その後に失踪者が帰来し失踪宣告が取り消されると、婚姻は当初から解消されなかったものとして重婚関係が生じうる。配偶者が善意で(失踪者の生存を知らないで)再婚している場合に困難な問題となるが、再婚が有効で取消しえないものとされる結果(民法32条1項後段参照)、これと両立しない前婚は復活しないとみる見解が有力である。失踪宣告を信頼した者の保護を図るのである。

12-34 生前解消と死亡解消

以上のように、婚姻は当事者の死亡およびこれに準ずる失踪宣告によって解消されるが(死亡解消)、一方、夫婦の生存中に婚姻が解消される場合もある(生前解消)。以下にみる離婚という制度がこれであり、その方法には、協議離婚・調停離婚・審判離婚・裁判離婚・和解離婚・認諾離婚の6種類がある(➡11-33)。

コラム11

不在と失踪

〈不在者の財産管理〉

住所(「各人の生活の本拠」——民法22条)・居所(一時的に居住する場所)から離れ、すぐには帰ってくる見込みのない者を**不在者**という。不在者の財産を放置しておくと、財産の散逸や価値の減少によって本人に不利益が生じるだけではない。不在者と法律上の利害関係をもつ者(例:債権者)に対してはもちろん、社会経済的にも不利益を及ぼす。**不在者の財産管理**に国家(家庭裁判所)が関与するのは、そのためにほかならない。

ある者が財産管理人を置かずに不在者となった場合、家庭裁判所は、利害関係人や検察官の請求により、その財産を管理する者(**不在者財産管理人**)を選任(別表第一審判事項➡11-35)するなど、管理保存に必要な一切の処理を命じることができる(民法25条1項)。不在者財産管理人は一種の法定代理人(➡3-7)である。その代理権限は民法103条に定められた範囲(➡3-10)に限られ、それを超える行為をするときは家庭裁判所の許可を必要とする(民法28条前段)。

〈失踪宣告〉

不在者の生死不明の状態が継続すると、その者をめぐる法律関係もまた未確定の

まま継続することとなる。しかし、例えばAが長期にわたって行方不明となり死亡したかどうかも明らかでない場合、その配偶者は再婚を許されず、相続人は相続を受けることもできないとなると酷であろう。そこで、生存配偶者・相続人その他利害関係人のために、家庭裁判所の審判（別表第一審判事項）で、不在者（A）を死亡したものとみなす制度が設けられている。これが**失踪宣告**であり、7年間生死不明の場合に認められる**普通失踪**（民法30条1項）と、飛行機の墜落事故などで1年間生死不明であれば認められる**特別失踪**（民法30条2項）とがある。いずれの場合も、宣告を受けた者（**失踪者**）の従来の住所を中心とする法律関係は、その者が死亡したものとして処理される（民法31条）。先の例で、Aを当事者とする婚姻関係は解消され、Aの財産については相続が開始されるのである。もっともAは、失踪宣告を受けたからといって、現実に死亡したわけではない。本人が生存しており、他の場所で法律関係をもった場合、この法律関係は有効に成立する。失踪宣告は、失踪者の権利能力（➡1-3）を消滅させる制度ではない。

2 離婚制度

Check!〔18-65改〕

次の文章の空欄A，B，Cに適切な語句を入れなさい。妻が夫に対し、協議離婚を求めたが、夫が協議離婚に応じないとき、妻が夫と離婚するためには、まず調停前置主義によって、　A　に離婚調停を申し立てることになるが、調停又は審判によっても離婚が成立しない場合には、　A　に離婚訴訟を提起しなければならない。これまで離婚訴訟は　B　に提起することになっていたが、平成16年の　C　の施行によって　A　が離婚に関する調停・審判・裁判をすべて行うことになったからである。

〔正解：A　家庭裁判所（➡**12-36**），B　地方裁判所（➡**12-39**），C　人事訴訟法（➡**12-39**）〕

①協議離婚

12-35　合意と届出

　　協議離婚は、夫婦が離婚に合意し（実質的要件——離婚意思）、婚姻と同様に、届出（形式的要件）をすることで成立する（民法763条，764条）。

②調停離婚

12-36　調停前置主義

夫婦間で離婚の合意に達しない場合は，裁判所の手を経て離婚が行なわれることになる。しかし，直ちに離婚の訴えを起こして裁判手続きを進めるのではなく，その前に，まず家庭裁判所に離婚の調停を申立てなければならない（家事事件手続法257条1項➡〔18-65-A〕）。**調停前置主義**といわれるもので，一人の裁判官と二人以上の**家事調停委員**で構成される調停委員会が，当事者の主張を調整し合意を斡旋する（➡**11-31**）。当事者間に合意が成立し，それが調書に記載されると確定判決（➡**11-13**）と同じ効果をもち，離婚が成立する（家事事件手続法268条1項本文（➡**11-32**）。これを**調停離婚**という。

③審判離婚

12-37　調停に代わる審判

両当事者の合意が得られず，調停委員会による調停が成立しない場合，家庭裁判所は，相当と認めれば離婚の審判をすることができる（家事事件手続法284条1項）。「調停に代わる審判」といわれるものであり，ここで成立する離婚が**審判離婚**である。ただし，この審判に対して当事者は異議の申立てをすることができ（家事事件手続法286条1項），異議申立てがあれば審判はその効力を失う（家事事件手続法286条5項）。そのため，審判離婚の件数はそれほど多くない。

④裁判離婚

12-38　離婚の訴え

以上にみた手続きによっても離婚が成立しない場合，最後に残された離婚手続きが**裁判離婚**である。当事者の一方が裁判所に離婚の訴えを提起し，それが判決で認められると婚姻を解消することができるのである。

12-39　人事訴訟法の制定

この離婚訴訟は，民事訴訟法の特別法である「人事訴訟法」によって手

続きが進められる。第1審の管轄は，かつては地方裁判所にあったが（➡〔18-65-B〕），2003（平成15）年の人事訴訟法制定（2004年4月1日施行）により家庭裁判所に移管された（人事訴訟法4条➡〔18-65-C〕）。離婚調停・審判・第1審の裁判をいずれも家庭裁判所の担当とすることで，紛争処理の一本化を図るとともに，**家庭裁判所調査官**や**参与員**の制度（➡**11-25**）を離婚裁判においても活用することを目指しているのである。

また，離婚訴訟に附帯して，「子の監護者の指定その他子の監護に関する処分」（例：子の養育費），「財産分与に関する処分」（これらは**附帯処分**と総称される）等について申し立てがあった場合（➡**11-25**），家庭裁判所はこれらの事件についても裁判をしなければならない（人事訴訟法32条）。離婚紛争を早期に一括して解決するための方策である。

さらに，附帯処分が家庭裁判所で扱われる結果，その裁判にあたって家庭裁判所調査官が専門的な事実調査をすることも可能になった（人事訴訟法33条，34条）。心理学・教育学などの専門的知識をもつ調査官を活用することで，附帯処分事項について審理の充実を図り，適切な判断を導くことが期待されているものといえよう。

*1 判決に不服がある場合，当事者は控訴を申し立てることができるが，この控訴審（第2審）は高等裁判所である（➡**11-9** *）。

*2 以上にみたように，人事訴訟法の制定により，離婚訴訟については，❶家庭裁判所が第1審を担当すること，❷併せて附帯処分事項も家庭裁判所で裁判すること，さらに，❸その際には家庭裁判所調査官を活用しうることとなったが，ほかにも同法は次のような改正を行なっている。❹離婚当事者等の「私生活上重大な秘密に係る」事項（例：出生の秘密）について尋問を行なう場合，その尋問の公開停止を認めたこと（人事訴訟法22条➡**11-28**），❺離婚の際の慰謝料請求（損害賠償請求）も離婚の訴えと併せて家庭裁判所で扱いうるとしたこと（人事訴訟法17条），❻離婚裁判の審理や和解の話し合いに参与員の関与を認め，一般国民の良識を紛争処理に反映しうるようしたこと（人事訴訟法9条）などが，それである。

12-40　離婚原因

離婚の訴えを提起することができるのは，以下の離婚原因が認められる場合である。すなわち，❶配偶者に不貞な行為があったとき，❷配偶者から悪意で遺棄されたとき，❸配偶者の生死が3年以上明らかでないとき，❹配偶者が強度の精神病にかかり，回復の見込みがないとき，❺その他，

婚姻を継続し難い重大な事由があるときである（民法770条1項）。

12-41　破綻主義

上記の❶〜❹が具体的な離婚原因であるのに対して，❺はこれらを包括したものとなっている。婚姻生活が破綻し継続が困難となった以上，この破綻した婚姻関係から当事者を解放することが目指されているのである。破綻それ自体を理由とする離婚が原則であり（**破綻主義**），❶〜❹の離婚原因はその例示にほかならない。

12-42　有責配偶者の離婚請求

問題は，婚姻関係の破綻について責任を有する配偶者からも離婚を請求しうるかである。例えば，妻を残して愛人との生活に入り，そのために婚姻が破綻したとしよう。それにもかかわらず夫から離婚を請求するということは，「結局上告人〔＝夫〕が勝手に情婦を持ち，その為め最早被上告人〔＝妻〕とは同棲出来ないから，これを追い出すということに帰着するのであって，もしかかる請求が是認されるならば，被上告人〔＝妻〕は全く俗にいう踏んだり蹴ったりである」ともされるのである（最判昭和27・2・19民集6巻2号110頁）。たしかに，こうした離婚請求が認められると，相手方（妻）は「踏んだり蹴ったり」であるともいいうる。そこで，離婚原因を作った側からは離婚請求できないという考え方もある。しかし一方で，こうした離婚請求を否定したからといって夫婦関係が回復するわけではなく，破綻状態が長期化の一途をたどるという現実も看過することができない。

こうしたなかで，最高裁判所大法廷は従来の判例を変更し，「有責配偶者からされた離婚請求であっても，夫婦がその年齢および同居期間と対比して相当の長期間別居し，その間に未成熟子がいない場合には，離婚により相手方がきわめて苛酷な状況におかれる等著しく社会正義に反するといえるような特段の事情のない限り，有責配偶者からの請求であるとの一事をもってその請求が許されないとすることはできない」と判示するに至った（最大判昭和62・9・2民集4巻16号1423頁）。

⑤和解離婚

12-43　離婚訴訟中の合意

　家庭裁判所に離婚訴訟を提起した後，当事者間に離婚の合意が成立する場合もある。そのような場合は，あえて訴訟を継続するまでもなく，合意の内容を裁判所の書面（和解調書）にすることで，離婚が成立する（**和解離婚**──人事訴訟法37条1項）。この和解離婚は，⑥でみる認諾離婚と並んで，2003（平成15）年に制定された人事訴訟法によって新設された。

⑥認諾離婚

12-44　離婚訴訟中の認諾

　離婚訴訟の提起後，原告の離婚請求を被告が認めたときは，その旨を裁判所の書面（認諾調書）に記載することで離婚が成立する（**認諾離婚**──人事訴訟法37条1項）。ただし，この認諾離婚は，附帯処分（➡**12-39**）や親権者の指定について裁判の必要がない場合に認められるにとどまる（人事訴訟法37条1項ただし書）。例えば，財産分与や子の監護に関しても裁判が求められている場合，それを残して離婚の成立のみを認めることは原告にとって不利益をもたらす。また，認諾により離婚が成立しながら，親権者が決まらないことも実体法上（民法819条2項参照）不都合だからである。[*]

　　[*]　高橋宏志＝高田裕成編『新しい人事訴訟法と家庭裁判所実務』ジュリスト1259号（2003年）107頁〔高橋宏志，小野瀬厚〕。

6　離婚の効果

12-45　一般的効果と財産的効果

　離婚すると夫婦の関係は解消し，婚姻によって生じた一切の権利義務が消滅する。一方，離婚に伴い様々な法的効果も発生するが，民法はこれを協議離婚について規定し（766条-769条），裁判離婚で準用している（771条）。調停離婚や審判離婚については特に準用規定がないが，どのような離婚方法がとられたにせよ，離婚が成立した以上，その法的効果に変わりはない。

この離婚の法的効果には一般的効果と財産的効果とがある。

1 一般的効果

①夫婦の氏

Check! 〔16-69-A〕

夫婦が離婚した場合，婚姻によって氏を改めた夫又は妻は復氏するか，又は離婚の際の氏を称するかの選択ができる。　　　　　　　　　　〔正しい➡12-47〕

12-46　離婚復氏の原則

　　夫婦のうち婚姻によって氏を改めた側は，離婚によって婚姻前の氏に復するのが原則である（**離婚復氏の原則**——民法767条1項）。離婚により当然に復氏するのであって，婚姻が死亡により解消する場合（民法751条1項➡**12-22**）と異なり，復氏するかどうかの選択権がこの限りでは認められていない。

　　＊　なお，婚姻によって夫婦の一方と他方の血族との間に生じた姻族関係も，離婚によって当然に消滅する（民法728条1項）。この点も，死亡解消の場合（➡**12-32**）と異なる。ただし，離婚によって姻族関係が消滅した後も，婚姻禁止規定の適用はある（民法735条後段➡**12-19**）。

12-47　婚氏続称

　　しかし，婚姻によって大半の妻が夫の氏を称している現状では，離婚によって復氏するのはほとんど妻ということになり，民法767条1項の規定は女性に多大な不利益を与える。そこで，1976（昭和51）年に同条は改正され，離婚復氏を定める条文は1項にそのまま残し，新たに2項が追加された。婚姻中の氏を継続して使用することを希望する場合には，離婚の日から3か月以内に戸籍法の定めるところに従って届け出ることで，離婚の際に称していた氏を称することができるとされたのである（民法767条2項➡〔16-69-A〕）。これを**婚氏続称**という。

②子どもの扱い・1——親権の帰属

> **Check!**〔14-67-D〕
> 父母が離婚する場合，父母の協議により離婚後も未成年者の親権を共同して行うことができる。　　　　　　　　　　〔下線部が誤り ➡ 12-48〕

> **Check!**〔23-74-2〕
> 父母の離婚後，嫡出子の親権は，父母が共同して行う。　〔下線部が誤り ➡ 12-48〕

> **Check!**〔23-74-3〕
> 父母の離婚に際し，父母の協議で親権者を定めることはできない。
> 　　　　　　　　　　　　　　　　　　　　　　　〔下線部が誤り ➡ 12-48〕

> **Check!**〔28-79-4〕
> 家庭裁判所は，父母の申し出によって，離婚後も共同して親権を行うことを定めることができる。　　　　　　　　　　　　　〔下線部が誤り ➡ 12-48〕

> **Check!**〔28-79-5〕
> 家庭裁判所が子の親権者を定めるとき，子の陳述を聴く必要はない。
> 　　　　　　　　　　　　　　　　　　　　　　　〔下線部が誤り ➡ 12-48〕

12-48　離婚後の単独親権

　未成年の子を保護するために，親は子の身の回りの世話に関する権利義務（**身上監護権**）および子の財産に関する権利義務をもつ。この権利義務を**親権**という（➡ 14-1）。婚姻継続中であれば，未成年の子に対して父母が共同で親権を行使するが（民法818条——**共同親権の原則**），父母が離婚すると**単独親権**へと移行する（➡〔23-74-2〕，〔28-79-4〕）。父母が婚姻関係にない以上，共同行使は妥当でないばかりか，そもそも不可能な場合も多いからである。

　子の出生後に父母が離婚する場合には，その一方が親権者となる。協議離婚であれば，その協議でいずれか一方を親権者と定める（819条1項——離婚後の単独親権 ➡〔14-67-D〕，〔23-74-3〕）。親権者を決定しなければ，離

婚の届出は受理されない（民法765条1項）。協議がまとまらないときは，家庭裁判所が協議に代わる審判（**親権者指定の審判**）を行なう（民法819条5項）。裁判離婚の場合には，離婚判決に際して裁判所が職権で父母のいずれかを親権者と定める（民法819条2項）。

　子の出生前に父母が離婚した場合には，母の単独親権となる。ただし，子の出生後に，父母の協議または審判（親権者指定の審判）で父を親権者と定めることができる（民法819条3項，5項）。

　審判あるいは裁判によって親権者を定める際には，「子の利益」が最も重視される。子が15歳以上のとき，家庭裁判所による子の意見聴取が必要的とされているのは（人事訴訟法32条4項，家事事件手続法169条2項），その現れである（➡〔28-79-5〕）。

③子どもの扱い・2――親権と監護権

Check!〔7-124-3〕
未成年の子がいる場合に，父母のうち一方を親権者，他方を監護者と定めることはできない。
〔下線部が誤り➡**12-49**〕

Check!〔16-69-B〕
夫婦が離婚し，未成年の子がいる場合，父母の一方を親権者，他方を監護者とすることはできるが，父母以外の第三者を監護者とすることはできない。
〔下線部が誤り➡**12-49**〕

Check!〔28-79-3〕
親権者にならなかった親は，子を引き取り，監護養育することはできない。
〔下線部が誤り➡**12-49**〕

12-49　監護者

　親権者とは別に，実際に子の身の回りの世話（監護）をする者を定めることもできる（➡〔7-124-3〕，〔28-79-3〕）。協議上の離婚であれば，監護者その他監護に必要な事項は，その協議で定め（民法766条1項），協議が調わないときなどは，家庭裁判所がこれを定める（**監護者の指定**――民法766条

2項)。裁判離婚の場合には，裁判所が監護者を決定する（民法771条，766条）。

　こうした規定は子の福祉・利益を保護するためのものであるから，監護者は，父母以外の者でもなることができると考えられている。父母がいずれも子を監護するのに不適当であるという場合，祖父母や第三者（例：児童福祉施設長）が監護者として指定されることもあろう（➡〔16-69-B〕）。

④子どもの扱い・3 ――養育費，面会交流権

Check!〔16-69-C〕

夫婦が離婚し，母親が親権者として未成年の子を監護する場合，親権者でも監護者でもない父親はその子に対して養育費を負担する法的責任はない。
〔下線部が誤り➡**12-50**〕

Check!〔16-69-D〕

夫婦が離婚し，母親が親権者として未成年の子を監護する場合，親権者でも監護者でもない父親にその子との面接交渉（面会交流）を認める余地はない。
〔下線部が誤り➡**12-51**〕

Check!〔28-79-1〕

親権者にならなかった親には，子の養育費を負担する義務はない。
〔下線部が誤り➡**12-50**〕

Check!〔28-79-2〕

子との面会交流について父母の協議が成立しない場合は，家庭裁判所が定める。
〔正しい➡**12-51**〕

12-50　養育費

　子の監護に関連して，子の養育費も問題となる。親権者・監護者にならなかった父母であっても，子の扶養義務を免れるわけではない。親はみずからと同程度の生活を子が送れるよう費用を負担する義務を負うのであり（**生活保持義務**➡**13-49**），養育費等の支払いは，従前どおり必要とされる

(➡〔16-69-C〕,〔28-79-1〕)。

12-51　面会交流権

　監護者がいるために子を養育していない親権者，あるいは親権者でも監護者でもないために子を養育していない親が，その子と個人的に会ったり，文通その他の接触をする権利を**面会交流権**（**面接交渉権**）という。従来，民法に直接の規定はなかったが，2011（平成23）年の民法改正で，「父又は母と子との面会及びその他の交流」（民法766条1項）として制度化されている（➡〔16-69-D〕）。面会交流について父母間の協議がまとまらないときは，家庭裁判所がこれを定める（民法766条2項➡〔28-79-2〕）。

２　財産的効果——財産分与請求権
①財産分与の意義

> **Check!**〔7-124-2〕
> 財産分与について，当事者間で協議が調わない場合には，家庭裁判所に対して協議に代わる処分を請求し得るが，その請求は，離婚後2年以内にしなければならない。
> 〔正しい➡**12-52**〕

12-52　財産関係の処理

　離婚によって夫婦の共同生活は解消するため，それまでの財産関係を処理しなければならない。その調整の方法として，民法は財産分与の制度を設けている。離婚当事者の一方は，他方に対して**財産分与の請求**をすることができるとされるのである（民法768条1項）。

　協議離婚の場合，この財産分与は当事者間の協議で定めることができるが，協議が調（ととの）わないときなどは，家庭裁判所に対して協議に代わる処分を請求することができる。ただし，この請求は離婚から2年以内にしなければならない（民法768条2項➡〔7-124-2〕）。

②財産分与の性格

> **Check!**〔7-124-1〕
> 財産分与請求権の主たる内容は，離婚慰謝料である。　〔下線部が誤り ➡12-55〕

12-53　精算的性格

　すでにみたように，民法は夫婦の財産について別産制を採用している（➡12-28）。婚姻中に自己の名義で取得した財産は，その特有財産とされるのである（民法762条1項）。しかし，この特有財産の多くは，夫婦が協力して蓄積したものにほかならない。その名義がどちらになっていようと，実質的には夫婦の共同財産であり，共同生活を解消するにあたっては，これを清算しなければならない。妻が専業主婦であったとしても事情は変わらない。その無償の家事労働が家庭生活を支えてきた以上，財産分与を請求することは妻の正当な権利である。

12-54　扶養的性格

　例えば，専業主婦や中高年齢の妻が離婚したとしよう。離婚後直ちに自活していくことは必ずしも容易でない。離婚後の生活に困窮を生じる配偶者に対しては，他方が経済的に援助することが求められる。財産分与には，こうした扶養的な性格もみられる。

12-55　慰謝料との関係

　財産分与の性格は，以上にみた清算的性格と扶養的性格の複合と一般に理解されている。判例も，離婚によって受けた精神的な損害に対する慰謝料請求権を，財産分与請求権とは異質のものとみている（最判昭和31・2・21民集10巻2号124頁➡〔7-124-1〕）。

第13章　親子，扶養

1　親子関係

13-1　血縁と合意
　民法上の親子関係は，自然の血縁に基づく**実子**の関係と，当事者の合意に基づく**養子**の関係に大別される。実子はさらに嫡出子と嫡出でない子に区別され，一方，養子も普通養子と特別養子に分けられる。

2　実子（1）——嫡出子の親子関係

1　嫡出子，嫡出でない子

13-2　父母の婚姻関係
　実子は，父母が法律上の婚姻関係にあるかどうかで二つに分けられる。婚姻の届出をしている法律上の夫婦から生まれた子を**嫡出子**（婚内子）と呼び，届出をしていない男女の間に生まれた子を**嫡出でない子**（非嫡出子，婚外子）と呼ぶ。

2　嫡出の推定と否認

13-3　二重の推定
　誰が親なのかを考える場合，母と子の血縁関係は分娩という事実によって証明できることが多い。これに対し，父と子の関係は確認が必ずしも容易でない。そこで民法は，父親かどうかを定める手段を婚姻関係に求め，そこから生まれた子を嫡出子とする。
　まず，妻が婚姻中に妊娠した子どもは，夫の子と推定される（民法772条

1項)。ただし，妻が婚姻中に妊娠したかどうかを直接に証明することも困難である。そのため，民法はさらに，婚姻成立の日（婚姻届の受理された日）から200日後，または婚姻の解消・取消し（➡**12-31**）の日から300日以内に生まれた子を，婚姻中に妊娠したものと推定している（民法772条2項）。この二重の推定を**嫡出の推定**といい，これによって妻の産んだ子は夫の嫡出子とされるのである。

13-4 嫡出否認の訴え

しかし，嫡出の推定が，事実と反することもないわけではない。そこで民法は，推定された父子関係をくつがえす制度も用意している。これを嫡出否認の制度というが，ただし，その要件は厳格である。まず，嫡出の推定を否定するためには**嫡出否認の訴え**という特別の訴訟（人事訴訟➡**11-26**）によらなければならない（民法775条）。また，この訴えを提起できるのは夫だけであり（民法774条），しかも子の出生を知ったときから1年以内に限られている（民法777条）。家庭の平和を守り，さらに子どもの地位を早期に安定させるためである。

3 実子（2）——嫡出でない子の親子関係

1 認　知

> **Check!**〔8-127-1〕
> 非嫡出子の父子関係は，父が認知すれば発生する。　　〔正しい➡**13-6**〕

> **Check!**〔19-66-1〕
> 母とその非嫡出子との間の民法上の親子関係は，最高裁判所の判例によれば，分娩の事実によって当然に発生するものではなく，母の認知によって発生する。
> 〔下線部が誤り➡**13-6**〕

13-5 親子関係の発生

父母が婚姻関係にない場合，子どもと父母との親子関係は直ちに認めら

れるわけではない。嫡出子が出生によって親子と認められるのに対して、嫡出でない子の親子関係は**認知**という手続きによって発生する（民法779条）。

13-6　母子関係と父子関係

ただし、嫡出でない子と母との関係は、分娩という事実によって明らかとされることが通常である。そのため判例も、母子関係は母からの認知をまつまでもなく、分娩によって当然に発生するとしている（最判昭和37・4・27民集16巻7号1247頁➡〔19-66-1〕）。これに対して、嫡出でない子の父子関係は認知によって初めて発生する（➡〔8-127-1〕）。

[2]　任意認知

①二つの認知

13-7　任意認知と強制認知

認知には、父がすすんで行なう**任意認知**（民法779条以下）と、子や母が裁判に訴えて獲得する**強制認知**（民法787条）とがある。

②任意認知の要件

> **Check!**〔10-123-4〕
> 認知は、未成年者であってもできる。　　　　　　　〔正しい➡13-8〕

13-8　意思能力

任意認知は**身分行為**（➡2-26, 12-3）の一つであることから、**意思能力**（➡2-3）がある限り、未成年者や成年被後見人であっても、法定代理人の同意なくこれを行なうことができる（民法780条➡〔10-123-4〕）。

13-9　相手方の承諾

認知は、父親が自由に行なうことができるのが原則であるが、ただし、相手方にもかかわることであるため、例外的にその承諾を必要とする場合がある。

❶成年の子を認知するには、その子の承諾を得なければならない（民法782

条)。子が未成年中で養育を必要とするときは放置しておきながら，成年に達すると認知し扶養にあずかろうとするなど，身勝手な行為を無条件に許すことはできないからである。

❷胎児を認知するには，その母親の承諾を必要とする（民法783条1項）。母親の名誉を尊重するとともに，認知の真実性を確保するためである。

❸死亡した子を認知することは許されないが[*]，その子に直系卑属がいるときに限っては，その死亡した子を認知することができる（民法783条2項前段）。この場合，死亡した子の直系卑属が成年者であるときは，その者の承諾を得なければならない（民法783条2項後段）。❶でみた782条の場合と同一の趣旨によるものである。

> [*] 死亡した子には何の利益もない反面，認知した父親がその子の相続人として相続利益を得るという身勝手を排除するためである。一方，死亡した子に直系卑属がいるときは，この直系卑属が相続を行ない，親などの直系尊属は相続人にならないのであるから（➡15-5，15-30），こうした問題が生じることはない。それどころか，死亡した子を認知することで，その直系卑属にかえって有利ともなる。認知した父親との間に血族関係が発生するからである。

③任意認知の方式および効果

Check! 〔8-127-2〕
任意による認知は，遺言によってもすることができる。　〔正しい➡13-10〕

Check! 〔8-127-3〕
認知があれば，父子関係について認められている法的効力は，認知の時から発生する。　〔下線部が誤り➡13-10〕

Check! 〔8-127-4〕
認知をした父は，認知を取り消すことができない。　〔正しい➡13-10〕

Check! 〔11-66-5〕
非嫡出子は，母の氏を称し，父の氏を称したい場合には，家庭裁判所の許可を得て，届け出ることによって，父の氏を称することができる。　〔正しい➡13-10〕

13-10 父子関係の発生

　父が，婚姻関係にない者との間に生まれた子を自分の子と認めるときは，市（区）町村長に対して**認知届**を提出しなければならない（民法781条1項）。これが受理されると，法律上の父子関係が発生し，その効力は出生のときにさかのぼる（民法784条本文➡〔8-127-3〕）。相続や扶養について，親子としての権利義務関係が発生するのである。また，認知は遺言によって行なうこともできるが（民法781条2項➡〔8-127-2〕），この場合には，遺言の効力が発生すると同時に認知は効力をもつ。

　嫡出でない子は母の氏を名乗り（民法790条2項），父が認知をしたからといってそれだけでは子の氏が変わることはない。ただし，家庭裁判所の許可を得て，市（区）町村長に届出をすると，父の氏を名乗ることができる（民法791条1項➡〔11-66-5〕）。

　なお，任意に認知した父親は，真実の親子関係がある以上，その認知を取り消すことができない（民法785条➡〔8-127-4〕）。親子関係の事実を確認する点に，認知の重点が認められるからである。

　＊　認知が真実に反する場合であれば，その無効を主張することができる（民法786条）。

3　強制認知

Check!〔6-128-4〕

死後認知の訴え——3年以内　　　　　　　　　〔正しい➡**13-11**〕

Check!〔8-127-5〕

父が認知をしない場合には，子又は子の法定代理人は，その父に対して認知の訴えを提起することができる。　　　　　　　　〔正しい➡**13-11**〕

13-11 認知の訴え

　父が任意の認知をしない場合，「子，その直系卑属又はこれらの者の法定代理人」は，**認知の訴え**を提起することができる（民法787条本文➡〔8-127-5〕）。訴えの相手方は父である。そして，認知判決が確定すると，認知の効力が発生する。

訴えの提起は，父が生存していれば，出生後何年を経ていてもよい。しかし，父が死亡している場合は，その死亡後３年を経過すると訴えの提起はできなくなる（民法787条ただし書）。換言すると，死亡の日から３年は認知請求をすることができるのであり，これを**死後認知**という（➡〔6-128-4〕）。３年という請求期間は，あまりに長期間が経過すると事実関係が不明となるだけでなく，濫訴による弊害が生じるおそれもあることから設けられたものとされる。訴えの相手方は検察官である。

* ただし，他の家事事件と同様に**調停前置主義**（➡11-31）が採用されている結果，認知の訴えを提起する場合にも，まず家庭裁判所に調停を申し立てなければならない。

4 認知請求権の放棄

> **Check!**〔12-66-A〕
>
> 認知請求権の放棄は，相応の金銭的授与のある場合には，有効である。
> 〔下線部が誤り➡13-12〕

13-12 親族法固有の権利

金銭などと引き替えに，認知の訴えを提起する権利を放棄することはできるだろうか。**認知請求権の放棄**といわれる問題であるが，判例は，その放棄を無効としている（最判昭和37・4・10民集16巻4号693頁➡〔12-66-A〕）。親族法固有の権利であるから放棄できないというのであるが，一方，十分な金銭的対価を得て子の利益になるのであれば必ずしも無効とすべきではないという見解も有力である。

5 準 正

13-13 嫡出子の身分の取得

嫡出でない子が嫡出子の身分を取得する方法として**準正**という制度がある。民法の定める準正には，子の認知後に父母が婚姻する婚姻準正と（民法789条1項），婚姻成立後に子を認知する認知準正（民法789条2項）とがある。認知と婚姻の先後関係による区別であるが，いずれにせよ父の認知と

父母の婚姻があれば，嫡出でない子が嫡出子とされるのである。

4　普通養子

1　意　義

①二つの養子制度

13-14　法律上の親子関係
　　自然的な血縁関係がない者の間に法律上の親子関係を設定する制度が**養子制度**である。我が国では，従来からの普通養子制度に加えて，1987（昭和62）年に特別養子制度が新設され，二つの養子制度をもつことになった。

②養子制度と里親

> *Check!*〔19-66-2〕
> 都道府県知事の里親委託の措置によって，里親と里子との間には民法上の親子関係が発生する。　　　　　　　　　　　　　　　〔下線部が誤り➡**13-15**〕

13-15　要保護児童に対する措置
　　子どもの福祉を考えるとき，養子制度と切り離せないものとして**里親**という制度がある。もっとも，両者は別個の法制度であり，養子制度が民法に根拠をもつのに対して，里親制度は児童福祉法に規定されている。
　　たしかに，里親のなかには，将来の養子縁組を目的とする者もみられる。また，里親・里子の関係が，親子に類した生活関係をもつことも少なくない。しかし，里親制度は，養子制度と異なり，法的な親子関係を形成するわけではない（➡〔19-66-2〕）。里親は都道府県の委託に基づいて児童を養育するのであり（児童福祉法27条1項3号），この委託は要保護児童に対する行政上の措置にほかならない。
*　要保護児童（「保護者のない児童又は保護者に監護させることが不適当であると認める児童」——児童福祉法6条の3第8項）の委託先としては，ほかに**ファミリーホーム**が2009（平成21）年から「小規模住居型児童養育事業」（児童福祉法6条の3第8項）として制度化されている。これは，養育者の住居に5，6人の児童を受け

入れるものであり、社会福祉法では第 2 種社会福祉事業に位置づけられている（社会福祉法 2 条 3 項 2 号）。

13-16　里親の種類

　里親には、養育里親・専門里親・養子縁組里親・親族里親の 4 種類がある（「里親制度運営要綱」〔平成14年 9 月 5 日雇児発第0905002号厚生労働省雇用均等・児童家庭局長通知〕第 3 ）。❶**養育里親**は、保護者のない児童または保護者に監護させることが不適当であると認められる児童を養育する通常の里親であるが、ほかに、❷虐待を受けた児童や非行等の問題をもつ児童を対象とする**専門里親**、❸養子縁組を前提として里親となる**養子縁組里親**、❹両親が死亡した等の事情がある場合に 3 親等以内の親族がなる**親族里親**も制度化されており、それぞれの役割に応じた取り組みが期待されている。

13-17　里親の権限

　児童福祉法上、里親は児童の養育にかかわる公的機関の一つであり、児童福祉施設の長と同じく、監護・教育・懲戒に関する権限を付与されている（児童福祉法47条 3 項）。もっとも、親権は依然として実親に帰属することから、この親権者の親権行使と里親の権限との優劣や調整が問題とされざるをえない。

　　＊　この点、児童福祉法上は一定の調整が図られている。第 1 に、里親が「監護、教育及び懲戒に関し……必要な措置」をとるとき、親権者はそれを不当に妨げてはならない（児童福祉法47条 4 項）。不当な親権行使は許されないのであり、そうした行為があった場合、里親は、親権者の意向にかかわらず、児童の利益を保護するために必要な監護措置をとることができる。第 2 に、児童の生命または身体の安全を確保するために緊急の必要があると認められる場合、里親は、親権者の意に反しても、当該児童の福祉のため必要な措置をとることができる（児童福祉法47条 5 項）とされるのである。

２　普通養子縁組の成立要件

13-18　養子縁組

　養親子関係は、**養子縁組**という契約によって創設される法律上の親子関係であり、婚姻と同様（➡**12-15**）、**届出**がその形式的な成立要件とされて

いる（民法799条・739条１項）。一方，実質的な要件としては，以下の点を満たさなければならない。

①縁組意思

> **Check!**〔10-123-2〕
>
> 自分が養子となる養子縁組を自分で締結できる年齢は，20歳以上である。
> 〔下線部が誤り➡**13-20**〕

13-19　縁組み意思の合致
　当事者に親子関係を成立させる意思がなければならない（民法802条１号）。婚姻届を提出する際に，当事者間に婚姻意思の合致が必要であることと同様である（➡**12-18**）。

13-20　養子となる者の最低年齢
　この意思の問題は，養子となる者の最低年齢にもかかわる。民法は，養子となる者が15歳未満のときは，法定代理人（親権者，後見人）がその子に代わって縁組を承諾すると規定する（**代諾縁組**——民法797条１項）。15歳未満の者を法定意思無能力者とし，たとえ本人に意思能力があっても自分で縁組をすることはできないとされるのであるが，逆にいえば，15歳に達すると，未成年者であってもみずからの意思で養子になることができるのである*（➡〔10-123-2〕）。
　なお，成年被後見人も，意思能力がある限り，成年後見人の同意なしに単独で養子縁組を行なうことができる（民法799条による738条の準用）。縁組は身分上の法律行為であることから本人の意思が何よりも尊重され，財産上の行為能力までは要求されないのである（➡**12-3**）。

　　＊　みずから単独で縁組をすることはできるが，ただし，未成年者である以上，家庭裁判所の許可が必要である（民法798条本文➡**13-26**）。

②養親適格

13-21　養親となる者の最低年齢
　養親となる者は，成年に達していなければならない（民法792条）。財産

法上，成年に達したとされる年齢（民法4条）が基準とされているのである。なお，婚姻によって成年とみなされる者（民法753条➤12-25）も養親になることができるとされている。

③尊属養子・年長養子の禁止

Check!〔6-127-1〕

弟を養子とすることができる。　　　　　　　　　　　〔正しい➤13-25〕

Check!〔6-127-2〕

連れ子を養子とするには，家庭裁判所の許可が必要である。
　　　　　　　　　　　　　　　　　　　　　　　〔下線部が誤り➤13-25〕

Check!〔6-127-4〕

孫を養子とすることはできない。　　　　　　　　〔下線部が誤り➤13-25〕

13-22　目上養子の禁止

自己の尊属または年長者を養子にすることはできない（民法793条）。「目上養子」の禁止ともいわれる。自然的血縁がないとはいえ，養子縁組によって親子関係となるにもかかわらず，尊属や年長者を「子」とすることは親子の実態とかけ離れることになるからである。

13-23　同年養子

年長でなければ，1日違いでもよいし，同年の者でも養子とすることができる（同年養子）。

13-24　尊属養子の禁止

養子になろうとする者が，尊属であってはならない。ただし，直系尊属は，常に年長者であるから，民法793条でいう「尊属」は傍系尊属を指すことになろう。例えば，叔父・叔母は，自分より年少であっても養子とすることができないのである。

＊　直系・傍系，尊属・卑属といった用語については，➤12-9，12-11参照。

13-25 成年養子・老年養子，兄弟または姉妹養子，直系卑属養子

このほかに養子適格について制限はない。たんに尊属または年長でなければよいのである。したがって，成年者や高齢者を養子とすることも（成年養子，老年養子），兄姉が弟妹を養子とすることも（兄弟または姉妹養子）も許される（➡〔6-127-1〕）。また，孫などの直系卑属を養子とすることも認められている（➡〔6-127-4〕）。この場合，養子となる者が未成年であっても，例外的に家庭裁判所の許可を要しない（民法798条ただし書）。さらに，夫婦の一方と配偶者の子（連れ子）は，もともと親子関係になく姻族1親等の関係にとどまるが（➡12-5＊），当事者が親子関係を望めば養子縁組をすることができる。連れ子が未成年者であってもやはり家庭裁判所の許可を必要としない（民法798条ただし書➡〔6-127-2〕）。ただし，これはあくまでも例外であり，未成年者を養子とする場合には，以下にみるように原則として家庭裁判所の許可が要件となる。

④未成年者の養子

13-26 家庭裁判所の許可

未成年者を養子とするには家庭裁判所の許可を得なければならないのが原則である（民法798条本文）。明治民法時代，養子制度が人身売買の手段として用いられた（例：労働力養子，芸妓養子）経験から，特に未成年者に関する養子縁組について国の監督介入を図ったのである＊。ただし，上述のように自己または配偶者の直系卑属を養子とする場合には，家庭裁判所の許可が不要とされる（民法798条ただし書）。このような場合，養子の福祉を害するおそれはないというのであるが，多くの学説はこれを疑問としている。

＊ なお，養子となる者が15歳未満であるため法定代理人の代諾で縁組をする場合（代諾縁組➡13-20）も，家庭裁判所の許可が必要である。

⑤後見人と被後見人の間の縁組の制限

Check! 〔6-127-5〕

後見人は，被後見人を家庭裁判所の許可なしで養子とすることができる。

〔下線部が誤り➡13-27〕

> **Check!**〔28-81-4〕
>
> 成年後見人が成年被後見人を養子にする場合，家庭裁判所の許可は<u>不要である</u>。
>
> 〔下線部が誤り ➡**13-27**〕

13-27　家庭裁判所の許可

　　後見人（未成年後見人および成年後見人）が被後見人を養子とするには，家庭裁判所の許可を得なければならない（民法794条 ➡〔6-127-5〕，〔28-81-4〕）。後見人は，被後見人の財産を管理し，また，被後見人を代理してその財産に関する法律行為を行なう（民法859条1項➡**3-9**，**14-35**。こうした権限をもつ後見人が，被後見人を養子とすることで後見の不正を隠したりすることのないように，家庭裁判所の許可を必要としたのである。

⑥夫婦共同縁組，配偶者の縁組同意

13-28　夫婦共同縁組

　　配偶者のある者が未成年者を養子とするには，配偶者とともに養子縁組をしなければならない（民法795条）。夫婦そろって養親とならなければならないのであり，これを**夫婦共同縁組**という。未成年者の養育・監護のためには，父母がともに養親となり共同親権（➡**12-48**）を行使することが望ましいと考えられたのである。

　　もっとも，夫婦の一方が配偶者の子（連れ子）を養子とする場合にまで，夫婦共同縁組によらなければならないとすると，この配偶者は実の子と養子縁組をすることになってしまう。そこで民法は，「ただし，配偶者の嫡出である子を養子とする場合……は，この限りでない」と定め，夫婦の一方のみで養子縁組ができるとしている（民法795条ただし書）。

13-29　配偶者の縁組同意

　　現行法は，未成年養子（➡**13-26**）や特別養子（➡**13-34**）の場合を除き，配偶者のある者が単独で養子縁組を行なうことを認めている。ただし，この単独縁組を行なう際には，養親となるときでも，養子となるときでも，原則として他方配偶者の同意を得なければならない（民法796条）。一方の

単独縁組は，他方配偶者にも姻族関係を発生させるだけでなく，この他方配偶者の相続，扶養，氏などにも影響を及ぼすからである。

3　普通養子縁組の効果

Check!〔11-64-4〕

養子は養親の氏を称するが，配偶者のある者が養子となり，しかもその者が婚姻の際に氏を改めた者である場合には，婚姻中は夫婦の氏を称する。

〔正しい➡13-32〕

Check!〔19-66-4〕

普通養子の相続権は，養親子間のみに存する。　　〔下線部が誤り➡13-31〕

13-30　嫡出子という身分

養子は縁組の日から養親の嫡出子という身分を取得するが（民法809条），実父母との親子関係が断絶するわけではない。そのため，養子は4人の親をもつことになる。

また，養子縁組が成立すると，養親との間に親子関係が発生するだけでなく，養親の親族との間の親族関係も発生する（民法727条）。養親の血族との間には血族関係が生まれ，養親の姻族との間には姻族関係が生まれる（例：養親の子の配偶者とは姻族2親等）のである。

なお，養親と養子の実父母との間には何ら親族関係が発生せず，法律上は他人である。養子縁組は，養子だけを養親の親族団体に取り込む構造なのである。養子の連れ子すなわち養子縁組前に生まれた養子の子も，養親やその血族となんら血族関係をもつことはない（➡15-16）。

13-31　親権，相続・扶養

嫡出子という身分を取得する結果，養子は未成年であれば養親の親権に服する（民法818条2項）。また，相続および扶養について養親との間に権利義務関係が発生する。もっとも，縁組によって実親子関係が消滅することはない以上，実父母との間にも相続や扶養の関係が維持される（➡

〔19-66-4〕)。

13-32　養子の氏

　養子は養親の氏を名乗る（民法810条本文）。**養親子同氏の原則**といわれるものであるが，ただし，夫婦の一方のみが養子となることも認められているため（民法796条➡**13-29**），この原則と夫婦同氏の原則（➡**12-21**）とが衝突する場面も生じる。例えば，A女が婚姻し夫Xの氏を夫婦の氏にしたとしよう。このA女がYの養子となったとき，名乗るのはXの氏かそれともYの氏か。民法はこうした場合を想定し，夫婦の氏に関する合意を優先することにした。「ただし，婚姻によって氏を改めた者〔＝A女〕については，婚姻の際に定めた氏〔＝Xの氏〕を称すべき間は，この限りでない」と規定し（民法810条ただし書），A女は養親Yの氏ではなく，Xの氏を名乗り続けていくことを示したのである（➡〔11-64-4〕）。

4　普通養子縁組の解消

13-33　離縁

　普通養子縁組による養親子関係は，離縁によって終了させることができる。その手続き・効力等は離婚に準じて考えることができよう。離縁の方法としては，離婚の場合（➡**12-35**以下）と同様，協議離縁（民法811条）・調停離縁（家事事件手続法244条）・審判離縁（家事事件手続法277条）・裁判離縁（民法814条）の四つがある。

　離縁すると，養子は縁組前の氏に戻る（民法816条1項本文）。また，縁組によって生じていた法定血族関係も，すべて消滅する（民法729条）。

5　特別養子

1　意義および特色

13-34　意義

　以上の普通養子制度とは異なり，1987（昭和62）年に新設された制度と

して**特別養子**制度がある。民法817条の次に，817条の2から817条の11として，計10か条が追加されている。

　もともと我が国の普通養子制度は，様々な目的で利用されてきた。例えば成年者を養子とすることも認められているが（成年養子➡13-25），そこには，真の親子関係を形成するというよりも，むしろ跡継ぎや老後の扶養を求めるといった側面もみられないわけではない。

　これに対して，特別養子制度は，保護を必要とする子どもを家庭のなかに取り込み，実子と同様に育てることを目的としている。真の親子関係の形成を目指したものであり，具体的には普通養子制度と比べて次のような特色をもっている。

13-35　特色

　まず，特別養子縁組では縁組の日から，実の父母との法律上の親子関係が消滅する（民法817条の9本文）。養親が唯一の親とされるのであり，そのため戸籍にも養子の記載はなされない。また，真の親子関係の形成を目指すことから，原則として離縁は認められない（民法817条の10）。さらに，普通養子縁組が契約によって成立するのとは異なり，特別養子縁組は家庭裁判所の**審判**（➡11-22）によって成立するものとされる（民法817条の2）。離縁を厳しく制限する反面，国家の責任において養子となる子の福祉を慎重に審査するのである。

2　特別養子縁組の成立要件

Check!〔6-127-3〕

中学生も特別養子とすることができる。　　　　〔下線部が誤り➡13-36〕

①特別養子の年齢

13-36　目安としての就学年齢

　特別養子となる者は，原則として6歳未満の子どもである（民法817条の5本文➡〔6-127-3〕）。ただし，6歳に達する前から養親となる者に引き続

き監護されていた場合（例：里子として養育されていた子——児童福祉法27条1項3号参照）には，その子が8歳未満であれば特別養子とすることができる（民法817条の5ただし書）。実質的な親子関係を形成するためには子の年齢が低いほど好ましいという観点から，就学年齢が一応の目安とされたのである。

②夫婦共同縁組

13-37　養親——配偶者のある者

養親となる者は，配偶者のある者でなければならない（民法817条の3第1項）。乳幼児は夫婦がそろって養育することが望ましいとの配慮から，**夫婦共同縁組**（➡13-28）が原則とされたのである。ただし，子がすでに夫婦の一方の嫡出子である場合（いわゆる連れ子縁組の場合）には，個別縁組でもよい（民法817条の3第2項ただし書）。他方との間で養子縁組が成立すれば，その子は夫婦双方の嫡出子となるからである。

③養親の年齢

13-38　養親——25歳以上

養親となる者の年齢は25歳以上でなければならない（民法817条の4本文）。養親となる者について，十分な監護養育能力が備わり，また社会人としても精神的・経済的に安定する年齢に達していることを求めたのである。ただし，夫婦共同縁組の場合には，夫婦共同で監護養育を行なうことから，一方が25歳以上であれば，他方は20歳に達していれば足りるとされる（民法817条の4ただし書）。

④養子となる者の父母の同意

13-39　親子関係の消滅

特別養子縁組は，養子となる者と実父母との親子関係を消滅させることから，実父母の同意が要件とされている（民法817条の6本文）。

⑤特別養子縁組の必要性

13-40　子の利益

　この縁組は，養子となる者の実父母による「監護が著しく困難又は不適当であることその他特別の事情がある場合において，子の利益のため特に必要がある」ときに認められる（民法817条の7）。特別養子制度の目的もまたここに示されている。

⑥試験養育

13-41　適格性・適合性の判断

　特別養子縁組は家庭裁判所が審判によって成立させるが（➡13-35），その際には，「養親となる者が養子となる者を6箇月以上の期間監護した状況を考慮しなければならない」（民法817条の8）。試験的な養育期間を設けて，養親となる者の適格性や，養子となる者との適合性を判断するのである。

3　特別養子縁組の効果

①縁組の一般的効果

13-42　普通養子に関する規定の適用

　特別養子についても，その制度の趣旨と矛盾しない限り，普通養子に関する規定が適用される。特別養子も，縁組の日から養親の嫡出子となり（民法809条），養親との親子関係が発生するだけでなく，養親の親族との間には親族関係が生じる（民法727条）。養親の氏を名乗り（民法810条），養親の親権に服することも（民法818条2項），普通養子と同様である。

②特別養子に特有の効果

Check!〔19-66-5〕

　特別養子の相続権は，実親子間のみに存する。　〔下線部が誤り ➡13-42〕

13-43 実父母との親子関係の消滅

特別養子縁組にのみ発生する最も重要な効果は，養子と実方の父母および血族との親族関係が終了することである（民法817条の9本文）。実父母との親子関係は消滅し，親権・扶養・相続等の法律効果もすべて消滅する（➡〔19-66-5〕）。特別養親子関係だけが，法律上，唯一の親子関係となるのである。

養親だけが法律上の父母であることから，戸籍の記載についても配慮が示されている。養親の戸籍には，父母欄に養父母の氏名のみが記載され，実父母の氏名は記載されない。また，続柄欄には，実の嫡出子と同様，「長男」・「長女」などと記されるのである。

＊1 養子の実父母およびその親族を実方という。一方，養子からみて，その養親およびその親族は養方といわれる。

＊2 ただし，自然的な血縁関係までもが消滅するわけではない。したがって，近親婚の禁止（➡ 12-19）はなお存続する（民法734条2項）。

4 特別養子縁組の解消

13-44 原則——離縁の否定

特別養子縁組については，原則として離縁が認められない（民法817条の10第2項）。この縁組制度は，特別養親子間に，実の親子と同様の関係が形成されることを目指したものだからである。

13-45 例外——家庭裁判所の審判

ただし例外的に，次の二つの要件をいずれも満たす場合，家庭裁判所は，特別養子の利益のために特に必要があると認めれば，離縁の審判をすることができる。❶養親による虐待，悪意の遺棄その他養子の利益を著しく害する事由があること，❷実父母が相当の監護をすることができること，という要件がこれである（民法817条の10第1項）。

13-46 離縁の請求

この離縁の審判は，特別養子，実父母または検察官の請求により行なわれる（民法817条の10第1項）。養親に離縁を請求する権利はない。

13-47　離縁の効果

離縁によって，特別養子と養親およびその血族との親族関係は終了する（民法729条）。その一方で，「養子と実父母及びその血族との間においては，離縁の日から，特別養子縁組によって終了した親族関係と同一の親族関係を生ずる」（民法817条の11）。実親子関係が復活するのである。また，氏も縁組前のものに戻る（民法816条1項）。

6　扶　養

1　公的扶助と私的扶養

13-48　私的扶養優先の原則

自力で生活していくことのできない人を「扶け養う」ことを扶養というが，その責任は国や社会が引き受けるのか（**公的扶助**），それとも個人が負担するのか（**私的扶養**）。生活保護法は，「民法に定める扶養義務者の扶養及び他の法律に定める扶助は，すべてこの法律による保護に優先して行われるものとする」（4条2項）と規定し，**私的扶養優先の原則**を明らかにしている。私的扶養が不十分あるいは不可能な場合に初めて，社会保障としての公的扶助が行なわれるのである。

2　私的扶養の2類型

13-49　生活保持義務と生活扶助義務

私的扶養は民法上の制度であり，一定の親族関係がある場合に，その権利義務が発生する。この扶養には二つの類型があると一般に理解されている。

夫婦間の扶養（民法752条）や未成熟子に対する父母の扶養については，自己と同じ程度の生活を相手方に保障しなければならないとされる。いわば「一粒の米までも分けて食べる」関係であり，相手方の生活を自己の生活として保持することから**生活保持義務**と呼ばれている。*

これに対して，それ以外の親族間の扶養については，自己の生活を犠牲にすることなく，なお余力がある場合に行なえば足りるとされる。外部か

ら扶けることを内容とする義務であり，これは**生活扶助義務**といわれる。例えば，子の老親に対する扶養もこれに属する。老親と子の関係は，共同生活を本質とする関係（夫婦間，親と未成熟子）とは性格を異にするとされるのである。

　扶養義務の内容をこのように二分する考え方は，妻子よりも父母（直系尊属）の扶養を優先させる明治民法のもとで，夫婦および子の扶養を実質的に確保することを意図したものであった。これに対し近年は，二つの義務の差は程度問題にすぎず，また特に老親扶養をめぐっては，両義務の区別を徹底すると老親の軽視が助長されかねないといった批判もみられる。しかし，現行民法の扶養に関する規定は，その順位・方法・程度をいずれも当事者の協議に委ね（➡**13-57**〜**13-59**），何ら具体的な基準を示してはいない。そのため，先の区別は現実の紛争解決にあたって基本的な枠組みを与えるものとして，今なお実務において有用な基準とされている。

　＊　中川善之助『民法大要　下巻　親族法・相続法（全訂版第14刷）』勁草書房，1959年，163頁。

３　扶養の当事者

Check!〔13-67-1〕
夫婦が別居すると，互いに扶養する義務はなくなる。　〔下線部が誤り➡**13-51**〕

Check!〔13-67-2〕
父母が離婚した場合，親権者とならなかった親は，子に対する扶養義務を負わない。
〔下線部が誤り➡**13-52**〕

Check!〔13-67-3〕
長男の妻は，夫の両親を当然に扶養する義務を負う。　〔下線部が誤り➡**13-54**〕

Check!〔13-67-4〕
長男が両親を引き取って扶養している場合には，同居していない他の兄弟には扶養義務はない。　〔下線部が誤り➡**13-53**〕

第13章 親子，扶養　193

> **Check!**〔13-67-5〕
> 兄弟姉妹は，婚姻してそれぞれの家庭を築いた後でも，互いに扶養する義務を負う。
> 〔正しい ➡13-53〕

> **Check!**〔17-67-B〕
> 民法上扶養義務を当然に負うのは，配偶者，直系血族，兄弟姉妹及び3親等内の親族であるが，特別な事情のある場合には，家庭裁判所の審判によって<u>4親等内の親族</u>も扶養義務を負うことがある。
> 〔下線部が誤り ➡13-50〕

> **Check!**〔25-81-1〕
> <u>直系血族及び同居の親族</u>は，互いに扶養する義務がある。
> 〔下線部が誤り ➡13-54〕

> **Check!**〔25-81-4〕
> 家庭裁判所は，特別の事情がある場合であっても，四親等の親族に扶養の義務を負わせることはできない。
> 〔正しい ➡13-50〕

13-50　扶養義務者の範囲

民法上，扶養義務を負うのは，配偶者，子，兄弟姉妹などであるが，このうち配偶者を除く扶養義務者については，民法877条がその範囲を二つに分けて定めている。一定の身分関係があることで法律上当然に扶養義務を負う者と，特別の事情があるとき家庭裁判所の審判（➡11-22）で扶養義務を課される者との区別がこれである。前者に属するのは直系血族と兄弟姉妹であり（民法877条1項），それを除く3親等内の親族が後者に属する（民法877条2項➡〔17-67-B〕，〔25-81-4〕）。

13-51　配偶者

夫婦は，婚姻の一般的効果として，同居し，互いに協力・扶助する義務を負う（民法752条➡12-23）。この扶助義務は，夫婦間の同居・協力義務と一体化したものであるから，同居・協力義務に違反しつつ扶助義務の履行を請求することは，権利の濫用ともいいうる。ただし，入院・単身赴任など正当な事由に基づいて夫婦が同居していない場合は，別居のままで扶助

の請求をすることができる（➡〔13-67-1〕）。

13-52 未成熟の子に対する親の扶養義務

　親は，未成熟の子に対して扶養義務を負う＊。離婚などによって父母のいずれか一方が親権者に指定されたとしても（民法819条1項，2項➡12-48），親権者でない親が扶養義務を免れることはない（➡〔13-67-2〕）。

　　＊　親が未成熟の子に対して扶養義務を負うこと自体には異論がないが，この扶養の根拠については争いがある。民法877条1項の直系血族間の扶養義務（➡13-53）に根拠を求める見解もあるが，多数説は，血縁を基礎とする親子関係そのものから生活保持義務（➡13-49）が発生すると理解している。

13-53 直系血族，兄弟姉妹

　親子，祖父母と孫といった直系血族は，互いに扶養の義務を負う（民法877条1項）。戸籍の異同，同居の有無などを問わない。例えば，子どもである以上はすべて同等に親を扶養する義務を引き受けなければならない（➡〔13-67-4〕）。複数の扶養義務者がいる場合，その内の一人が要扶養者を引き取り（引取扶養➡13-59），他の義務者がその生活費の一部を分担するということも，実際上しばしば見受けられる。また，兄弟姉妹間の扶養義務（民法877条1項）も，戸籍の異同，同居の有無などとは無関係である（➡〔13-67-5〕）。

13-54 3親等内の親族

　家庭裁判所は，特別の事情があるときは，直系血族および兄弟姉妹以外の3親等内の親族（➡〔25-81-1〕）にも扶養義務を負わせることができる（民法877条2項）。姪が叔母のもとで育てられた場合などに，こうした特別の事情が認められることもあろう。

　嫁と舅・姑の関係（姻族1親等）についても同様である。原則として扶養義務は生じないが，特別な事情がある場合にのみ，家庭裁判所が義務を負わせることができる（➡〔13-67-3〕）。例えば，妻が夫の老親（1親等の直系姻族）と同居し世話をしているとしよう。この場合，老親の扶養義務は夫にあり（民法877条1項），妻は夫の義務履行を手助けする者（履行補助者）として貢献していることになる。しかし，夫の死亡後は，家庭裁判

所の審判によって扶養義務者とされていない限り（民法877条2項），妻は舅・姑の扶養を事実上継続しているにすぎないのである。

4 扶養請求権と具体的な扶養の義務

> **Check!**〔12-66-D〕
> 扶養権利者は，将来的に扶養を受ける権利を放棄することができる。
> 〔下線部が誤り ➡ 13-56〕

> **Check!**〔25-81-5〕
> 扶養を受ける権利は，特別の事情がある場合には，処分をすることができる。
> 〔下線部が誤り ➡ 13-56〕

13-55　扶養の必要状態と可能状態

　以上のような親族関係があるからといって，扶養義務が直ちに発生するわけではない。相手方に扶養を必要とする状態（扶養の必要状態）があり，扶養を引き受ける側にそれを可能とする状態（扶養の可能状態）がなければならない。例えば，老親が健康で経済的にゆとりがあれば子に扶養義務は生じないし，老親が扶養を必要としていても子に扶養を行なう経済的な余力がなければ，やはり扶養義務は生じないのである。

13-56　扶養請求権

　扶養の必要状態と可能状態という要件がそろい，扶養を必要とする者（要扶養者）が扶養義務者に対して扶養を請求することで，具体的な扶養義務が発生する。**扶養請求権を通じて扶養は実現されるのである。**

　この扶養請求権は，一定の親族関係に基づく**一身専属権**（その人にだけ帰属する権利・義務）であり，しかも要扶養者の生存の維持を目的としたものであるから，その処分が禁止されている（民法881条 ➡〔25-81-5〕）。譲渡や相続の対象にならず，また将来に向かって放棄することも許されない（➡〔12-66-D〕）。そして，当事者のいずれかが死亡することで消滅する（民法896条ただし書）。

5 扶養の順位・程度・方法

Check! 〔17-67-D〕

扶養義務者が複数いる場合,扶養の順位や扶養の程度又は方法については,当事者の協議に委ねられるが,協議がととのわない場合は,家庭裁判所の審判により決定されることになる。 〔正しい ➡13-59〕

Check! 〔25-81-2〕

扶養の程度又は方法については,当事者が協議で定めるものであり,家庭裁判所が定めることはできない。 〔下線部が誤り ➡13-59〕

Check! 〔25-81-3〕

扶養をする義務のある者が数人ある場合において,扶養をすべき者の順位については,家庭裁判所が定めるものであり,当事者が協議で定めることはできない。 〔下線部が誤り ➡13-57〕

Check! 〔30-80〕

事例を読んで,次の親族関係における民法上の扶養に関する記述として,最も適切なものを1つ選びなさい。
〔事例〕
　L（80歳）には長男（55歳）と次男（50歳）がいるが,配偶者と死別し,現在は独居である。長男は妻と子（25歳）の三人で自己所有の一戸建住居で暮らし,次男は妻と重症心身障害のある子（15歳）の三人でアパートで暮らしている。最近,Lは認知症が進行し,介護の必要性も増し,介護サービス利用料などの負担が増えて経済的にも困窮してきた。
1　長男と次男がLの扶養の順序について協議できない場合には,家庭裁判所がこれを定める。 〔正しい（最も適切である）➡13-57〕
2　長男及び次男には,扶養義務の一環として,Lの成年後見制度利用のための審判請求を行う義務がある。 〔下線部が誤り〕
　　＊　親族扶養の本質は経済的な支援にある（➡13-60）。なお,成年後見制度を利用するためには,一定の者が法定後見開始の審判を請求（申立て）しなければならないが（➡6-1）,この請求も義務とされているわけではない。
3　長男の自宅に空き部屋がある場合には,長男はLを引き取って扶養する義務がある。 〔下線部が誤り ➡13-60〕
4　次男が生活に困窮した場合,Lは,長男に対する扶養請求権を次男に譲渡する

ことができる。　　　　　　　　　　　　　　〔下線部が誤り ➡ 13-56〕
　5　長男の子と次男の子以外の者が全て死亡したときには，長男の子は次男の子を
　　扶養する義務を負う。　　　　　　　　　　　　〔下線部が誤り ➡ 13-50〕
　　＊　長男の子と次男の子とは4親等の傍系血族（いとこ）の関係にあり，互いが扶養
　　　義務を負うことはない。

> **明治民法961条**
>
> 扶養義務者は其選択に従い扶養権利者を引取りて之を養い又は之を引取らずして生活の資料を給付することを要す。但正当の事由あるときは裁判所は扶養権利者の請求に因り扶養の方法を定むることを得。

13-57　扶養の順位

　　複数の扶養義務者がいる場合，まず誰が扶養すべきか。一方，複数の要扶養者がいて扶養義務者の資力が全員を扶養するに足りない場合，まず誰を扶養すべきか。扶養の順位の問題であるが，民法は，これを当事者の協議にまかせ，その協議が調わないときまたは協議することができないときは，第二次的に家庭裁判所の調停・審判（家事事件手続法別表第二の9項 ➡ 11-36）によることにした（民法878条 ➡ 〔25-81-3〕,〔30-80-1〕）。

13-58　扶養の程度

　　要扶養者が請求できる扶養の程度についても，第一次的には当事者の協議に委ねられ，それがまとまらないときは家庭裁判所が定めることになっている（民法879条）。

13-59　扶養の方法

　　扶養の方法には，大別して給付扶養と引取扶養（同居扶養）がある（明治民法〔1898年〕961条本文参照）。**給付扶養**は金銭の仕送りといった経済的給付を内容とし，日常生活の面倒までみるものではない。これに対して，**引取扶養**は，要扶養者と同居し，その日常的な世話を行なうものである。扶養義務者の金銭的な負担が少ない点にメリットがある。この扶養の方法についても，その順位や程度と同様，当事者の協議が調わなかった場合は，家庭裁判所が定めることになる（民法879条 ➡ 〔17-67-D〕,〔25-81-2〕）。

13-60　老親介護と扶養義務

この点で問題となるのが，老親介護である。介護を扶養義務に含め，さらに，その履行を法によって強制することはできるだろうか。老親に対する子の扶養義務（民法877条１項）は，一般の理解によれば生活扶助義務（➽**13-49**）であり，経済的給付が中心とされる。給付扶養が原則であり，引取扶養は，経済的な給付が困難な場合の代替手段にすぎない。それゆえ引取扶養は，当事者双方がこうした扶養形態を望む場合にのみ選択できるのであり（➽〔30-80-3〕），かりに法的な義務として認めたとしても，当事者の意思に反してまでこれを強制することはできない。まして介護を伴う場合は，引取扶養で想定される日常的な世話の範囲を超えたものとも考えうる。老親介護を法的に義務づけることは困難であり，また，法による強制にもなじまないものといえよう。

第14章　親権とその制限

1　親権の法的性格

14-1　未成年の子の保護育成

　未成年の子に対する親の権利義務を総称して**親権**という。親「権」という用語が用いられているものの，親が子に対して支配権をもっているわけではない。むしろ，未成年の子の保護・育成のための親の義務であり，親権が権利とされるのは，この義務を行なうにあたって，他人から不必要に干渉されないという意味にとどまる。親権の内容は，子の身の回りの世話に関する権利義務（**身上監護権**）と子の財産に関する権利義務に大別される。

2　身上監護権

14-2　包括的な権利と個別の権利

　民法は，身上監護権として，❶監護教育権，❷居所指定権，❸懲戒権，❹職業許可権の四つを規定している。❶が包括的な権利義務であり，❷〜❹は，親権者がこの権利義務を遂行するにあたって必要とされる個別の具体的な権利にほかならない。

1　監護教育権

14-3　心身の育成

　親権者は，子の監護および教育をする権利を有し義務を負う（民法820条）。「監護」（監督・保護）が身体の保護育成を意味する一方，「教育」は精神面の発達を意味しているが，いずれにせよ父母は，子を幼児から成年

にいたるまで，心身ともに健全な社会人となるよう育成しなければならないのである。

　この民法820条が監護教育権の根拠規定であるが，2011（平成23）年の民法一部改正では，ここに「子の利益のために」という文言が付け加えられた。子どもの利益を顧みない親権行使の許されないことが明示されたのであり，この点は，3でみる懲戒権との関係で実際的な意味をもつ。

2 居所指定権

14-4　監護教育の便宜

　子は，親権者が指定した場所に居住しなければならない（民法821条）。子が所在不明であったりすると，監護教育は事実上不可能だからである。

　居所指定は子に対する指示であるから，**意思能力**（➡2-3）をもつ子にとってのみ意味をもつ。もっとも，その子があえて親権者の指定に従わない場合，その自由意思に反してでも指定地に居住させる法的な手段があるわけではない。

3 懲戒権

> **Check!** 〔27-78-1改〕
> 親権者は，子どもの監護教育に必要な範囲内で，その子どもを懲戒することができる。　　　　　　　　　　　　　　　　　　　　　　〔正しい➡14-5〕

14-5　懲戒と「子の利益」

　親権者は，監護教育のために必要な範囲内で子を懲戒することができる（民法822条➡〔27-78-1改〕）。そして，この「懲戒」には体罰も含まれる。監護教育のためには，肉体的・精神的苦痛を与える制裁も必要とされたのであろう。しかし，現実には躾（しつけ）と称して子に対する行き過ぎた行為がなされてきた。上述の民法一部改正で，懲戒は子の利益のためにのみ（「第820条の……範囲内で」――民法822条）なされうると明示されたが，その意義は，児童虐待の防止にあたっても決して小さくはない。

　＊　学校教育法11条は，教員による懲戒を認めるが体罰は禁止している。体罰を加え

ることが認められているのは親権者のみである。

4 職業許可権

14-6 未成年者のアルバイト

子は，親権者の許可を得なければ職業を営むことができない（民法823条1項）。ここにいう「職業」は「営業」（民法6条）よりも広く，他人に雇われる場合も含まれる。それゆえ，未成年者がアルバイトをするときも，親権者の許可が必要である。また，親権者は，いったん許可を与えても，子がその営業または職業に耐えられないと判断したときは，これを取消しまたは制限することができる（民法823条2項）。

3　子の財産に関する権利義務

1 財産管理権

Check!〔20-65-4〕

親権者は，善良な管理者としての注意をもって，子の財産を管理しなければならない。〔下線部が誤り ➡ 14-9〕

14-7 管理の必要な財産

例えば，父親が死亡し，その財産を母親とともに未成年の子が相続したとしよう[*1]。このように，未成年の子であっても管理の必要な財産を所有することがある[*2]。

しかし，一般に未成年者は社会的経験が乏しく判断力も十分でないため，単独で財産を管理することには危険が伴う。そのため民法は，未成年者を**制限行為能力者**とし（民法5条➡2-9），これに保護者をつけて未成年者の財産を管理させることにした。保護者として財産管理を行なうのも親権者である[*3]。

　*1　親が死亡したとき，子は第1順位の相続人として少なくとも親の財産の2分の1を相続する（民法887条1項，900条➡15-4，15-28）。
　*2　なお，子どもの「お小遣い」などは，親権者による管理が必要な財産とはいえな

い。小遣いは，すでに親の包括的同意によって処分が許されているからである（民法5条3項➡2-10＊）。本文にいう財産管理は，親族からの贈与・相続などで，未成年の子が多額の財産をもつ場合を想定している。

＊3　もっとも，管理者が親でなければならない必然性はない。財産の管理に親子固有の関係が必須なわけではなく，また，能力の点からも親が最適とは限らないからである。なお，未成年者に対して親権を行なう者がいないとき，あるいは親権を行なう者が管理権をもたないときは，**未成年後見人**（➡14-32）が財産管理を行なう（民法838条1号）。

14-8　財産の「管理」

財産の「管理」には，保存（例：家屋の修理）・利用（例：家屋の賃貸）・改良（例：家屋の増築）だけでなく，必要な範囲での処分（例：家屋の売却）も含まれる。また，これらの行為は，事実行為としても法律行為としても行なわれる（➡3-10）。例えば，家屋の朽廃を防ぐため，親権者が，これをみずから修理することもあれば（**事実行為**），第三者に修理を依頼する（請負契約──**法律行為**）こともあろう。

14-9　注意義務

親権者は，財産を管理するにあたって，「自己のためにするのと同一の」注意義務を負うにとどまり（民法827条），この点で**未成年後見人**の場合（➡14-35）と異なる（➡〔20-65-4〕）。未成年後見人が善良な管理者としての注意義務を負うのに対して（民法869条による644条の準用），親権者は責任が緩和されているのである（➡**コラム4**：注意義務の程度）。他人行儀なことを求めなくても，「親だから，おかしなことはしないだろう」という趣旨だとされている。この注意義務を怠り子どもの利益を害するような場合，家庭裁判所は管理権喪失の審判をし，親権者の財産管理権を奪うことができる（民法835条➡14-28）。

２　法定代理権

Check!〔27-78-4改〕

親権者は，未成年者に代わって労働契約を締結することができる。

〔下線部が誤り➡14-11〕

14-10　法定代理人としての親権者

親権者は，その子が現に所有する財産についての法律行為（➡コラム２：法律行為と事実行為）だけでなく，相続の承認や放棄など（民法917条），およそ子の財産に影響を及ぼす一切の法律行為について，その子を「代表」する（民法824条本文後段）。ここには「代表」という文言が使用されているが，それは法律行為についてのものであるから「代理」にほかならない。子の財産上の法律行為を全面的に代理することから，代表という包括的な表現が用いられたのであろう（なお，**3-9＊**参照）。この代理権は，本人である子の意思にかかわりなく法律の規定によって発生するものであるから任意代理ではなく**法定代理**（➡**3-7**）であり，親権者は未成年の子の**法定代理人**となる。

14-11　未成年の子の行為を目的とする債務

親権者は子を代理して契約を締結することができるが，ただし，その契約の内容が「子の行為を目的とする債務」を発生させるものであるときは，子の同意を得なければならない（民法824条ただし書）。そのような契約としては労務提供契約が典型であるが，この点については，労働法上の制限がある。たしかに，民法の建前からすれば，親権者は，子の同意を得ることで子自身に代わって労働契約を締結することができる。しかし，労働基準法は未成年者保護のためにこれを修正し，親権者が子に代わって労働契約を締結すること自体を禁止した（労働基準法58条１項➡〔27-78-4改〕）。それゆえ，未成年者の雇用にあたっては未成年者自身が使用者との間で労働契約を締結するほかないが，ただし，未成年者がこうした法律行為をするにあたっては，法定代理人である親権者の同意を得ることが必要となる（民法５条１項，823条１項➡**14-6**）。

3　同意権

Check!〔27-78-2改〕

親権者は，未成年の子どもの携帯電話サービス契約を取り消すことはできない。

〔下線部が誤り➡**14-12**〕

14-12　財産管理権から派生した権利

　未成年者が幼い（例：乳幼児——児童福祉法4条1項参照）間は法定代理人である親権者が未成年の子に代わって取引をするほかないが，ある程度の年齢に達すれば（例：高校生），未成年者みずからが契約を結ぶことも不可能ではない。*　もっとも，未成年者は十分に分別があるとは限らず，また取引の経験も少ないため，一定の保護が図られている。未成年者が契約を結ぶには，あらかじめ法定代理人である親権者の同意を得なければならず，同意を得ないで行なった契約は，本人や法定代理人が取り消しうるものとされるのである（民法5条1項・2項➡〔27-78-2改〕）。この親権者の**同意権**も，法定代理権と同じく，民法824条の財産管理権から派生した権利として理解されている［於保＝中川編 2004：126〔中川淳〕］。

　＊　ただし，親権者が代理して契約を結ぶことも否定されるわけではない（➡1-1）。

4　利益相反行為

Check!〔20-65-3〕

親権者は，子と利益が相反する行為を行う場合には，家庭裁判所に許可を求めなければならない。　　　　　　　　　　　　　　　　　　　〔下線部が誤り➡14-13〕

Check!〔27-78-5改〕

親権者は，子どもと利益が相反する法律行為であっても，自ら子どもを代理して行うことができる。　　　　　　　　　　　　　　　　　　　〔下線部が誤り➡14-13〕

14-13　特別代理人の選任

　親権者は未成年の子の財産に関する法律行為について代理または同意する権限をもつが，しかし，こうした親権の行使が子どもの利益と相反することもある。例えば，子の所有する財産を親権者自身に譲渡するとしよう。このような契約についても親権者が子を代理するとなると，公正な親権の行使を期待することは難しい。この契約は，親権者の利益となる一方，子にとっては不利益をもたらすからである。

　そこで民法は，親権者と子の間で利益が相反する行為について，親権者

の代理権・同意権を制限した。未成年の子を保護するために，家庭裁判所は**特別代理人**を選任し（民法826条1項），この特別代理人が子を代理しまたは子に同意を与えることを定めるのである（➡〔20-65-3〕，〔27-78-5改〕）。また，親権者が数人の子に対して親権を行なう際にも，代理権・同意権の制限が問題となる。例えば，数人の子が共同相続人となったとしよう。仮に親権者が子の一人を代理して相続を放棄するとなると，その子と放棄によって相続分が増加する子との間に利害の対立が生まれる。そこで，このような場合には，親権者が双方の子を代理することはできず，一方の子のために特別代理人を選任しなければならない（民法826条2項）。数人の子のうち誰に特別代理人をつけるかについて民法に規定はないが，制度の趣旨からすると，不利益を受ける子のために選任することになろう〔我妻1961：346〕。

　利益相反行為について，特別代理人を選任せず，親権者がみずから子を代理した場合，その行為は**無権代理**であり，子が成年後にこれを**追認**しない限り，効力が本人に及ぶことはない（民法113条➡3-14）。また，利益が相反している場合，子自身のなした行為に親権者が同意を与えたとしても，その同意には効力がない。未成年の子の行為は親権者の有効な同意を欠く行為であり，取り消しうるものとされるのである。

4　親権に服する者

1　未成年の子

14-14　未成年者への限定

　親権に服するのは未成年の子に限られる（民法818条1項）。親権が支配権的な性質をもつとすると，親権に服する者を必ずしも未成年の子に限る必要はない。明治民法も，成年の子であっても独立の生計を立てないうちは親権に服すべきものとしていた（明治民法877条1項ただし書）。しかし，今日の民法では，親権が子の利益を守る親の義務と理解されていることから，親権に服する者も未成年者に限定されるのである。

2 未婚の未成年者

Check!〔14-67-C〕

婚姻により成年に達したものとみなされた未成年の子が離婚した場合，離婚前の状態に戻って，再び父母の親権に服することになる。　〔下線部が誤り ➡➡14-15〕

Check!〔27-78-3改〕

親権者は，未成年者が結婚すると，居所を指定することはできない。
〔正しい ➡➡14-15〕

14-15 成年擬制の要否

　未成年者であっても，婚姻をすると成年者として扱われる（民法753条——**成年擬制** ➡➡12-25）。もはや親権（例：居所指定権 ➡➡14-4）に服することはなく（➡➡〔27-78-3改〕），単独で有効に法律行為をすることができる。

　問題は，その者が20歳に達する前に，離婚等により婚姻を解消（➡➡12-31）した場合，再び親権に服するかにある。婚姻関係がない以上，成年擬制の必要もないとしてこれを肯定する見解も有力であるが，通説は再び親権に服することはないと解している。ひとたび獲得した行為能力（➡➡2-9）を失わせることは現実的でないばかりか，第三者との取引行為についても混乱を招きかねないからである（➡➡〔14-67-C〕）。

5　親権を行使する者

1 嫡出子の親権者

Check!〔20-65-1〕

養子は，養親・実親の双方の親権に服する。　〔下線部が誤り ➡➡14-16〕

Check!〔23-74-1〕

父母の婚姻中，嫡出子の親権は，父又は母のいずれか一方が行う。
〔下線部が誤り ➡➡14-16〕

①共同親権

14-16　共同親権の原則

　　婚姻中の父母は，未成年の子に対して共同して親権を行使するのが原則である※（**共同親権の原則**——民法813条3項本文➡〔23-74-1〕）。親というとき男女を区別する理由はなく，また，父母であれば子育てには共同してあたるべきだからである。それゆえ，子の監護教育や財産管理，子に代わって行なう法律行為（代理），子が行なう法律行為に対する同意など，親権の行使は，父母の一致した意思決定のもとで，あるいは他方の許諾のもとでなされなければならない。

　　※　なお，養子（➡**13-14**）の親権者は養父母であり（民法818条2項➡**13-31**），実親は親権を失う（➡〔20-65-1〕）。

14-17　親権行使の態様

　　意思の共同が必要とはいえ，現実の行為それ自体は父母の一方の名義でなされることも少なくない。父母が親権者として行なう代理または同意について，その態様を以下の四つに整理することができる。

　❶共同名義・共同の意思

　　代理行為あるいは同意を父母の合意に基づいて共同名義で行なう場合は，親権の有効な行使であり特に問題は生じない。

　❷共同名義・一方の意思

　　父母の一方が共同名義でしたが，他方の意思に基づいていない場合，法定代理人として行なった代理または同意は原則として無効である。ただし，相手方が**善意**（➡**2-19**）であった場合は，この者を保護するために共同行使の効果を認める（民法825条）。代理行為は有効とされ，また，同意に基づき子のなした法律行為は取り消し得ないとされるのである。例えば，父親が父母の共同名義で子の財産を勝手に処分したとしよう。そのような行為は，母親の意思に反している以上，効力をもたないとも考えうるが，しかし，そうなると相手方となった者の利益は不当に脅かされるおそれがある。そこで法は，相手方が母親の許諾もあったと信じていた場合には，父母共同の行為としての効力を生じるものとしている。

　❸単独名義・他方の許諾

一方の単独名義でなされてはいるが，他方もこれを許諾しているという場合は，これを実質的にみると親権の共同行使といいうる。それゆえ，法定代理人として行なわれた代理または同意は親権の有効な行使とみて差し支えない。

❹ 単独名義・一方の意思

父母の一方が単独名義で勝手に代理権を行使した場合，その行為は**無権代理**（➡3-14）となり，行為の効果が子に帰属することはない。もっとも，他方の親権者による追認は可能である（民法113条1項）。また，無断で代理行為をした親権者に権限があると信じるに足る正当な理由があれば，**表見代理**[*]の法理によって相手方は保護される。

子の行なう法律行為に対する同意についても，父母の一方が単独名義で勝手にこれを行なったときは無効である。子の行為は，法定代理人による適法な同意がないものとして，追認のない限り，取り消しうるものとなる。

＊　一定の代理権をもつ者が，その権限を越えて代理行為をする場合がある。例えば，Aが200万円を借り受ける代理権をBに与えたところ，BはCから300万円を借り，その内の100万円は自分で着服したとしよう。この場合，相手方CがBの行為を権限内の行為と信じたことについて「正当な理由」（善意・無過失）が認められれば，Cは保護され，Aには300万円を借り受けたという責任が生じる（民法110条）。このように，本人（A）と無権代理人（B）との間に特殊な関係があるため，代理権を推測させるような外観が認められる場合には，取引をした相手方（C）を保護するために，代理行為の効果を本人に帰属させることもやむを得ないとされる。**表見代理**と呼ばれる制度がこれであり，たとえ本人の追認がなくても，（無権）代理行為の効果は本人に帰属する。

14-18　異なる意思の調整

父母の意思が一致しないとき，親権の行使はできないのが原則である。この点，財産管理については一定の手当がみられるものの（民法825条）[*1]，そのほかの場合，どのように解決すべきかについて民法に直接の規定はない。しかし，例えば就学先や治療方針の決定など，父母の意見が一致しないため，子の利益が害される事態の想定される場面は少なくない。家庭裁判所の関与を認めるなど[*2]，何らかの方策が必要とされよう。

＊1　民法825条は，相手方が善意の場合，一方的な親権行使を認めたのと同じ結論を導くことになる（➡14-17）。

＊2　子の養育や財産管理については，父母（夫婦）で話し合って決定を下す。これは親権の行使であるが，一方では夫婦の協力義務の帰結ともいいうる。そこで，親権行使をめぐって父母間で意見が一致しない場合は，夫婦間の協力義務（民法752条 ➡12-23）に関する事件とみる考え方もある。これを家事審判事項（別表第二の1 ➡11-36）とし，家庭裁判所による調停・審判（➡11-22，11-23）による解決を図ろうというのである。

②単独親権

14-19　例外的な諸事情

　父母の一方が，後見開始の審判（➡1-14）を受けたり行方不明になって，法律上・事実上，「親権を行うことができないとき」は，他方が単独で親権者となる（民法818条3項ただし書）。また，父母の一方が，死亡したり失踪宣告（➡コラム11：不在と失踪）を受けたときも，民法に規定はないが，他の一方が親権者となる。さらに，父母が離婚した場合も，いずれか一方の**単独親権**となる（➡12-48）。

　　＊　親権は子の財産管理権を含む以上，みずからの財産を管理する能力のない者に，子の財産を管理する権限を認めることは適当でないのである［我妻 1961：321］。

2　嫡出でない子の親権者

Check!〔14-67-B〕
未成年の非嫡出子は，父の親権に服することはない。〔下線部が誤り ➡14-20〕

Check!〔20-65-2〕
父が認知した子に対する親権者は，原則として父になる。〔下線部が誤り ➡14-20〕

Check!〔23-74-4〕
嫡出でない子の親権は，子を認知した父と母の協議で父が親権者となれば，父が行う。〔正しい ➡14-20〕

> **Check!**〔23-74-5〕
> 嫡出でない子の親権は，子を認知した父と母とが共同して行う。
> 〔下線部が誤り ➡14-20〕

14-20 単独親権

　　嫡出でない子（➡13-2）については，分娩によって母が法律上の親になるため（➡13-6），親権者となるのは母である。父は，たとえ認知（➡13-5）したとしても，直ちに親権者となるわけではない。認知の後に，父母の協議または審判によって父が親権者と認められた場合に初めて，父の単独親権となる（民法819条4項，5項➡〔14-67-B〕，〔20-65-2〕，〔23-74-4〕）。いずれにせよ，父母が婚姻していない場合は父または母の**単独親権**であり，共同親権は認められていない（➡〔23-74-5〕）。

3 親権代行者

> **Check!**〔14-67-A〕
> 未成年で未婚の母が生んだ子（非嫡出子）の親権は，未婚の母の親権者が代行して行う。
> 〔正しい➡14-21〕

14-21 未成年者が婚姻外で子を生んだ場合

　　未成年者であっても，婚姻をすれば成年とみなされることから（民法753条➡12-25），子に対する親権をもつことができる。しかし，未成年者が婚姻をしないで子を生んだときは，この未成年者である女性が親権者となることはできない。親権は子の身分および財産に関して広い権限を含むことから，行為能力者（➡2-9）でなければ親権者にはなりえないのである。

　　そこで民法は，未成年者が婚姻外の子をもった場合，この未成年者に対して親権を行使する者が親権を行なうと定めた（民法833条）。未成年者の生んだ子からみれば，祖父母が親（未成年者である女性）の親権を代行するのである（➡〔14-67-A〕）。もっとも，未成年者である女性が成年に達するかあるいは婚姻をすれば，この女性がみずから親権を行なうのであり，**親権代行**は終了する。

6　親権の制限

14-22　三つの方策

　親権は子どもの利益のためにあり，それが適切に行使されない場合には，親権者としての地位を制限することも必要となる。この親権の制限について，民法は，従来，親権喪失（民法834条）と財産管理権の喪失（民法835条）という二つの方策を用意していたが，児童虐待をめぐる問題に対応するために，2011（平成23）年の一部改正によって新たに親権停止という制度も導入した（民法834条の２）。

1　親権の喪失・停止

14-23　親権の喪失

　親権喪失は，親権のすべてを剥奪する制度である。例えば０歳の乳児（児童福祉法４条１項参照）を虐待した母親は，親権の喪失となると，その子が成年に達するまでの20年間（民法818条１項参照）にわたって親権の行使が許されない。親権喪失の制度はこのような大きな効果をもつこともあって，当事者がその請求をためらうケースも多く，虐待防止の手段として必ずしも有効には機能していなかった。

＊　ただし，親権を喪失したからといって，父母としての地位に基づく権利義務まで失うわけではない。親権に含まれない父母としての権利（例：子の婚姻に対する同意権――民法737条➡**12-19**）が失われることはなく，扶養義務（➡**13-52**）や相続権（➡**15-5**）も影響を受けることはない。

14-24　親権の停止

　親権停止は，あらかじめ期限を区切って親権を制限する方策である。その期間は最長で２年であり（民法834条の２），例えば医療ネグレクト（とりわけ特定の治療行為に対する拒絶）のように，一時的な親権制限で足りる事案への対応も可能とされる。

＊　親権が停止されると，停止期間中，その者は「親権を行う者」ではないことにな

り、ほかに親権者がいなければ、未成年後見（➡**14-32**）が開始する（民法838条1号）。

14-25 親権喪失および停止の要件

親権の喪失と停止との間には要件に軽重の差がみられる。親権の停止については、「親権の行使が困難又は不適当」であることにより「子の利益を害する」ことが要件とされるが（民法834条の2第1項）、親権の喪失にあたっては、親権行使の困難さ・不適当さの程度、さらには子の利益を害する程度の著しい（民法834条）ことが求められるのである。

14-26 申立権者

親権の喪失・停止は家庭裁判所の審判によってなされるが（➡**11-35**）、そのためには一定の者による申立て（請求）が必要とされる。この申立てについて、かつては子の親族および検察官（改正前の民法834条）、児童相談所長（改正前の児童福祉法33条の7）にのみその権限が認められていた。しかし、2011（平成23）年の改正法で申立権者の範囲は拡大され、今日では虐待された子ども本人や未成年後見人、未成年後見監督人（➡**14-37**）も親権の喪失・停止を請求することができる（民法834条、834条の2第1項）。特に、最大の利害関係人である子が申立権者に加えられ、みずから救済の手続きをとりうるに至ったことの意義は大きい。実際にも、協力してもらえる親族がおらず、また検察官・児童相談所長の迅速な対応も期待できない事案などで、子自身に申立権を認める必要性のあることが指摘されている［飛澤編著 2011：30］。

２ 財産管理権の喪失

14-27 意義

例えば、年長の未成年者が児童養護施設を退所し自立するとしよう。その過程で、彼（彼女）は様々な契約を結ぶことが必要となる（例：アパートの賃貸借契約、携帯電話の利用契約、就職等）。しかし、未成年者は単独で契約をすることができない。未成年者が契約などの法律行為をするには法定

代理人（通常は親権者）の同意を得なければならないのであり（民法5条1項），その同意なしになされた行為は取消しの対象とされる（民法5条2項➡2-10）。

この**同意権**は，親権者の財産管理権から派生した権利である。親権は身上監護権と財産管理権とから構成されるが，後者には同意権もその一内容として含まれる（➡14-12）。問題は，親権者がその同意権を適切に行使せず，未成年の子どもの社会生活に支障が生じるような場合である。そのような場合，親権者の財産管理権を剥奪し（管理権喪失――民法835条），これを他の者に委ねることで子どもの利益を図るという方策も考えうる。

14-28　要件

管理権の喪失は2011（平成23）年に改正される前の民法でも制度として存在していたが，ただし，それが認められるのは「子の財産を危うくしたとき」（改正前の民法835条）に限られていた。これに対して，改正法は，「管理権の行使が困難又は不適当であることにより子の利益を害するとき」に，家庭裁判所は管理権喪失の審判をなしうると規定する。子の財産を危うくした場合に限らず，上述のように同意権の行使が不適切とみられるような場合にも，親権者の財産管理権を奪うことができるとされたのである［飛澤編著　2011：61］。

14-29　申立権者

旧法では，管理権喪失の審判の申立権者が子の親族または検察官に限られていた。しかし，今日では，親権喪失・親権停止の場合と同様，子ども本人，未成年後見人，未成年後見監督人，さらに児童相談所長（児童福祉法33条の7）も申立権者に加えられている。

14-30　効果

管理権喪失の審判が確定すると，当該親権者は財産管理権を失う＊。父母が共同して親権を行使していた場合，その一方が管理権を失うと，他方が単独で管理権を行使する。しかし双方が管理権を失うと，財産に関する権限のみをもつ未成年後見人（➡14-32）が選任される（民法838条1号，868

条)。単独親権（➡14-19，14-20）の父または母が管理権を失った場合も同様である。

> * 管理権のみの喪失であり，身上監護についてまで親権が制限されるわけではない。財産管理権をもたない親権者も，引き続き身上監護権（➡14-2）は行使することができる。

7　親権の終了

14-31　終了事由

親権関係は，以下の事由があるとき消滅する。

❶子の死亡：親権に服している子が死亡した場合には，その子を保護する必要はなくなる。また，子が**失踪宣告**（➡**コラム11**：不在と失踪）を受けた場合も同様であり，当然，親権は終了する［於保編 1969：151〔太田武男〕］。

❷子の成年到達：親権に服するのは未成年の子のみである（➡14-14）。その者が成年に達すると親権関係は消滅する。また，婚姻により**成年擬制**（民法753条➡**12-25**）された者についても同様である。

❸親権者の死亡：親権を行なう父母が死亡した場合，その死亡した親権者との親権関係は消滅する。

❹親権の辞任：親権者は，「やむを得ない事由」（例：長期の不在）のあるときは，家庭裁判所の許可を得て，親権を辞任することができる（民法837条1項）。この辞任によっても親権関係は消滅する。

❺親権の喪失・停止：親権喪失は期限の定めなく親権を停止することであり，親権停止は最長2年という期限を定めた親権の停止である。いずれの場合も，親権を行使しうる資格［於保編 1969：154〔太田武男〕］は失われる。

> * 親権喪失は，その原因が消滅すれば取り消すことができる（民法836条）。

❻成年後見：親権者が成年被後見人とされたときも，親権者の地位を失うと解されている。親権者としての職務を果たすことが難しいからである。

8　未成年後見

1　意　義

14-32　「親権を行う者」がいないとき

　父母の親権が喪失または停止され，子に対して「親権を行う者」がいなくなったときは，未成年後見が開始する（民法838条1号）。すでにみたように，未成年者の保護は親権（身上監護権および財産管理権）を通じて行なわれるのが原則であり（➡**14-1**），その担い手は，通常であれば未成年の子の父母である。しかし，例えばその子の父母がいずれも交通事故で死亡したとしよう。そのような場合，子の身上監護，ことに養育（監護・教育）は死亡した父母に代わる第三者に委ねざるをえない。また，子ども本人に代わって生命保険金の請求や遺産分割（➡**15-35**）などの法的手続きをする者が必要となるだけでなく，子に多額の収入が見込まれるときは財産管理の問題も生じてこよう。

　このように，親の死亡などで未成年の子に親権を行なう者がいないときは，その者に代わって子の利益を守る制度が必要となる。これが**未成年後見**であり，親権を行使していた父母双方が死亡した場合だけでなく，一方が生存していても，その者が親権の喪失・停止の審判を受けた場合（民法834条，834条の2），あるいは子の財産管理権を喪失している場合などにも開始される。＊

> ＊　未成年後見の開始と後見人の就任時とは必ずしも一致しない。例えば，子の両親が死亡すれば即時に未成年後見は開始するが，家庭裁判所が後見人を選任する場合（選定未成年後見人➡**14-33**），その就任時は選任された日であり，後見開始原因の発生時（両親の死亡）よりも常に遅れる。また，後見開始原因が生じても，実際には親族・知人など身近な人の世話を受け，後見人の選任がないままに成年に達する例もある。後見の開始（民法838条1項）は，後見人を選任すべき状態が生じたことを意味するにとどまるのである。

2　未成年後見人の選任

14-33　「指定」と「選定」

　未成年者に対して最後に親権を行なう者は、遺言で未成年後見人を指定することができる（民法839条1項）。一方、未成年後見人の指定がなされなかったときは、未成年被後見人またはその親族その他の利害関係人（例：債権者）の請求によって、家庭裁判所が未成年後見人を選任する（民法840条1項）。遺言で指定された後見人は**指定未成年後見人**、家庭裁判所によって選任された後見人は**選定未成年後見人**といわれる。

3　未成年後見人の職務

Check!〔24-74-3〕

　未成年後見人は、被後見人に対する事務を遂行するに当たっては、善良な管理者としての注意義務を負う。　　　　　　　　　　　　　　　　〔正しい➡14-35〕

14-34　身上監護権

　未成年後見は親権の延長という性格をもっており、その職務内容も親権と同じく身上監護と財産管理を中核としている。

　未成年後見人は、未成年者の身上監護について親権者と同一の権利義務をもつ（民法857条）。この点は成年後見人の職務と比べて特徴的といえよう。成年後見の場合、「生活、療養看護に関する事務」として法律行為が想定されているのに対して（➡4-5）、未成年後見では未成年者の養育という事実行為が前面に現れるのである

14-35　財産管理権

　未成年後見人は、財産管理・法定代理権についても親権者と同様の権限をもつが（民法859条）、ただし、その事務処理にあたっては親権者よりも重い注意義務（**善良な管理者としての注意義務**➡コラム4：注意義務の程度）が課されている（民法869条・644条）。未成年後見人には父母ほどの情愛は期待しえないからであるとされる（➡〔24-74-3〕）。

4 複数後見・法人後見

14-36 役割分担

　従来，未成年後見人は1名の自然人でなければならないとされていた。しかし，未成年後見人は「親代わり」の役割を果たすものであり，単独ではその負担が大きく，これが引き受け手の少ない一因ともなっていた。

　そこで，2011（平成23）年の民法改正により，複数の者や法人が未成年後見人に就任することも認められた（民法840条2項・3項）。例えば，身上監護については親族後見人に委ね，弁護士その他の専門職は財産管理のみを担当するというのであれば（複数後見），専門職後見人の負担は軽減されよう。また，法人が後見人になれば（法人後見），状況の変化に応じて担当者の交代も可能とされるのである。

5 未成年後見監督人

14-37 監督機関

　未成年後見人の事務を監督するために**未成年後見監督人**という機関がある。未成年後見監督人は，親権者が遺言で指定するか（民法848条），家庭裁判所が職権または一定の者の請求により選任する（民法849条）。ただし，いずれの場合もその設置は必須のものではない。

参考文献

於保不二雄編『注釈民法（23）』有斐閣，1969年。
於保不二雄＝中川　淳編『新版　注釈民法（25）〔改訂版〕』有斐閣，2004年。
飛澤知行編著『一問一答　平成23年民法等改正』商事法務，2011年。
我妻榮『親族法』有斐閣，1961年。

第15章　法定相続

1　相続制度

15-1　相続の必要性

人は死亡すると**権利能力**（➡1-3）を失う。権利義務の主体となる資格を喪失するのであるが，財産の私的所有を認める制度（憲法29条1項）のもとでは，個人が生前に有していた財産上の権利義務を誰かに承継させることを考えなければならない。この承継のルールを定めるのが相続法である。

15-2　遺言相続と法定相続

もっとも，私有財産制のもとでは，人は自己の財産を自由に処分しうる以上，死後の財産の帰属についても自由に決定ができるはずである（遺言の自由）。それゆえ，**遺言相続**が相続法の原則的な形態であるが，ただし，現実には遺言が作成されない場合も少なくない。そのような場合は，相続人の範囲やその相続の割合をあらかじめ法律で定めておくことが求められる。**法定相続**の制度がこうして生まれた。

2　法定相続人とその順位

1　配偶者

Check!〔3-145-1〕

被相続人の配偶者は常に相続人となる。　　　〔正しい➡**15-3**〕

Check!〔10-125-1〕

内縁配偶者は，相続人となることができない。　〔正しい➡**15-3**〕

15-3　配偶者相続権

法定相続人には，配偶者と血族相続人という二つの系列がある。*被相続人の配偶者は常に相続人となり，血族相続人（➡︎ 2 ）と共同して相続する（民法890条➡︎〔3-145-1〕）。血族相続人がいない場合は，配偶者が単独で相続する。この**配偶者相続権**は，夫婦の実質的な共有財産の清算と生存配偶者の扶養ないし生活保障を目的とした制度であり，離婚の際の財産分与（➡︎**12-53, 12-54**）と同様の趣旨とみることができる。もっとも，ここにいう配偶者は，法律上の婚姻をしている者であって（➡︎**12-15**），婚姻届を提出していない**内縁配偶者**に相続権が認められることはない（民法890条➡︎〔10-125-1〕）。

＊　なお，配偶者・血族といった親族関係を示す用語については，**12-5～12-7**を参照。

2　血族相続人

①子

Check!〔10-125-3〕

父がいまだ認知していない子は，父の推定相続人とはいえない。〔正しい➡︎**15-4**〕

15-4　第1順位の血族相続人

血族相続人には順位がつけられており，第1順位は，被相続人の子である（民法887条1項）。「子」であればよく，実子・養子の区別はない。また，性別や婚姻の有無も問わない。

嫡出でない子も相続人となる。分娩により母子関係が当然に発生する以上（➡︎**13-6**），母に対しては常に第1順位の相続人である。一方，父子関係の発生には父親の認知が必要なことから（民法779条➡︎**13-5**），認知のない子が父に対する相続権をもつことはなく，父親の推定相続人と認められることはない（➡︎〔10-125-3〕）。

なお，胎児も，すでに生まれたものとみなされ，相続権が保障されている（民法886条1項）。例えば，出生前に父親を失った者がいたとしよう。その者が，たまたま父の死後に生まれたというだけで，相続人になれないという不利益は避けなければならないからである。

* 相続が開始されたとすると，その時点で相続人となるはずの者を**推定相続人**という。

②直系尊属

Check!〔3-145-2〕

被相続人の祖父母も相続人になることができる。　〔正しい➡15-5〕

15-5　第2順位の血族相続人

第1順位の相続人である子（およびその代襲相続人➡15-14）がいない場合，相続人の順位は民法889条によって定められている。

まず，第2順位の相続人は，父母や祖父母などの直系尊属である（➡〔3-145-2〕）。ただし，直系尊属は親等の近い者が優先されるため（民法889条1項1号ただし書），例えば，父母がいれば祖父母が相続人になることはない。

③兄弟姉妹

15-6　第3順位の血族相続人

第1順位および第2順位の血族相続人がいない場合は，第3順位の相続人である兄弟姉妹に相続権が認められる（民法889条1項2号）。**3**でみるように，直系尊属・配偶者と異なり兄弟姉妹については代襲相続が認められている。この第3順位までが民法の定める血族相続人である。

3 代襲相続

1 趣 旨

15-7　民法887条1項

例えば、被相続人Xには長男A・次男Bがいたが、相続開始前にBは子どもC（Xにとっては孫）を残して死亡したとしよう。相続開始当時、Xの子はAだけであるから、Xの配偶者は別として、Cが相続人になることはない。これが民法887条1項からの帰結である。

15-8　公平の原則

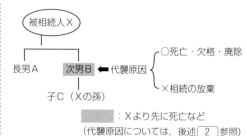

しかし、自然の年齢に従い、被相続人Xが死亡した後にBが死亡したのであれば、Xの財産はBを経由していつしかCが取得したはずである。たまたまBがXよりも先に死亡したからといって、Cからこうした相続の期待を奪うことには疑問が残る。Aの系統については、Aを経由してその子へとXの遺産は継承されていくのである。同じ被相続人の孫でありながら、一方（Aの子）は財産を継承し他方（Bの子）はその継承が断たれることは不合理ともいえる。公平の原則からすれば、相続の利益は、Bがいつ死亡するかといった偶然の事情によって左右されてはならないのである。

15-9　相続順位の繰り上げ

そこで民法は、Cが自己の叔父にあたるAと同順位で相続人となることを認め（民法887条2項）、ただし、その相続分はBが生きていれば受けるはずであったものと同じとした（民法901条）。これが**代襲相続**という制度であり、代襲されるBを**被代襲者**、代襲するCを**代襲相続人**という。代襲相続では、代襲者は被代襲者の親等へと相続順位が繰り上げられるので

第15章　法定相続

ある。

2　代襲相続の原因

Check!〔10-125-4〕

相続人が相続放棄した場合には，その子が代襲相続人となる。
〔下線部が誤り ▶▶15-10〕

15-10　相続開始前の死亡・欠格・廃除

　　代襲相続が行なわれるためには，相続開始以前に，代襲される者が死亡するか，相続欠格者になるか（民法891条），あるいは相続廃除の審判を受けて（民法892条），相続権を失っていなければならない。代襲相続の原因は相続開始以前の死亡・欠格（▶▶15-18）・廃除（▶▶15-24）の三つに限定されるのであり，相続の放棄が代襲原因となることはない（▶▶〔10-125-4〕）。相続を放棄した者は，初めから相続人でなかったものとして扱われるのである（民法939条▶▶15-55）。

3　代襲される者

15-11　被代襲者＝子＋兄弟姉妹

　　代襲される者（被代襲者）は，被相続人の子（民法887条2項）と兄弟姉妹（民法889条2項による887条2項の準用）に限られている。それ以外について代襲相続は認められておらず，配偶者や直系尊属の相続権を代襲することはできない。

15-12　直系尊属の代襲

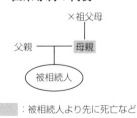

　　例えば，被相続人は独身で子や孫がおらず，母親もすでに死亡していたとしよう。この場合，相続財産はすべて生存している父親に帰属するのであり，母親の相続すべき分を母方の祖父母が代襲することはない。また，母親の子が母を代襲するということ

もない。母親の子は被相続人にとって兄弟姉妹であり、これについては直系尊属がいない場合の第3順位の相続人として別個に相続権が認められているのである。

15-13 配偶者の代襲

配偶者についても代襲相続の規定がない以上、配偶者の一方が、他方の相続権を代襲することはできない。

4 代襲相続人の要件

①被代襲者の直系卑属であること

Check! 〔3-145-3〕
被相続人の甥姪の子は代襲相続人になれない。　〔正しい➡15-15〕

Check! 〔3-145-4〕
被相続人の曾孫は代襲相続人になることができる。　〔正しい➡15-14〕

Check! 〔10-125-2〕
被相続人が死亡する以前に相続人であった子が死亡している場合には、子の子、すなわち孫が代襲相続人となる。　〔正しい➡15-14〕

15-14 子の直系卑属

被代襲者が子の場合、理論上はその直系卑属が無限に代襲相続人となる。例えば、被相続人Xの子Aが相続開始以前に死亡しているときは、Aの子Bが代襲相続人となる（民法887条2項本文➡〔10-125-2〕）。ところが、この代襲相続人つまりXからみて孫にあたるBがXよりも先に死亡しているときは、Bの子CがBを代襲し、さらにAを

代襲してXを相続する（民法887条3項）。これを**再代襲**という。被相続人Xからみれば孫の子，すなわち曾孫（ひまご）が代襲相続人とされるのである（➡〔3-145-4〕）。

15-15　兄弟姉妹の子

代襲相続は，被相続人の兄弟姉妹についても認められている。ただし，代襲相続人は兄弟姉妹の子つまり被相続人の甥・姪に限定され，再代襲は認められていない（➡〔3-145-3〕）。1980（昭和55）年の民法一部改正によって，民法889条2項は887条2項のみを準用し同条3項は準用しないことに改められたのである。いわゆる「笑う相続人」の出現と相続関係の複雑化を避けるためである。＊

＊　笑う相続人：名前も顔も知らない親族が死亡することで，思わぬ遺産を手にする者を風刺した言葉。被相続人の甥・姪を超えて無限に代襲相続が認められることになると，「棚からぼた餅」的に相続財産を得る者が出現するのである。親と未成熟の子から構成される近代家族のあり方からすると，こうした事態が妥当とは思われないが，しかし，そうだとすると被相続人の孫以下の（再）代襲相続についても同様の問題がないとはいえないであろう。

②被相続人の直系卑属であること

Check!〔3-145-5〕

被相続人の養子となったものが養子縁組前に生んだ子も代襲相続人になることができる。　　　　　　　　　　　　　　　　　〔下線部が誤り➡**15-16**〕

15-16　血縁主義

被相続人の子の子が代襲相続人となるためには，その者が被相続人の直系卑属でなければならない（民法887条2項ただし書）。相続の基本原則が血縁主義であることによるものとされる。したがって養子の連れ子，すなわ

ち養子縁組前に生まれた養子の子は，被相続人となんら血族関係をもたない以上（➡**13-30**），代襲相続人となることができない（➡〔3-145-5〕）。

4 相続権の剥奪

1 意 義

15-17 相続人の非行

相続人の非行を理由に，その相続権を剥奪する制度がある。相続欠格と相続人の廃除がこれである。相続欠格の場合，相続権が法律上当然に奪われるのに対して，相続人の廃除は被相続人の意思をまって初めて行なわれる。相続人の非行の程度に応じた区別である。

2 相続欠格

15-18 非行者に対する制裁

民法887条から890条までの規定によって相続人となるべき者であっても，被相続人または先順位・同順位の相続人に対して非行を行ない，あるいは，被相続人の遺言に関して不当な干渉を行なった場合には，当然に相続人としての資格を失う。**相続欠格**といわれる制度であるが，非行者自身に対する制裁にとどまり，代襲相続が妨げられることはない（➡**15-10**）。具体的には以下にみる❶～❺が欠格事由として民法に定められている。

15-19 被相続人または先順位・同順位の相続人に対する非行

次の二つの事由は，被相続人等に対する生命侵害に着目している。

❶被相続人などを殺害し，または殺害しようとして刑に処せられた者（民法891条1号）。

❷被相続人の殺害されたことを知って，これを告発せず，または告訴しなかった者＊（民法891条2号本文）。

> ＊　告訴と告発は，いずれも捜査機関に対して犯罪事実を申告し，犯人の処罰を求める意思表示である。このうち，被害者やその家族などの告訴権者の行なうものを**告訴**といい，犯罪と直接の関係のない第三者が行なうものを**告発**という。

15-20　被相続人の遺言に関する不当な干渉

一方，以下の三つの事由は，被相続人の遺言に対する介入にかかわるものである。

❸詐欺または強迫によって，被相続人が相続に関する遺言をし，撤回し，取り消し，または変更することを妨げた者（民法891条3号）。

❹詐欺または強迫によって，被相続人に相続に関する遺言をさせ，撤回させ，取り消させ，または変更させた者（民法891条4号）。

❺相続に関する被相続人の遺言書を偽造し，変造し，破棄しまたは隠匿した者（民法891条5号）。

3　相続人の廃除

①趣　旨

15-21　財産を相続させたくないとき

欠格事由に当たるほどの重大な非行ではないが，被相続人からみて自己の財産を相続させたくないと考えるような非行が行なわれる場合がある。

15-22　被相続人の兄弟姉妹について

もっとも，そのような場合であっても，相続人となるべき者（推定相続人➡15-4＊）が兄弟姉妹であれば，かれらには遺留分が認められていないため（➡16-41），被相続人がその全財産を他の者に贈与ないし遺贈（➡16-27）すれば，兄弟姉妹に財産が与えられることはない。

15-23　被相続人の直系卑属・直系尊属または配偶者について

一方，推定相続人が直系卑属・直系尊属または配偶者の場合は事情が異なる。これらの者には，被相続人の意思によって左右できない遺留分が与

えられている以上（民法1028条），贈与や遺贈によって彼らから相続の利益をすべて剥奪することはできないのである（民法964条ただし書）。

15-24　遺留分の剥奪

そこで，遺留分をもつ相続人から，その権利を奪い，相続の資格を否定する制度が必要となる。これが**相続人の廃除**であるが，その効果は相続欠格と同じく一身専属的なものにとどまり，代襲相続が可能である（➡**15-10**）。

②廃除事由

15-25　虐待・侮辱・非行

遺留分をもつ相続人を廃除するためには，一定の廃除事由が必要である。理由もなく廃除を認めると，遺留分を設けた意味がなくなるからである。

この廃除事由として，法は，❶推定相続人が被相続人を虐待したこと，❷推定相続人が被相続人に重大な侮辱を加えたこと，❸推定相続人にその他の著しい非行があったことを挙げている（民法892条）。

③廃除の手続き

> **Check!**〔10-125-5〕
> 遺言で相続人を廃除する意思を表示することもできる。　〔正しい➡**15-26**〕

15-26　生前廃除と遺言廃除

これらの廃除事由がある場合，被相続人は，家庭裁判所に推定相続人の廃除を請求することができる（**生前廃除**——民法892条）。また，被相続人は遺言で廃除の意思を表示することもできるが（**遺言廃除**➡〔10-125-5〕），その際には遺言執行者（➡**16-24**）が遅滞なく家庭裁判所に廃除の請求をしなければならない（民法893条前段）。

請求を受けた家庭裁判所は，廃除事由の有無を判断する。廃除の審判が確定すると，相続人はそのときから相続権を失う。遺言による廃除の場合，

審判の効果は相続開始のときにさかのぼり、被廃除者は、初めから相続していなかったことになる（民法893条後段）。

5　法定相続分

15-27　指定相続分と法定相続分

相続人が複数いる場合、各相続人がどのような割合で遺産を承継するかが問題になる。この承継の割合を相続分といい、被相続人は遺言によってこれを定めることができる（**指定相続分**——民法902条1項本文）。一方、遺言による指定がない場合には、各自の相続分は民法の定めるところによって決まる。これを**法定相続分**といい、相続人の組み合わせに応じて以下のように規定されている（民法900条、901条）。

1　配偶者と血族相続人

Check!〔12-67-A〕

被相続人に配偶者と子がいる場合には、法定相続分の割合は、配偶者が2分の1、子が2分の1である。　　　　　　　　　　　〔正しい ➡ 15-28〕

Check!〔12-67-B〕

被相続人に配偶者と母がいる場合には、法定相続分の割合は、配偶者が<u>2分の1</u>、母が<u>2分の1</u>である。　　　　　　　　　〔下線部が誤り ➡ 15-28〕

Check!〔12-67-C〕

被相続人に配偶者と兄がいる場合には、法定相続分の割合は、配偶者が4分の3、兄が4分の1である。　　　　　　　　　　　〔正しい ➡ 15-28〕

15-28 相続分の割合

被相続人の配偶者は常に相続人となるが（民法890条），その相続分は，ほかに血族相続人がいる場合，それが誰であるかによって異なる。共同相続人が「子，直系尊属，兄弟姉妹」のいずれであるかによって，それぞれ「2分の1，3分の2，4分の3」と割合が決められているのである（民法900条1号-3号 ➡〔12-67-A・B・C〕）。

1/2	配偶者	子	
2/3	配偶者		直系尊属
3/4	配偶者		兄弟姉妹

15-29 同順位の血族相続人

いずれの場合も配偶者の相続分は画一的であり，他の共同相続人の数によって影響を受けることはない。これに対して，血族相続人については，同順位に複数の者がいれば，その間で均等分割を行なう（**均分相続**）。これが原則であるが，ただし，父母の一方のみを同じくする兄弟姉妹（半血兄弟姉妹）の相続分は，父母の双方を同じくする兄弟姉妹（全血兄弟姉妹）の相続分の2分の1にとどまる（民法900条4号。なお，**15-30**の事例参照）。

2　配偶者がいない場合

Check!〔12-67-D〕

被相続人に子と母がいる場合には，法定相続分の割合は，子が3分の2，母が3分の1である。
〔下線部が誤り ➡**15-30**〕

Check!〔16-65〕

夫婦ABには子Cと子Dがいた。ところがBが幼いCとDを残して死亡したため，AはEと再婚し，子Fが生まれたが，しばらくしてAも死亡した。このような家族構成の中で子も配偶者もいないCが死亡した場合，Cの法定相続人はD，E，Fのうちだれか。
〔正解：D，F ➡**15-30**〕

15-30　子⇨直系尊属⇨兄弟姉妹

　　配偶者がいない場合は,「子⇨直系尊属⇨兄弟姉妹」の順で全財産を相続する（➛➛15-4〜15-6）。血族相続人については, 子（または, その直系卑属——代襲相続➛➛15-14）がいれば父母などの直系尊属に相続権はなく（➛➛〔12-67-D〕）, 子も直系尊属もいないとき初めて兄弟姉妹が相続権をもつのである。

　　【Check!〔16-65〕】を検討してみよう。Cには配偶者も子もいない。また, EはCと継親子の関係（姻族1親等の親族関係）にあるが, 血族ではないため相続権をもたない。それゆえCの遺産は, D・Fが同順位で相続する。父または母が再婚した場合, 前婚の子と後婚の子は, 兄弟姉妹だからである。もっとも, Cからみて, Dは全血兄弟姉妹であるが, Fは半血兄弟姉妹にとどまる。そのため, 法定相続分はDとFとで異なり, 先にみたように（➛➛15-29）2：1に分けられる（民法900条4号ただし書）。

6　相続人間の公平

Check!〔8-128〕

相続人として子A, B, Cがいる。遺産総額が5000万円で, 子Aには500万円の寄与分がある。子Bは, 生計の資本として生前に1500万円の贈与を受けている。子A, B, Cの相続分額は, それぞれいくらか。
〔正解：A　2,500万円, B　500万円, C　2,000万円➛➛15-34〕

1　特別受益者の相続分

15-31　特別受益

　　被相続人の生前に, 嫁入費用や住宅資金などを, いわば遺産の前渡しとして受け取ることがある（**生前贈与**）。あるいは被相続人の遺言によって, その財産を無償でもらうこともある（**遺贈**➛➛16-27）。こうした利益を**特別受益**というが, これを考慮に入れないで遺産の分配を行なうと相続人間に不公平が生じる。

15-32　特別受益の計算

そこで民法は，共同相続人の中に「婚姻，養子縁組のため」または「生計の資本として」生前贈与を受けた者，あるいは「遺贈」を受ける者がいる場合，これらの者（**特別受益者**）はそれだけ利得しているのであるから，現実の遺産分割（→15-35）にあたっては，これを差し引くことにしている。共同相続人中に特別受益者がいるときは，まず，その特別受益を相続財産に加算し＊，これを「みなし相続財産」として相続分の計算（法定相続分の割合に従った計算）を行なう。次いで，この算定された相続分から，すでに受けた贈与や遺贈の価額は控除され，その残額が特別受益者の具体的な相続分とされるのである（民法903条1項）。

＊　ただし，遺贈の対象である財産は，いまだ遺産の中に含まれているため，加算する必要はない。加算されるのは生前贈与だけである。

2　寄与分

15-33　趣旨

一方，被相続人の生前に，その財産の維持・増加に貢献した者があるときは，遺産分割の際，その者の**寄与分**を評価しないとやはり不公平が生じる。長年にわたって被相続人の家業を手伝ってきた者には，その寄与に見合った補償が必要であろうし，被相続人の扶養や介護を行なうことで遺産の減少を防いだ者についても，その寄与分を上積みすることがのぞまれる。

そこで，共同相続人中に寄与分を受けることができる者がいるときは，あらかじめその寄与分を相続財産から控除し，これを「みなし相続財産」として相続分の計算を行なう。この相続分と，先に控除した寄与分とを加えたものが，寄与した相続人の具体的な相続分となる（民法904条の2第1項）。寄与した者は，法定相続分を超える相続分を取得することができるのである。

15-34　特別受益と寄与分

【Check!〔8-128〕】を検討してみよう。遺産総額は5,000万円であるが，相続人である子Aには500万円の寄与分，子Cには生前に贈与された1,500

万円の特別受益がある。そこで，特別受益額1,500万円を加算する一方，寄与分500万円を控除し，「みなし相続財産」として6,000万円が導かれる（5,000万円＋1,500万円－500万円）。これを前提とする３人の子の法定相続分はそれぞれ2,000万円であるが（6,000万円÷３），Aの相続する額は，この2,000万円に寄与分500万円を加えた2,500万円となる。一方，Bはすでに1,500万円の生前贈与を受けているため，それを差し引いた500万円が具体的に受け取る額である。

7 遺産分割

15-35 意義

相続人が複数いる場合，遺産は，ひとまず共同相続人全員の共有財産となる（民法898条）。**遺産分割**は，この暫定的な共有状態を解消し，個々の相続財産を各相続人に分配するために行なわれる。

15-36 分割の基準

遺産分割は，「遺産に属する物又は権利の種類及び性質，各相続人の年齢，職業，心身の状態及び生活の状況その他一切の事情を考慮して」なされる（民法906条）。諸事情を包括的に考慮して分割は行なわれるのであるが，なかでも，条文に示された「年齢」は年少者・高齢者への配慮を，「心身の状態」は障害者への配慮を促している。また，「生活の状況」という考慮事項は，生存配偶者の居住権の確保等についても配慮をして財産が配分されるべきことを示している。

15-37 遺産分割の方法

遺産分割の方法は，これを分割手続という観点からみた場合，三つに分類することができる。

❶被相続人の遺言により遺産分割方法の指定があれば，これが優先される（民法908条——**指定分割**）。

❷遺言による分割方法の指定がない場合には，共同相続人全員の協議に

従って分割する（民法907条1項——**協議分割**）。
❸協議が調わないとき，または協議をすることができないときは，家庭裁判所の調停・審判により分割する（民法907条2項——**調停分割・審判分割**）。遺産分割事件は，家事事件手続法別表第二審判事項（別表第二の12項）であり，これについては家事調停（遺産分割調停）を申し立てることも認められている（家事事件手続法244条➡11-36）。調停が成立すると，確定した審判（➡7-14）と同一の効力を生じる（家事事件手続法268条1項）。一方，調停不成立の場合，事件は審判手続に移行する（家事事件手続法272条4項）。

15-38 遺産分割の効力

遺産分割は，相続開始時にさかのぼってその効力を生ずる（民法909条本文——遺産分割の**宣言主義**）。例えば，父親が死亡し，その遺産を分割することで長男が家屋敷を取得したとしよう。この長男が取得した財産は，父親が死亡したときに，直接に父親から承継したことになり，分割までの遺産共有の状態はなかったものとして扱われるのである。

8 相続財産の範囲

1 原　則

Check!〔9-130-C改（相続財産に含まれるか）〕

被相続人の金銭債務	〔含まれる➡15-39〕

15-39 積極財産と消極財産

相続される財産は，「被相続人の財産に属した一切の権利義務」であり（民法896条本文），土地・家屋といった不動産，家財道具などの動産，預金（債権）などが相続人に移転する。また，こうしたプラスの財産（**積極財産**）だけでなく，借金（金銭債務）などマイナスの財産（**消極財産**）も相続の対象になる（➡〔9-130-C改〕）。

2 例　外

15-40　祭祀財産，一身専属の権利

　もっとも，被相続人の財産でありながら，相続財産とならないものもある。

　第1に，墓地や仏壇といった祖先のまつりごとに必要なものは，相続財産に入らない。こうした**祭祀財産**は，「祖先の祭祀を主宰すべき者」が特別の事情のない限り単独で承継するのである（民法897条1項）。

　第2に，「被相続人の一身に専属した」権利義務も相続の対象とならない（民法896条ただし書）。扶養請求権（➡13-56）といった権利者に特有な権利，身元保証債務のように個人的な信頼関係に基礎をおく義務などが，その例である。また，**生活保護受給権**についても，判例は，その一身専属性を根拠に相続の対象から除外している[*]。

　　[*]　「生活保護法の規定により被保護者が国から生活保護を受ける権利（保護受給権）は，当該個人に与えられた一身専属の権利であって，相続の対象と解されない。被保護者の生存中の権利ですでに遅滞にあるものの給付を求める権利も，被保護者の死亡によって当然消滅し，相続の対象となりえない」というのである（最大判昭和42・5・24民集21巻5号1043頁）。

3 問題となる事例

Check!〔9-130-A改（相続財産に含まれるか）〕
被相続人の借地権　　　　　　　　　　　　　　〔含まれる ➡15-41〕

Check!〔9-130-B改（相続財産に含まれるか）〕
被相続人が締結した生命保険契約で相続人を受取人とした生命保険金
　　　　　　　　　　　　　　　　　　　　　　〔含まれない ➡15-42〕

Check!〔9-130-D改（相続財産に含まれるか）〕
被相続人の死亡退職金　　　　　　　　　　　　〔含まれない ➡15-43〕

15-41　借地権・借家権

　借地権・借家権も一つの財産権であるから，相続人がこれを承継する

（➡〔9-130-A改〕）。ただし，この原則を貫くことに問題がないわけではない。例えば，借家人が死亡した場合，その内縁の妻は，相続権をもたない以上（➡15-3），引き続き借家に居住できないおそれも生じてくるのである。この点，法は，借家人が「相続人なしに死亡した場合」には，内縁の妻に借家権が承継されるとして，その保護を図っている（借地借家法36条）。

　もっとも，この規定は，死亡した借家人に相続人がいないことを前提としている以上，別に相続人（例：別居中の妻）がいた場合には適用されない。そのような場合は，相続人の賃借権（借家権）を援用して家主からの明渡請求に対抗できるとするのが判例である（最判昭和42・2・21民集21巻1号155頁）。また，相続人が明渡請求をしてくることも考えうるが，これに対しては権利濫用法理によって，内縁の妻の保護が図られている（最判昭和39・10・13民集18・8・1578）。なお，以上のことは，借地権の相続についても理論上同様に妥当しよう。

15-42　生命保険金

　被相続人が，みずからを被保険者として生命保険契約を結び，その保険料もみずから負担するというケースは多々みられる。ただ，そのような場合にも，生命保険金は，その受取人が誰であるかによって相続上の取扱いが異なる。

　まず，被相続人（＝被保険者）が，死亡保険金の受取人も自分自身としていた場合がある。この場合，保険金は相続財産であり，相続人全員が相続する。保険会社に対する保険金請求権は，形式上いったん被相続人が取得し，相続人はこの請求権を相続によって取得することになるからである。

　次に，被相続人以外の者が受取人に指定されている場合，生命保険金は受取人固有の財産であって，相続財産には属しない。この保険金請求権は，被相続人の死亡後に，受取人が初めて取得するものだからである。

　相続人が受取人に指定されている場合も同様である。生命保険金は，相続の効果によるものではなく[*]，保険契約の直接の効果によるものであって，相続人固有の財産である（➡〔9-130-B改〕）。

　もっとも，生命保険金が相続財産に含まれないとなると，受取人に指定された相続人と他の相続人との間に実質的な不公平が生じる。もともとそ

の保険金は，被相続人（＝被保険者）が財産のなかから保険料を負担したことの対価である。そこで，公平の観点から，この種の財産権の取得は一般に特別受益（➡15-31）と考えられている。

* 相続の効果だとすると，生命保険金は共同相続人間での均分相続（➡15-29）の対象となり，さらに，相続を放棄（➡15-55）した者はこれを取得できないことになる。

15-43　死亡退職金，遺族年金

死亡退職金や遺族年金も，相続財産に入らないと一般に理解されている（➡〔9-130-D改〕）。いずれの場合も，受給権者の範囲と順序は民法の法定相続のそれとは異なって規定されることが多く，受給権者に固有の権利を与えたものとみることができるからである。なお，死亡退職金や遺族年金についても，特別受益の問題が生じうる。

* 例えば，国家公務員退職手当法11条は，死亡退職金の受取人である配偶者について，「届出をしないが，職員の死亡当時事実上婚姻関係と同様の事情にあった者を含む」と規定し内縁関係にあった人でもよいとしている。

15-44　香典

一般に香典は葬式費用の分担という意味をもつことから，喪主が取得すべきものとされ，相続財産には入らないと理解されている。

9　相続の承認と放棄

1　承認・放棄の通則

15-45　相続の自由

法定相続人と定められていても，現実に財産を相続するかどうかは本人の自由に委ねられる。相続は「家の跡継ぎ」といった観念とは無関係であり，財産の承継にとどまるからである。特に相続は債務の負担をも伴うものであり（➡15-39），それが当然に相続人に帰属するなどということは許されない。人はみずからの意思に反してまで（あるいはみずからの過失もなしに）義務を負担することはないのである。

15-46　三つの選択

そこで民法は，相続の承認および放棄の制度を設け（民法915条以下），相続財産を無条件に承継するか（単純承認），条件付きで承継するか（限定承認），あるいは全く承継しないか（相続放棄）の選択権を相続人に認めている。

15-47　意思表示，要式性

相続の限定承認および放棄は相続の本来的な効果を限定あるいは否定する選択行為であるから，積極的な意思表示を必要とする。また，利害関係者にも大きな影響を及ぼすことから，家庭裁判所への**申述**（申し出ること）という一定の方式を要求している（**要式行為**——民法924条，938条）。家庭裁判所がこの申述を受理する審判をすれば，限定承認・放棄は効果を生じる（家事事件手続法別表第一の92項・95項➡**11-35**）。一方，単純承認は，相続の原則的な形態であり，意思表示について特に方式は必要とされていない。

15-48　行為能力

相続は，夫婦・親子といった家族的身分関係を基礎とした財産の承継であり，その承認・放棄は，相続人としての地位に変動をもたらす点で**身分行為**（➡**2-26**）ともいいうる。一方，相続の承認・放棄は，相続財産の得喪に直接かかわることからすると財産に関する法律行為そのものであり，相続人がこれをするには財産法の領域で必要とされる計算能力（**行為能力**➡**2-9**）を欠かすことができない。それゆえ，未成年者である相続人が承認・放棄をするときは，その法定代理人が代理するか（民法824条，859条），法定代理人の同意を得なければならない（民法5条1項）。また，被保佐人が承認・放棄をするには保佐人の同意が必要であり（民法13条1項6号），さらに成年被後見人は，意思能力を回復していても承認・放棄をすることはできず，成年後見人がこれを代理するほかない。

15-49　熟慮期間

相続人には選択の自由が保障されているのであるが，しかし，承認か放棄かが長期にわたって未確定であることは取引の安全という観点からする

と好ましいことではない。相続における権利関係は、なるべく早期に安定させることが望まれよう。

そこで法は、三つの内のいずれを選択するかを考慮する期間（熟慮期間）を定めた。相続の承認・放棄は「自己のために相続の開始があったことを知った時から3箇月以内」にしなければならない（民法915条1項本文）。そして、その期間中に放棄か限定承認をしなければ単純承認をしたものとみなされるのである（民法921条2号）。

15-50　撤回、取消し

この熟慮期間内であっても、一度した承認・取消しは、これを**撤回**＊することができない（民法919条1項）。そのようなことを許すと、他の相続人や利害関係者に不測の損害を与えるおそれがあるからである。

それに対して、相続の承認や放棄は、民法総則編および親族編（➡コラム1：成年後見制度と民法典）の規定にしたがって取り消すことはできる（民法919条2項）。例えば、成年被後見人みずからが承認・放棄をした場合、被保佐人が保佐人の同意を得ないで承認・放棄をした場合などが、民法総則編の規定による取消しの対象とされる（民法9条、民法13条1項6号）。一方、親族編の規定による取消しとしては、相続の承認・放棄について成年後見監督人の同意（➡5-4）を欠いた場合がある。後見監督人があるにもかかわらず、その同意を得ないで成年後見人が承認・放棄をした場合、この代理行為もまた取り消すことができるのである（民法864条、865条）。なお、この取消権は、通常の取消権の行使期間（5年・20年──民法126条）よりも短期間（6か月・10年──民法919条3項）で消滅する。相続による財産変動を早く安定させるためにほかならない。

＊　取消しがすでに発生している法律行為の効力を失わせる（➡2-16）のに対して、撤回は、いまだ発生していない効力を将来に向かって阻止するにとどまる。例えば、遺言者が遺言を取りやめたとしよう。遺言は、遺言者の死亡のときから効力を生じるのであるから（民法985条1項➡16-2）、この取りやめた時点では、いまだ遺言の効力は生じていない。この取りやめの意思表示や行為が撤回である（➡16-4）。

2　単純承認

15-51　意義

相続人が，被相続人の権利義務を全面的に承継することを**単純承認**という（民法920条）。被相続人の積極財産だけでなく消極財産（→15-39）をも承継するのであり，消極財産のほうが多いとき，相続人は自分の財産でこれを弁済しなければならない。

15-52　方式

単純承認に特別の方式は要求されない。民法はこの単純承認を相続の基本的な形態とし，上述のように（→15-49），相続人が3か月の熟慮期間内に限定承認も放棄もしないときは，単純承認をしたものとみなしている（民法921条2号）。また，相続財産を処分したり（民法921条1号），限定承認や相続放棄の後に，相続財産の隠匿や消費などを行なったときも（民法921条3号）同様である。

3　限定承認

15-53　意義

限定承認は，相続人が相続によって得た積極財産の範囲内でのみ，被相続人の債務や遺贈（→16-27）について責任を負担するという制度である（民法922条）。相続財産が明らかに債務超過であれば相続を放棄すれば足りるが，それが不明の場合，この制度が意味をもつ。清算後に債務超過であったとしても相続人の個人財産までその弁済にあてる必要はない。一方，清算後になお残余財産があれば，それは相続人に帰属する。

15-54　方式

この限定承認は第三者の利害に大きくかかわる。そこで法は，限定承認をしようとするときは，「自己のために相続の開始があったことを知った時から3箇月以内に」（民法915条1項本文），財産目録を作って家庭裁判所に提出し，限定承認する旨を申し出なければならないとする（民法924条）。
　また，相続人が数人いるときは，共同相続人全員の共同でなければ限定

承認を行なうことはできない（民法923条）。清算手続きが複雑となるのを避けるためであるが、一方、共同相続人中に一人でも単純承認の意思を表示すれば、限定承認はできないという不便もある。

4 相続放棄

> **Check!**〔12-66-B〕
> 相続人は、自己のために相続の開始があったことを知ったときから3か月以内に、家庭裁判所に申述することによって相続権を放棄することができる。
> 〔正しい ➡ 15-56〕

15-55 意義

相続人は、相続財産を全く承継しないこともできる。この**相続放棄**をした者は、初めから相続人でなかったものとして扱われる（民法939条）。したがって、放棄が代襲相続の原因となることはない（➡15-10）。

15-56 方式

相続を放棄しようとする者は、「自己のために相続の開始があったことを知った時から3箇月以内に」（民法915条1項本文）、その旨を家庭裁判所に申し出なければならない（**相続放棄の申述**——民法938条➡〔12-66-B〕）。家庭裁判所が、その者の真意に基づく放棄かどうかを確認するのである。

なお、相続放棄は、限定承認と異なり、共同相続の場合であっても各相続人が単独で行なうことができる。そのため相続財産が債務超過のような場合、一人が放棄すれば他の共同相続人の利害に多大な影響を及ぼすことが懸念されている。

10 相続人の不存在

1 「相続人のあることが明らかでないとき」

> **Check!**〔15-63-A〕
> 相続人もその代襲相続人もいないときは、相続人のあることが明らかでない場合と

して，相続人不存在の手続が開始される。　　　　　　　　　〔正しい➡➡15-59〕

15-57　相続財産の管理・精算

　ある人が死亡したが，その親族には「いとこ」しかいなかったとしよう。いとこは法定相続人でないため（➡➡15-6），死者の財産を承継することができない。死亡した人に相続人（配偶者，子・直系尊属・兄弟姉妹）もその代襲相続人も存在しないからといって，遠縁の親戚に相続権が認められることなどないのである。

　しかしそうなると，死者の財産の管理・清算はどのようにして行なうのだろうか。医療費や電気・水道料金など死者の債務を弁済することが必要かもしれない。あるいは，死者が賃貸住宅を経営していたのであれば，賃借人から家賃も回収しなければならない。少子高齢社会が出現し，身寄りのない高齢者が増加するに伴い，こうした課題が注目を集めることになる。

15-58　戸籍の記載

　法定相続人や代襲者の存否は，戸籍の記載によって判断される。しかし，戸籍の記載だけで，その存否が確定するとは限らない。例えば，相続人である者が別人の実子として出生届されている場合（藁の上からの養子）も考えうる。戸籍の記載が真実とは限らず，さらに，そもそも人の身分が戸籍の記載によって決められるわけでもないのである。

15-59　民法951条

　それゆえ，人が死亡すると，戸籍の記載それ自体から相続人の存在が知られている場合はともかく，それ以外の場合は，「相続人のあることが明らかでないとき」として，相続財産の管理・清算や相続人の捜索が必要となる。*民法は，そのための手続きを「相続人の不存在」として相続編第6章に規定している（➡〔15-63-A〕）。

　　＊　「相続人のあることが明らかでないとき」には，❶相続人がいるかいないか明確でない場合だけでなく，❷相続人のいないことが確定している場合も含めて考えなければならない。例えば，相続人のすべてが相続を放棄したとしよう。そのような場合であっても，遺言で財産を贈られる者（受遺者）の捜索や，後述する特別縁故者（➡15-66）への財産分与など，なお行なうべき事務が存在するのである。

2 相続財産法人

15-60　権利義務の主体としての相続財産

　戸籍の上で相続人は存在するが，その所在あるいは生死が不明というのであれば，不在者ないし失踪宣告（→**コラム11**：不在と失踪）の問題として扱われる（民法25条〜32条）。不在者のための財産管理人が，相続人の名において，死者の財産を管理するのである。これは相続財産の帰属主体が現存している場合の処理であるが，これに対して，相続人が不存在の場合，相続財産は，その帰属主体の存否自体が不確定である。そのため，相続財産が無主のもの（民法239条参照）となることを避けるとともに，その管理・清算を進めるにあたって，選任された管理人が誰の代理人なのかを明らかにする必要が生じる。

　そこで民法は，相続財産それ自体が権利義務の主体になるという擬制を用いた。相続財産に法人格（→**コラム6**：法人の意義）を与え（一種特別な財団法人），この**相続財産法人**が，相続財産の管理・清算という目的の範囲内で，被相続人の権利義務を承継すると構成することで解決を図るのである（民法951条）。

3 相続財産管理人

> **Check!**〔15-63-B〕
>
> 相続人が明らかでないときは，家庭裁判所は利害関係人などの請求によって，<u>不在者財産管理人</u>を選任しなければならない。　　　　　〔下線部が誤り→**15-61**〕

15-61　相続財産管理人の選任

　相続人不存在の場合，相続財産は特に手続きをしなくても当然に法人となるが，この法人の成立に伴い，相続人の捜索と相続財産の管理・清算にあたる者を決定しなければならない。こうした任務をもつ機関を**相続財産管理人**といい，成年後見人などの利害関係人*または検察官の請求によって家庭裁判所が選任する（民法952条1項→〔15-63-B〕）。

　　＊　成年後見人等は，管理してきた財産を権利者に引き渡す義務を負うことから（→**8-3**），利害関係人に当たる。ほかに利害関係人としては，被相続人の債権者・債務者，

特別縁故者（➡➡15-66）として遺産の分与を申し立てる者，徴税権者としての国などが挙げられる。

15-62 相続財産管理人の権利義務

相続財産管理人は，相続財産法人の法定代理人であり，不在者の財産管理人と同様の権利義務をもつ（民法953条による同法27条ないし29条の準用）。財産目録調製義務などがその例であるが，ほかに，相続債権者や受遺者に対して財産状況を報告する義務も負っている（民法954条）。

［4］ 相続人の捜索と相続財産の清算

①相続人の捜索と相続財産の保存

15-63 第1の相続人捜索公告

相続人の捜索と相続財産の清算は並行して行なわれるが，それには三つの段階がある。

家庭裁判所は，相続財産管理人を選任すると，その旨を官報に公告して（民法952条2項）相続人の出現を促す（第1の相続人捜索公告）。この公告から2か月間は，清算が開始されることはない。相続財産管理人は，相続人が名乗り出るのを待ち，この相続人のために相続財産の保存に努めるのである。

②相続人の捜索と清算の開始

15-64 第2の相続人捜索公告

2か月を経過しても相続人が現れなければ，今度は相続財産管理人が，さらに2か月以上の期間を定めて，債権の申出をするようにとの公告をする（民法957条1項）。清算のためであるが，この間も，相続人が公告を知って名乗り出ることが期待されている*（第2の相続人捜索公告）。

この再度の公告期間が満了すると，清算が開始される。清算における弁済手続きは，おおむね限定承認に準じて行なわれる（民法957条2項）。

　＊　中川善之助＝泉久雄『相続法（第3版）』有斐閣，1988年，425頁。

③相続人の最終的な捜索

15-65　第3の相続人捜索公告

相続財産の清算開始と並行して，相続人の最終的な捜索が行なわれる（民法958条）。上記2回にわたる公告によっても相続人が現れない場合，家庭裁判所は，相続財産管理人または検察官の請求によって，6ヶ月以上の期間を定めて，相続人の最終的な公告を行なうのである（第3の相続人捜索公告）。

この期間が経過すると，相続人の不存在が確定する。相続人の捜索は打ち切られ，その後に相続人が現れても，もはや権利を行使することはできない（民法958条の2）。

一方，これらの手続きの間に相続人の存在が判明すれば，相続財産法人は当初から存在しなかったものとみなされ（民法955条本文），相続財産は相続開始時から相続人に帰属していたことになる。ただし，相続財産管理人がその権限内でした行為は，そのまま効力を認められる（民法955条ただし書）。管理人と取り引きをした第三者に不測の損害が生じることを避けるためにほかならない。

5　特別縁故者への財産分与

Check!〔15-63-C〕

内縁の配偶者，事実上の養子など，いわゆる特別縁故者がいる場合には，家庭裁判所は職権で相続財産の全部又は一部を分与しなければならない。

〔下線部が誤り ➡15-68〕

15-66　制度の趣旨

相続人の不存在が確定し，相続債権者らに対する清算も終了したが，その後もなお相続財産が残っている場合，被相続人と特別の関係があった者に財産の分与が認められる。これが**特別縁故者**の制度であり，遺言が必ずしも十分に活用されていない我が国で，死者の意思を推測しその実現を図るとともに，法律上の相続権はないが実質的に相続人と同様な地位にある者（例：内縁の配偶者）の保護を目指したものといえよう。

15-67　特別縁故者の範囲

　　特別縁故者となりうるのは，❶被相続人と生計を同じくしていた者（例：内縁の配偶者，事実上の養子），❷被相続人の療養看護に努めた者，❸その他被相続人と特別の縁故があった者とされている（民法958条の3第1項）。❶・❷は例示であり，いかなる者が特別縁故者とされるかは家庭裁判所の具体的な判断に委ねられる。その範囲は広く，自然人に限らず，法人（例：社会福祉法人，地方公共団体）も特別縁故者に含まれるようになっている。

15-68　分与の手続き

　　相続財産の分与を受けようとする者は，[4]でみた最終的な公告期間満了後3か月以内に（民法958条の3第2項），家庭裁判所に分与の請求（申立て）をしなければならない（同条第1項➡〔15-63-C〕）。申立てを受けた裁判所は，分与が相当かどうか，分与するとすればどの程度の額が適当かを決定する。

[6]　国庫帰属

Check!〔15-63-D〕

被相続人の債務などを清算し，特別縁故者へ分与した後，なお相続財産に残余があれば，それは国庫に帰属する。　　　　　　　　　　　〔正しい➡**15-69**〕

15-69　相続財産法人の消滅

　　相続人不存在のまま，特別縁故者にも分与されなかった残余財産は，私有財産としての意味を失って国庫に帰属する（民法959条➡〔15-63-D〕）。この残余財産を相続財産管理人が国庫に引き継いだとき，相続財産法人は消滅する。

第16章　遺　言

1　遺言の自由

1　意　義

16-1　生前の意思の実現

私的自治の原則からすると（→**1-6**），人はその自由な意思に基づいて，家族関係を形成しあるいは財産を処分することができる。みずからの死後を考えて家族上あるいは財産上の事柄について何らかの措置を講じておくことも少なくない。こうした生前の意思を尊重し，その実現を図る制度が**遺言**＊である。

＊　「いごん」または「ゆいごん」と読まれる。

2　遺言能力

> ***Check!*** 〔7-125-1〕
> 満15歳に達した者は，遺言をすることができる。　　　〔正しい→**16-2**〕

16-2　未成年者の遺言能力

未成年者であっても，15歳になれば単独で有効に遺言をすることのできる資格（**遺言能力**）が認められる（民法961条→〔7-125-1〕）。**行為能力**（→**2-9**）に関する規定も遺言には適用されず，法定代理人（親権者）の同意がなかったからといって，遺言が取り消されることはない（民法962条）。遺言者の最終的な意思をできる限り尊重しようというのである。また，通常の財産取引と異なり，遺言は本人の死亡後に効力が生じることから（民法985条1項），たとえその内容が不合理であったとしても遺言者自身の利益が害されることもない。ただし，遺言も**法律行為**（→**コラム2**：法律行為と

事実行為）である以上，遺言という行為の性質を判断しうるだけの能力（**意思能力**➡2-3）は必要となる。

16-3　成年被後見人・被保佐人・被補助人の遺言能力

　成年被後見人・被保佐人・被補助人も，遺言をする時点で意思能力があれば（民法963条），単独で遺言をすることができる。成年後見人等の同意がないからといって，遺言が取り消されることもない（民法962条）。これも本人の意思を尊重する趣旨によるものであるが，ただし成年被後見人については，「事理を弁識する能力」（➡2-12）を一時回復して遺言をするという場合，そのことを証明するために「医師二人以上の立会い」が必要となる（民法973条1項）。一方，被保佐人・被補助人については，こうした特別の手続も必要ない。

3　遺言の撤回

Check! 〔11-67-5〕

遺言者は，一度作成した遺言をもはや撤回することができない。

〔下線部が誤り➡16-4〕

16-4　撤回の自由

　遺言は遺言者の最終意思を尊重する制度であるから，効力が発生するまでは，いつでも自由に遺言の全部または一部を**撤回**（➡15-50＊）することができる（民法1022条➡〔11-67-5〕）。また，こうした撤回の自由を保障するために，撤回しないという約束をしても法的な拘束力はないものとされている（民法1026条）。この撤回は新しい遺言によって行なうのが原則であるが（民法1022条），遺言書を破棄したり（民法1024条前段），遺贈（➡16-27）の目的物を売却するとか破棄した場合にも撤回したものとみなされる（民法1023条2項，1024条後段）。さらに，前の遺言と後の遺言の内容が抵触する場合も，その限度で前の遺言は撤回されたものとして扱われる（民法1023条1項）。

4 共同遺言の禁止

16-5 共同遺言

二人以上の者が、同一の証書で遺言をすることはできない（民法975条）。これを**共同遺言の禁止**という。例えば、夫婦が1通の遺言書で互いに相手方を相続人としたような場合、その遺言は無効とされる。共同遺言を認めると、複雑な法律関係が生じるだけでなく、各自の遺言の自由や撤回の自由も妨げられることになるからである。

2 遺言の内容

1 相手方のない単独行為

16-6 単独行為

遺言は、一定の方式を備えていれば効力を生じる。単独の法律行為（**単独行為**）であり（➡4-5＊）、契約と異なり相手方の承諾は予定されていない。例えば、遺言書に「Aに遺贈する」と記載されていたとしても、これをAが承諾することは必要ない[*2]。遺言をする者の望んだとおりの効果が、それによって発生するのである。

[*1] 遺言は、遺言者が一方的に意思表示をするだけで効力が生じるのであり、意思表示を受ける相手方すら必要としない。単独行為には、取消しや解除のように意思表示を受ける相手方が存在し、その意思表示が相手方に到達することで効力の生じるものもある（相手方のある単独行為）。これに対して、遺言は意思表示の到達を必要としない。遺言の効力は、その効果を受ける者が知らなくても生じるのである（相手方のない単独行為）。たしかに、遺贈の場合（民法964条➡16-27）、嫡出でない子を遺言で認知する場合（民法781条2項➡13-10）、遺言によって相続人を廃除する場合（民法893条➡15-26）などは、特定の人が対象とされている。しかし、これらの利害関係人は、ここでいう相手方ではない。遺言は、これらの者を相手方とし、それに対してなされる意思表示ではないのである。

利害関係人は、遺言の効力にしたがって一定の効果を受けるにすぎない。とはいえ、遺言が利害関係人の承諾も必要としない単独行為である以上、利害関係人の意思にも十分な配慮がなされなければならない。そのため法は、遺言の効力が生じた後に、その効果を受けることを拒否できるとした。例えば、特定遺贈を受けた者は、遺言者の死亡後、いつでも遺贈を放棄することができるのである（民法986条1項

(➡16-34))。
*2　この点で，遺言は**死因贈与**とは異なる。例えばXが，「私が死んだら，この土地をAと与える」という約束をAと取り交わしたとしよう。これは生前贈与たる契約にほかならないが，ただし，その効力がXの死亡によって生じることから，死因贈与といわれる。遺贈が遺言という単独行為によって行なわれるのに対して，死因贈与は契約であり相手方の承諾が必要とされる。もっとも，本人が死亡すると相手方が目的物を取得するという点で両者は実質的に類似することから，程度の問題は残るにせよ，死因贈与には遺贈に関する規定が準用される（民法554条）。

2　法定遺言事項

16-7　法的な拘束力

このように，遺言は遺言者の一方的に作成した内容が効力をもつことから，遺言できる事項には限定がある。遺言の内容は，もっぱら遺言者の意思によって実現できるものであり，しかも法的な拘束力を認めうるものでなければならないのである。

民法はこうした**法定遺言事項**として10種を挙げており[*1]，それ以外の内容が遺言に記されていたとしても，それに法的な拘束力が与えられることはない[*2]。例えば，「宇宙葬を望む」といった葬儀方法の指定や「兄弟仲良くしろ」といった遺訓に法的な意味はない。これを守らなかったからといって，遺産が与えられず，あるいは取り上げられることはないのである。また，「寄与分として〇〇を与える」といった遺言も，以下にみる法定遺言事項に含まれていない以上，法的な効力をもつことはない。

*1　なお，遺言によるとの明文の規定はないが，祭祀主宰者の指定（民法897条1項➡15-40），特別受益者（➡15-32）の相続分に関する事項（民法903条3項）なども，解釈上，遺言事項に入るとされている。

*2　ただし，その場合でも遺言全体が効力を失うわけではない。

16-8　家族に関する事項

家族関係について次の二つが法定遺言事項とされている。
❶遺言認知（民法781条2項）
❷未成年後見人および後見監督人の指定（民法839条1項，848条）

16-9 相続に関する事項

一方，相続に関しては以下のものが法定遺言事項として挙げられている。
- ❸相続人の廃除とその取消し（民法893条，894条2項）
- ❹相続分の指定および指定の委託（民法902条1項）
- ❺遺産分割方法の指定および指定の委託（民法908条前段）
- ❻遺産分割の禁止（民法908条後段）
- ❼遺産分割における共同相続人間の担保責任の指定（民法914条）
- ❽遺言執行者の指定および指定の委託（民法1006条）
- ❾遺贈の減殺方法の指定（民法1034条ただし書）
- ❿遺贈および財団法人設立のための寄付行為（民法964条，41条2項）

3 遺言の方式

1 方式の必要性

16-10 真意の確保

遺言が効力をもつのは「遺言者の死亡の時」からであり（民法985条1項），その時点では遺言者の真意を確かめようがない。そこで，あらかじめ遺言者の真意を確保しておくための方策が必要となる。民法が，遺言に厳格な方式を要求し，これに従わなければ遺言としての効力が生じない（民法960条）とするのはこのためである。

2 普通方式と特別方式

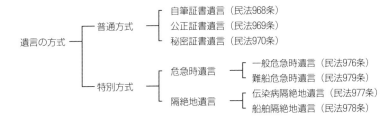

16-11 原則：普通方式

遺言の方式には，大別して普通方式（民法967条本文）と特別方式（民法967条ただし書）の二つがある。

特別方式の遺言は，普通方式によることが不可能または困難な状況にある場合になされる。以下の4種類があるが，いずれも普通方式に比べて要件が緩和されている。

❶一般危急時遺言（民法976条）：病気などで死亡が差し迫っている者の行なう遺言。

❷難船危急時遺言（民法979条）：船舶の遭難で死亡が差し迫っている者の行なう遺言。

❸伝染病隔絶地遺言（民法977条）：伝染病で隔離されている者の行なう遺言。

❹船舶隔絶地遺言（民法978条）：船舶中にある者の行なう遺言。

このうち❶と❷の危急時遺言は，遺言が口頭でなされ立会人がこれを筆記するという方法がとられる点に特徴がある。* また❶〜❹のいずれの方式による遺言も，遺言者が普通方式による遺言ができるようになったときから6か月間生存すると，その効力を失う（民法983条）。遺言は普通方式を原則とするという趣旨であり，実際にも一般的に利用されるのは，以下にみる3種の普通方式である。

* ただし，遺言者の真意が正しく表示されないおそれもあるため，後述の「検認」（➡**16-22**）のほか，家庭裁判所の「確認」を受けなければ，遺言の効力は生じないとされている（民法976条4項，979条3項）。

3 自筆証書遺言

Check!〔7-125-2〕

自筆遺言証書における押印は，拇印でも有効である。　〔正しい➡**16-16**〕

Check!〔7-125-3〕

自筆遺言証書の日付として○年○月吉日と記載された証書は，日付の記載を欠くものとして無効である。　〔正しい➡**16-14**〕

Check!〔11-67-1〕

自筆証書遺言では，氏名の自書を要件としているが，遺言者の戸籍上の氏名が書かれていなくとも同一人であることが判別できればよい。〔正しい➡**16-15**〕

	自書できない場合	遺言内容の秘密	方式不備のおそれ	紛失のおそれ	改変のおそれ	検認手続き
自筆証書遺言	作成できない	保持できる	あり	あり	あり	必要
公正証書遺言	作成できる	保持できない	なし	なし	なし	不要
秘密証書遺言	作成できる	保持できる	あり	あり	なし	必要

16-12 意義

　自筆証書遺言は，遺言者が，遺言書の全文・日付・氏名を自書し，これに押印することで成立する遺言である（民法968条1項）。他人の関与を必要とせず，本人だけで作成できる点で簡便で費用もかからない。また，遺言の存在そのものを他人に秘密にしておくこともできる。

16-13 全文の自書

　遺言が遺言者の真意であることを明確にするために，遺言書の全文を，遺言者がみずからの手で筆記しなければならない。自書が絶対の要件であり，他人に口述筆記させたもの，ワープロ・パソコンといった機器を用いたものなどは，自筆証書と認められない。また，手書きの用紙を電子複写機でコピーしたもの，DVDに録画する方法で遺言したものも同様である。

16-14 日付の自書

　日付はきわめて重要な要件である。第1に，遺言の作成された日が示されることで，その時点で遺言能力（➡**16-2，16-3**）があったかどうかが明らかにされる。第2に，内容の抵触する複数の遺言書が存在する場合は，その先後を確定する基準ともされる。したがって，日付は年月日まで記載すべきであるが，必ずしも暦日によることまでは必要としない。遺言の作成日が明確になればよいのであるから，「第48回目の誕生日」とか「2020年憲法記念日」などの記載でも有効とされる。これに対し，「吉日」とい

う記載は，暦上の特定の日が表示されていないことから無効と解されている（最判昭和54・5・31民集33巻4号445頁➡〔7-125-3〕）。なお，日付も自書されなければならず，日付スタンプなどを押しただけの遺言は無効である。

16-15　氏名の自書

氏名の自書が要求されるのは，遺言者の同一性と遺言者の真意を確認するためである。氏名という以上，氏と名が併記されるのが原則であるが，いずれか一方だけでも遺言者本人が明確に示されていればよいとされている（大判大正4・7・3民録21輯1176頁）。また，必ずしも戸籍と同一の氏名であることを必要としない。ペンネームなどであっても，それによって遺言者と同一人であることが確認できればよいのである（➡〔11-67-1〕）。

16-16　押印

氏名の自書と同様の趣旨から，押印も要求されている。用いる印鑑は，実印・認印を問わない。また，拇指（おやゆび）の先に墨や朱肉をつけて指紋を押す押印でもよいとされている（最判平成1・2・16民集43巻2号45頁➡〔7-125-2〕）。

４　公正証書遺言

16-17　意義

自筆証書遺言は簡便であるが，証人がいないだけに，後に紛失したり改変されるおそれがある。誰にも発見されず，埋もれてしまわないとも限らない。また，一般人が単独で作成しうることから方式の不備がないとはいえず，さらに，そもそも自書できない場合には不可能である。家庭裁判所による検認手続き（民法1004条1項➡**16-22**）も必要とされる。

これに対して，法律専門家である公証人が関与する**公正証書遺言**に方式の不備が生じることは稀であり，また，遺言書の原本が公証人役場に保管されることから，紛失や改変のおそれもない。検認手続きも不要である（民法1004条2項）。さらに，自書できない者でも，これによって遺言することができる。

16-18　作成手続き

公正証書遺言の作成手続きは以下のようなものである（民法969条）。

❶遺言者は，証人二人以上の立会いのもとに，遺言の内容を公証人に口授（口頭で述べること）する。ただし，口のきけない者は，手話通訳など通訳を介して申述し，あるいは「自書」（筆談）により遺言の趣旨を公証人に伝えることができる（民法969条の2第1項）。

❷公証人は，遺言者の口述を筆記し，これを遺言者および証人に読み聞かせる。ただし，遺言者または証人が耳の聞こえない者であれば，公証人の筆記内容は通訳人を介して本人に伝えられる（民法969条の2第2項）。

❸遺言者および証人が，筆記の正確なことを承認した後，各自これに署名し，印を押す。ただし，遺言者が署名できない場合，公証人はその事由を付記し，署名に代えることができる。

❹最後に，公証人は，その証書が民法に定める方式によって作成されたものである旨を付記し，これに署名し印を押すのである。

なお，公正証書は一般に公証人役場で作成するものであるが，遺言書作成については，遺言者の自宅その他に公証人を呼ぶこともできる。

5　秘密証書遺言

16-19　意義

公正証書遺言には上述のような利点があるが，その内容が少なくとも公証人および証人には知られてしまうという欠点がある。そこで，これを好まぬ場合には，第3の方式として**秘密証書遺言**によることもできる。遺言の存在は明確にしておきながら，その内容は秘密にしておくことができる点に，この遺言の特徴がある。また，以下にみるように遺言の全文・日付に自書が要求されていないため，署名さえできれば，文字の書けない者も遺言をすることができる。また，遺言証書は封印され，公証人による記載が封紙になされることから，内容が改変されるおそれもない。

ただし，遺言は公証人に保管されるわけではないため，紛失するおそれを避けることはできない。また，遺言書そのものについては公証人の関与がないことから，自筆証書遺言と同様，方式の不備が生じないとも限らな

い。さらに，検認手続きも必要であり（民法1004条1項），開封にも制限がある（民法1004条3項➡**16-22**, **16-23**）。

16-20 作成手続き

秘密証書遺言の作成手続きは以下のようなものである（民法970条）。

❶遺言者が，遺言証書に署名・押印する。自筆証書遺言と異なり，遺言者による全文および日付の自書は要求されていない。したがって，ワープロや点字機によるもの，さらに代筆であってもよい。ただし，署名は自書でなければならない。

❷遺言者は，その証書を封筒に入れ，証書に用いた印章でこれに封印する。

❸遺言者は，証人二人以上の立会いのもとにこの封書を公証人に提出し，それが自己の遺言書であること，およびそれを書いた者の氏名・住所を述べる。ただし，口がきけない人は，手話通訳や自書で，この申述に代えることができる（民法972条1項）。

❹公証人は，提出された証書について，提出の日付と遺言者の申述を封書に記載した後，遺言者および証人とともにこれに署名押印し，遺言証書を本人に返す。

4 遺言の執行

1 執行の準備手続き

Check!〔10-126-5〕

自筆証書遺言の保管者又は発見者は，遺言者の死亡を知った後，遅滞なく，遺言書を家庭裁判所に提出して，検認の審判を受けなければならない。
〔正しい➡**16-22**〕

Check!〔11-67-2〕

公正証書遺言は，家庭裁判所の検認を必要としない。　〔正しい➡**16-22**〕

16-21 遺言の確保

　遺言が効力をもつとき，もはや遺言者は生存していない。そこで，遺言の内容を実現するために，「遺言の執行」（民法1004条～1021条）という制度が設けられている。この遺言の執行のためには，まず準備手続きとして遺言そのものを確保しなければならない。これに向けられた制度が遺言書の「検認(けんにん)」と「開封」である。

16-22 検認

　遺言書の保管者あるいはそれを発見した相続人は，相続の開始を知った後，遅滞なくこれを家庭裁判所に提出して，その**検認**を請求しなければならない（民法1004条1項）。検認は，いわば証拠保全の手続きである。遺言書の改変を防ぐために，どのような用紙にどのようなことが書かれ，署名や印・日付はどのようになっているかなどが記録される。

　検認の必要な遺言書は，公正証書遺言を除くすべての遺言書である（➡〔10-126-5〕）。家庭裁判所の「確認」を得た特別方式による遺言（➡**16-11***）についても必要とされる。一方，公正証書遺言は，公証人役場に保管され，改変のおそれもないことから，検認の手続きを必要としない（民法1004条2項➡〔11-67-2〕）。

16-23 開封

　秘密証書遺言のように封印のある遺言書は，検認の前に開封しなければならないが，これについても一定の手続きがある。封印を厳重に保護する趣旨から，家庭裁判所において，相続人またはその代理人の立会いのもとでなければ，開封することができないとされるのである（民法1004条3項）。なお，以上の検認・開封の手続きに違反すると「5万円以下の過料*」に処せられる（民法1005条）。

　*　過料：法令違反の行為に対して，国または地方公共団体の科す金銭的な制裁。同音の「科料」は刑法上の刑罰であるが，「過料」は行政処分にとどまる。

2 遺言内容の実現

①遺言執行者の制度

16-24　遺言の執行

遺言は，その内容によっては，効力の発生とともに当然に実現されるものもある。未成年後見人・未成年後見監督人の指定（民法839条，848条➜**14-33**，**14-37**）などがその例である。しかし一方，遺言のなかには，その効力が生じた後，内容を実現するための手続き（**遺言の執行**）を必要とするものも少なくない。例えば，認知の遺言（民法781条2項➜**13-10**）があると，その旨を届出なければならず，子が成年であれば本人の承諾を得なければならない（民法782条）。

遺言の執行は，原則として相続人により行なわれる。しかし，遺言の内容は相続人の利益に反することもあるし（例：遺贈➜**16-27**），また相続人が執行したのでは公正を期しがたい場合もある（例：相続人の廃除➜**15-24**）。民法で特に**遺言執行者**の制度が設けられているのは，そのためである。この遺言執行者は，遺言者による指定（民法1006条1項）がない場合，相続人などの利害関係人の請求により家庭裁判所がこれを選任する（民法1010条）。

②遺言執行者の職務

> **Check!**〔11-67-3〕
> 遺言執行者がいる場合には，相続人は相続財産の処分その他遺言の執行を妨げる行為をすることができない。　　　　　　　　　　　〔正しい➜**16-26**〕

16-25　家族に関する事項

遺言執行者は，遺言の内容に応じて，これを実現するために必要な一切の行為をする権利と義務をもっている（民法1012条1項）。遺言が子の認知であれば，必要な場合には一定の者の承諾を得て（民法782条，783条），戸籍上の届出をすること，相続人の廃除またはその取消しであれば，家庭裁判所にその旨の請求をすることが，遺言執行者の任務とされる。

16-26　財産に関する事項

遺言の内容が財産に関するものである場合，遺言執行者は，遺言の執行に必要な範囲で相続財産の管理・処分を行なう。相続によって財産を承継した相続人は，その範囲で相続財産に対する管理処分権を失う。相続人は，例えば遺贈の目的とされている家屋を第三者に譲渡するなど，遺言の執行を妨げる行為を禁止されるのであり（民法1013条➡〔11-67-3〕），これに違反した行為は無効とされている（大判昭和5・6・16民集9巻8号550頁）。

5　遺　贈

1　意　義

16-27　財産の無償贈与

遺言による財産の無償贈与を**遺贈**という。遺言の大部分は遺贈に関するものであるが，これは，法定相続（➡15-2）を変更ないし修正するはたらきをもつことから問題も多い。

16-28　種類

遺贈は，包括遺贈と特定遺贈に大別される。**包括遺贈**は，全財産とか遺産の二分の一というように，財産を特定せず割合で示した部分を与えるものをいう。一方，**特定遺贈**は，「この土地」とか「金1,000万円」というように，特定の財産に限った遺贈である。

16-29　遺贈の相手方

遺贈を受ける者を**受遺者**（じゅいしゃ）という。受遺者は遺言の効力が生じるときに生存していなければならないが（民法994条），権利能力（➡1-3）を有する以上，相続人であれ他人であれ，さらには法人であっても差し支えない。また，胎児も受遺者となりうる（民法965条・886条➡15-4）。一方，相続欠格事由（➡15-19，15-20）に当たる者は，受遺者となることができない（民法965条・891条）。

2 包括遺贈

16-30　積極財産および消極財産の承継

　　包括遺贈は全財産を割合で示した遺贈であり，受遺者は積極財産だけでなく消極財産（→**15-39**）も承継する。この点で，具体的な財産的利益の遺贈である特定遺贈とは異なる。例えば，包括遺贈として内縁の妻に遺産の三分の一が与えられたとしよう。同女は，積極財産だけでなく消極財産も三分の一の割合で承継するのであり，その地位は相続人とほとんど変わらない。法が「包括受遺者は，相続人と同一の権利義務を有する」（民法990条）と規定するのも，そのためである。

16-31　受遺者と相続人の異同

　　こうした包括遺贈の性格から，遺贈の承認・放棄については，相続の承認・放棄（→**15-46**）に準じた扱いがなされる。包括受遺者は，自己のために包括遺贈があったことを知ったときから3か月以内に遺贈の単純もしくは限定承認または放棄をしなければならない（民法990条・915条1項→**15-49**）。そして，この期間内に限定承認または放棄をしない場合，包括遺贈を単純承認したものとみなされる（民法921条2号）。包括遺贈の場合，受遺者は債務をも承継することから，債権者の利益にも配慮がなされるのである。

　　もっとも，受遺者は相続人そのものとは異なる。遺言によって財産を与えられるにとどまり，後述の遺留分（→**16-40**）が認められることはない。また，遺言者の死亡以前に受遺者が死亡すると遺贈は効力を生じないのであり（民法994条），代襲相続（→**15-9**）ということもない。さらに，共同相続人が相続を放棄したからといって，その放棄された相続分が受遺者に付加されることもない。

3 特定遺贈

①特定受遺者の権利義務

16-32　特定遺贈の対象

　　特定遺贈は具体的な財産を目的とする遺贈であるが，これには，「この腕時計を与える」といった特定物遺贈と「1,000万円を与える」といった

不特定物遺贈*とがある。

 * 不特定物遺贈：遺言者が対象の種類と数量だけを指示して遺贈する場合をいう。

16-33 効力

 特定物を目的とする遺贈については，遺言が効力を生じると同時に，目的物の所有権が受遺者に移転するとみるのが判例・通説である。目的物が不動産の場合は，権利移転について登記をすることで第三者に対抗することができる。

 一方，遺贈の目的物が不特定物の場合，遺言の効力が発生すると，受遺者にはこれを請求する債権が成立する*。金銭が遺贈の目的とされたのであれば，遺言執行者は，その金銭を調達して受遺者に給付しなければならない（民法1012条1項）。

 * 例えば「1000万円を遺贈する」といっても，それだけでは，どの1000万円なのかが特定されているわけではない。遺贈義務者が，目的物を特定したときに初めてその所有権が受遺者に移転する。

16-34 特定遺贈の放棄

 特定遺贈の放棄は自由であり，受遺者は，遺言の効力が生じた後，いつでも遺贈を放棄することができる（民法986条1項*）。遺贈が受遺者にとって利益になるとしても，本人の意思に反してまで，これを強制する理由はないからである。

 * この民法986条は，特定遺贈についてのみ適用され，[2]でみた包括遺贈には適用されない。特定遺贈は，包括遺贈とは性格が異なり（受遺者に債務を負担させることもない），相続の承認・放棄に準じた扱いをすることができない。そこで，特定遺贈の承認・放棄について特に986条以下に規定が設けられているのである。

②特定遺贈と遺産分割

> **Check!**〔24-71〕
>
> 事例を読んで，Jさんの具体的な相続分に関する次の記述のうち，正しいものを一つ選びなさい。
> 〔事例〕
> 被相続人Hさんは，唯一の財産である現金4,000万円を遺して死亡した。Hさん

の相続人は，いずれもHさんの嫡出子であるJさん・Kさん・Lさん・Mさんの4名である。Jさんは，結婚したときにHさんから1,000万円の生前贈与を受けているが，Hさんが死亡した時点では500万円しか残っていなかった。また，Hさんは，相続財産のなかから，知人Nさんに1,000万円遺贈する旨の遺言書を作成している。

1　Jさんは，何ら取得できない。　　　　　　　　　〔正解➡➡16-36〕
2　Jさんは，875万円を取得する。
3　Jさんは，750万円を取得する。
4　Jさんは，1000万円を取得する。
5　Jさんは，500万円を返還しなければならない。

16-35　相続財産の第三者への帰属

【Check!〔24-71〕】のケースを検討してみよう。被相続人Hは，その遺産の一部1,000万円を知人Nに特定遺贈しているが，このように，法定相続人以外の第三者に自己の相続財産を与えるためには遺贈によるほかない。被相続人が遺言で相続人を指定することは認められていないのである。*

* 遺言による相続分の指定という制度もあるが（民法902条1項➡➡15-27），これは法定相続人に対するものであるため，この方法によって第三者に遺産を帰属させることはできない。

16-36　遺言対象外の遺産——分割協議

財産の一部について遺贈がなされた場合，残りの遺産については分割協議（➡➡15-37）をして決めることになる。遺贈の対象となる権利は受遺者に移転すべきものであり，これを加えて遺産分割をすることは許されない。【Check!〔24-71〕】のケースでいえば，Nへの遺贈分1,000万円を差し引いた3,000万円（4,000万円〔Hの遺産〕−1,000万円＝3,000万円）が，分割の対象とされる。*

* このケースでは3,000万円の遺産が法定相続分（➡➡15-27）に従って分割される。子ども4名がそれぞれ4分の1の相続分をもつが（➡➡15-29）．ただし，Jには1,000万円の特別受益があることから，その具体的な相続分額の計算（➡➡15-32）は，以下のような算式となる。
  ❶みなし相続財産：3,000万円＋1000万円（Jへの生前贈与）＝4,000万円
  ❷各自（J・K・L・M）の本来の相続分額：4,000万円×1/4＝1000万円
  ❸Jの具体的相続分額：1,000万円（本来的相続分額）−1,000万円（特別受益控除）＝0円

Jは，1,000万円の生前贈与（特別受益）を受けているため，相殺されて取得分はないのである（➡〔24-71-1〕）。

　なお，【Check!〔24-71〕】のケースのように遺贈がある場合は，遺留分の侵害がないかをあらかじめ確認することが求められる。そして，各相続人が実際に受け取る額が遺留分額を下回っていれば減殺請求をして差額を回収することになるが（➡**16-40**），一方，生前贈与などもあり遺留分額を超過する場合には侵害額はゼロである。

　このケースでは，以下のような算式で遺留分についての計算を行なう。

❶遺留分算定の基礎となる財産：遺産4,000万円＋1,000万円（Jへの生前贈与）＝5,000万円（➡**16-45**）

❷各自（J・K・L・M）の遺留分の割合：1/2×1/4＝1/8（➡**16-42**）

❸各自（J・K・L・M）の具体的な遺留分：5000万円×1/8＝625万円

　【Check!〔24-71〕】のケースでは，各自（J・K・L・M）の遺留分が侵害されているわけではなく，したがって減殺請求がなされることもない。

4　負担付遺贈

Check!〔11-67-4〕
　負担付き遺贈を受けた者がその負担した義務を履行しないときは，相続人は，家庭裁判所へ遺言の取消を請求することができる。　　〔正しい➡**16-38**〕

16-37　意義

　包括遺贈であれ特定遺贈であれ，受遺者に一定の義務が課されることがある。これを**負担付遺贈**という。例えば，Aが老妻Bの身を案じて，「子Xに土地建物を贈与するが，その代わりBの老後の面倒をみるように」と遺言したような場合である。

16-38　効果

　負担付きの遺贈を受けた者（＝X）は，遺贈の目的物の価格の範囲内で，その負担した義務を履行しなければならない（民法1002条1項）。また，遺贈を放棄することもできるが，この場合には，負担の利益を受けるべき者（＝B）が，みずから受遺者となることができる（民法1002条2項本文）。先の例でXが遺贈を放棄すると，土地建物はBのものとなるのである。

　Xが土地建物を受け取ったにもかかわらず義務を履行しないような場合，

遺言者Aの相続人でもあるBは、相当の期間を定めてXに対し義務を履行するよう催告する。それでも履行されないとき、Bは遺言の取消しを家庭裁判所に請求することもできる（民法1027条➡〔11-67-4〕）。

6 遺留分

1 制度の趣旨

Check!〔7-125-5〕

遺留分を超えて遺言処分が行われたときは、遺言による処分そのものは当然に無効となる。　　　　　　　　　　　　　　　　　　　　　〔下線部が誤り➡16-40〕

16-39 遺言の自由と相続人の生活保障

私有財産制のもとで、人はその財産を自由に処分することができる。生前に処分することはもちろん、死後の財産の帰属についても本人の自由な意思決定が尊重されなければならない（**遺言の自由**）。その全財産を特定の者（相続人の一人、第三者、公共機関など）に対し生前贈与しあるいは遺贈することも自由なはずである。

しかし、この原則を貫くと、残された家族は、その生活を脅かされることにもなりかねない。現行法は法定相続を認め、一定の親族特に家族の生活の安定を確保しようとしているが、その制度の趣旨が無意味なものとなってしまう。そこで、被相続人の遺言の自由と相続人の生活保障との調整を図ることが必要となる。

16-40 法律構成

もっとも、被相続人による生前の財産処分を直接に拘束することは許されない。遺言の自由をそのままにしておきながら、相続人の生活を保障する方策が求められる。こうして考え出されたのが**遺留分**（いりゅうぶん）という制度であり、その法律構成は以下のようなものである。

遺留分とは、相続財産のうち、相続人のために法律上必ず遺留（残しておくこと）しておかなければならない一定の割合をいう。しかし、遺留分

が侵害されたとしても，被相続人による生前贈与や遺贈が無効となるわけではない（➡〔7-125-5〕）。被相続人は，全財産の処分権をもち，遺留分を害するような遺言も有効に行なうことができる。これに対し相続人は，自己の遺留分の範囲内で，処分された財産の取り戻しを主張できるにすぎない（**遺留分減殺請求権**➡**16-47**）。この点で，被相続人の遺言の自由は，事実上，一定の制限を受けるが，取り戻しの主張をすることなく一定の期間を経過すれば，この相続人の遺留分は消滅してしまう。

2 遺留分権利者と遺留分の割合

16-41 遺留分権利者

遺留分は法定相続人に与えられる権利であるが，ただし，その権利者の範囲は相続人の範囲よりも狭い。遺留分をもつ相続人（遺留分権利者）は，❶配偶者，❷子（その代襲相続人を含む），❸直系尊属（父母，祖父母など）であり，兄弟姉妹に遺留分はない（民法1028条）。

* 「廃除」（民法892条）の対象者が「遺留分を有する推定相続人」に限定され（➡ **15-24**），兄弟姉妹が除かれる理由はここにある。例えば，妻と兄弟姉妹が相続人であったとしよう。この兄弟姉妹を相続から除外するためには，「妻に全財産を与える」という遺言で足りる。兄弟姉妹に遺留分は保障されていない以上，廃除の手続きをとるまでもないのである。

16-42 遺留分の割合

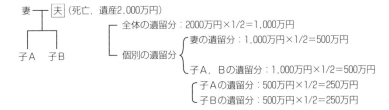

遺留分として確保される相続財産の割合は，直系尊属のみが相続人であるときは遺産の3分の1，その他の場合は2分の1とされている（民法1028条）。相続人が複数いるときは，この全体の遺留分を法定相続分で配分したものが，各自の遺留分（個別的遺留分）となる。

例えば，被相続人の財産が2,000万円で，妻と子A，Bが相続人であったとしよう。全体の遺留分は，その割合が2分の1であるから，1,000万円となる。妻と子A，Bの割合は相続分に応じてそれぞれ2分の1であるから，妻には500万円，子A，Bにも500万円が配分される。そして，子A，Bは，これを均分して各自250万円の遺留分をもつことになる。

3 遺留分算定の基礎となる財産

遺留分算定の基礎となる財産＝相続開始時の積極財産＋贈与財産－被相続人の債務

16-43　趣旨

　遺留分は被相続人の遺産に占める抽象的な割合であるから，その算定にあたっては，基礎となる財産を確定しなければならない。

16-44　相続開始時の財産

　遺留分算定の基礎となるのは，まず，「被相続人が相続開始の時において有した財産」（民法1029条1項）であるが，正確には相続財産のうち**積極財産**（→15-39）を意味する。

16-45　被相続人が贈与した財産

　通常，相続財産といえば被相続人の死亡時に残された財産のことであるが，そうなると，被相続人が死亡する直前に全財産を他に贈与したような場合，遺留分制度の目的を達成することはできなくなってしまう。そこで民法は，遺留分の算定にあたって，**生前贈与**も基礎となる財産に算入することにした。

　もっとも，過去の贈与を無制限にさかのぼって算入することは，受贈者に対し不当な不利益を与え，取引の安全も害することになる。そこで，❶相続開始前1年間になした贈与（民法1030条前段），および❷1年前であっても，当事者双方が遺留分権利者を害することを知ってなした贈与（民法1030条後段）と算入に制限が加えられている。

　一方，❸共同相続人への**特別受益**とされる贈与（例：結婚資金，住宅資金

の贈与▶▶15-31）は，贈与時に関係なく，すべて算入される（民法1044条による903条の準用）。特別受益は相続分の前渡しという性格をもつため，共同相続人間の公平が図られているのである。なお，遺贈の目的物は，相続開始のときには，いまだ被相続人の財産に含まれていることから，とくに算入の対象にしなくてもよいとされている。

さらに，❹不相当な対価でなされた有償の財産処分も贈与とみなされ，対価を差し引いた額が算入されることがある。例えば，時価3,000万円の宅地を500万円で売却したような場合，その差額2,500万円は，実質的には贈与とみることができる。そこで，売買の当事者双方が遺留分を侵すことを知っていたときは，1年前の行為であったとしても，その差額は算定の基礎として算入されるのである（民法1039条前段）。

16-46 控除されるべき債務

以上のものをすべて遺留分算定の基礎として加算し，ここから被相続人の債務の全額を差し引いたものが，遺留分算定の基礎となる財産である。

4 遺留分減殺請求権

Case Aの相続人は妻Bただ一人であったが，Aは死亡の半年前に3,000万円をXに贈与し，死亡したとき妻Bには2,000万円しか残されていなかった。

16-47 意義

各自の遺留分を算定した結果，その取得する額が遺留分額に達しない場合，遺留分権利者は，遺留分の額に達するまで，生前贈与や遺贈を受けた相手方からその返還を求めることができる。この権利を**遺留分減殺請求権**という。

例えば，上記の【Case】で考えてみよう。
❶遺留分算定の基礎となる財産は，「2,000万円（積極財産）＋3,000万円（生前贈与）＝5,000万円」である（民法1029条1項）。
❷それゆえ，相続人である妻Bは，その2分の1，つまり2,500万円の遺

留分をもつことになる（民法1028条2号）。
❸ところが，Bが現実に相続する財産は2,000万円であり，AからXへの贈与は，500万円（2,500万円−2,000万円）だけBの遺留分を侵害している。
❹そこでBは，Xから500万円を取り戻す権利を与えられる。500万円の限度で，Aの行なった贈与の効力を奪う（＝減殺）のである。

16-48　方法

減殺請求は，遺留分権利者が相手方である受贈者または受遺者に対して意思表示をすることで足りる。ただし，この意思表示は，減殺すべき贈与または遺贈があったことを知ったときから1年以内，または，相続開始のときから10年以内に行なわなければならない（民法1042条）。

なお，減殺の順序についても，遺贈を先にし（民法1033条），贈与は新しい贈与から減殺していく（民法1035条）等の定めがある。

5　遺留分の放棄

16-49　相続の開始前

遺留分という権利は個人的な財産権としての性格をもつことから，その処分が原則として自由なものとされている。相続人は，被相続人の生前にあらかじめ遺留分を放棄することもできる。ただし，こうした相続開始前の**遺留分の放棄**は，家庭裁判所の許可を得なければ効力を生じない（民法1043条1項）。放棄の強要を防ごうという趣旨である。

16-50　相続の開始後

相続開始後の遺留分放棄は，具体的な遺留分減殺請求権の放棄にほかならない。明文の規定はないが，民法1043条の反対解釈からしても当然に認められてよい。家庭裁判所の許可が必要とされることもない。

索　引

あ　行

悪意　22
移行型　111
遺言　247
遺言執行者　258
遺言相続　219
遺言能力　247
遺言の執行　258
遺言の自由　264
遺言廃除　228
遺産分割　233
意思自治の原則　3,16
意思能力　16,27,148,175,200,248
意思無能力　4,16
遺贈　231,259
一身専属権　195
医的侵襲　41
委任　57,102
委任契約　103
遺留分　264
遺留分減殺請求権　265,267
遺留分の放棄　268
姻族　150
応急処分義務　95,115
横領罪　64

か　行

確定　84
確定判決　132,140
家事事件　134
家事審判　136
家事調停　136,142
家事調停委員　137,140,163

家族法　11
家庭裁判所　5
家庭裁判所調査官　137,164
家庭裁判所の許可　37,98
過料　257
管轄　129
監護者の指定　169
鑑定　79,108
管理の計算　94
既判力　132
給付扶養　197
協議分割　233
協議離婚　141,162
強制認知　175
共同親権の原則　168,207
共同遺言の禁止　249
業務上横領罪　64
居住用不動産の処分　45
寄与分　232
緊急事務管理　96
禁治産者　7
均分相続　230
虞犯少年　135
形式的審査権　153
形成的（創設的）身分行為　148
形成力　132
血族　149
決定　128,133
原告　129
原状回復　22
現存利益　22,23
限定承認　240
検認　257
権利能力　2,34,219

行為能力　18, 148, 238, 247
行為能力者　18
公益的性格　138, 142, 143
公開主義　130, 138
後見監督　62
後見登記等ファイル　87
後見の社会化　95
抗告　133
公示　19, 85, 104, 152
高次脳機能障害　73
公正証書　104
公正証書遺言　254
控訴　130
公的扶助　191
口頭弁論　130, 133
公法上の行為　37
告訴　227
告知　84
告発　227
婚姻の取消し　160
婚姻の無効　160
婚氏続称　167

　　　　　さ　行

催告　88
財産管理　53
財産行為　27
財産分与の請求　171
財産法　11
祭祀財産　235
再代襲　225
財団法人　83
裁判離婚　141, 163
里親　179
3審制　130
残存（現有）能力の活用　9
参与員　137, 164
死因贈与　250
自己決定権　42

自己決定権の尊重　9
自己決定・自己責任の原則　3
死後認知　178
事実行為　19, 41, 54, 55, 105, 120, 202
事実行為を目的とする契約　39, 46
事実婚主義　152
事実の調査　77
自然血族　149
自然人　83
市町村長申立て　67
執行力　132
実子　173
失踪者　162
失踪宣告　160, 162, 214
指定相続分　229
指定分割　233
指定未成年後見人　216
私的自治　68
私的自治の原則　3, 16, 129, 138
私的扶養　191
私的扶養優先の原則　191
市民後見人　75
事務管理　96
社団法人　83
受遺者　259
授権行為　35
受理　153
準委任契約　103
準禁治産者　7
準正　178
消極財産　234
上告　130
上訴　130
少年保護事件　134
将来型　110
触法少年　135
職権　62, 67
職権探知主義　138, 140, 143
処分権主義　129

索　引

自力救済の禁止　127
事理弁識能力　20
審級制　130
親権　168, 199
親権者指定の審判　169
親権喪失　211
親権代行　210
親権停止　211
人事訴訟　40, 127, 136, 138
申述　238
身上監護　53
身上監護権　168, 199
身上配慮義務　37, 41, 59
親族後見人　74
親族里親　180
親族相盗例　64
診断　79
診断書　78
審判　5, 19, 128, 136, 187
審判離婚　141, 163
審理　130
推定相続人　221
生活支援員　118
生活扶助義務　192
生活保護受給権　235
生活保持義務　170, 191
請求　67
制限行為能力者　18, 201
生前贈与　231, 266
生前廃除　228
成年擬制　83, 206, 214
成年後見監督人　38, 63
成年後見登記制度　19, 86
積極財産　234, 266
絶対的終了　93
善意　22, 207
善管注意義務　56, 57, 105
宣言主義　234
選定未成年後見人　216

専門員　118
専門里親　180
専門職後見人　74
善良な管理者としての注意　56
善良な管理者としての注意義務　216
創設的届出　148
相続欠格　226
相続財産管理人　94, 243
相続財産法人　243
相続人の廃除　228
相続の承認・放棄　40
相続放棄　241
相続放棄の申述　241
相対的終了　93
即時抗告　84, 143
即効型　111
尊属　151

た　行

第三者後見人　74
代襲相続　222
代襲相続人　222
代諾縁組　181
第2種社会福祉事業　118
代理権　1
代理権授与行為　35
単純承認　239
単独行為　55, 249
単独親権　168, 209, 210
嫡出子　173
嫡出でない子　173
嫡出の推定　174
嫡出否認の訴え　174
調停　128
調停委員会　140
調停前置主義　140, 141, 144, 163, 178
調停に代わる審判　141
調停離婚　141, 163
直系　150

追認　39, 205
通常抗告　143
通知　84
連れ子　150
撤回　239, 248
同意権　1, 204, 213
同意に代わる許可　30
登記されていないことの証明書　87
登記事項証明書　87
当事者　129
特定遺贈　259
特別縁故者　245
特別失踪　162
特別受益　231, 266
特別受益者　231
特別代理人　38, 205
特別方式の遺言　252
特別養子　187
届出　153, 180
取消し　18, 21, 55
取り消しうべき行為の追認　88
取消権　1

な 行

内縁　150
内縁配偶者　220
日常生活自立支援事業　117
任意後見　4
任意後見監督人　102, 106
任意後見契約　102
任意後見受任者　104
任意代理　35, 44
任意認知　175
認諾離婚　141, 166
認知　175
認知請求権の放棄　178
認知届　177
認知の訴え　177
ノーマライゼーション　8, 9, 26

は 行

配偶者　150
配偶者相続権　220
配偶者法定後見人制度　80, 95
破綻主義　165
判決　127, 128, 131, 133
判決の確定　131
犯罪少年　135
引取扶養　197
非行少年　134
被告　129
卑属　151
被代襲者　222
秘密証書遺言　255
表見代理　208
夫婦共同縁組　184, 188
夫婦同氏の原則　156
夫婦別産制　159
福祉サービス利用援助事業　117
不在者　161
不在者財産管理人　161
不在者の財産管理　161
附帯処分　137, 164
負担付遺贈　263
普通失踪　162
不当利得　22
扶養請求権　195
弁論主義　131, 138
包括遺贈　259
傍系　150
報告の届出　148
法人　82, 83
法人格　83
法人法定主義　83
法定血族　149
法定後見　4
法定相続　219
法定相続人　220

法定相続分　229
法定代理　35, 44, 203
法定代理人　1, 18, 203
法定遺言事項　250
法律行為　18, 19, 27, 54, 120, 202, 247
法律婚主義　152
保護機関　33
保護者　33
保護処分　134
保佐監督人　46, 63
保佐人の同意に代わる許可　29
補助監督人　48, 63
本人の陳述聴取　77

　　　　　　ま　行

未成年後見　215
未成年後見監督人　217
未成年後見人　65, 71, 202
身分関係　148
身分権　148
身分行為　26, 39, 45, 175, 238
民事裁判　127
民事訴訟　127
民事紛争　127
無権代理　38, 85, 205, 208
無権代理行為の追認　39, 88

無効　16, 21, 39
面会交流権（面接交渉権）　171
申立て　67
申立権者　67

　　　　　　や　行

遺言（ゆいごん）　→遺言（いごん）
養育里親　180
養子　173
養子縁組　149, 180
養子縁組里親　180
要式行為　238
養子制度　179
養親子同氏の原則　186

　　　　　　ら　行

利益相反行為　45
離婚の訴え　141
離婚復氏の原則　167
療養看護義務　53
臨時保佐人　45
臨時補助人　48

　　　　　　わ　行

和解離婚　141, 166

《著者紹介》

野﨑和義（のざき・かずよし）

1977年　中央大学法学部卒業
　　　　中央大学大学院法学研究科博士（後期）課程を経て
現　在　九州看護福祉大学看護福祉学部教授
主　著　『コ・メディカルのための医事法学概論』ミネルヴァ書房，2011年
　　　　『福祉法学』ミネルヴァ書房，2013年
　　　　『医療・福祉のための法学入門』ミネルヴァ書房，2013年
　　　　『ソーシャルワーカーのための更生保護と刑事法』ミネルヴァ書房，2016年
　　　　『ミネルヴァ社会福祉六法』（監修）ミネルヴァ書房，各年版
　　　　『人権論入門』（編著）日中出版，1997年
　　　　『刑法総論』（共著）ミネルヴァ書房，1998年
　　　　『刑法各論』（共著）ミネルヴァ書房，2006年
　　　　『看護のための法学』（共著）ミネルヴァ書房，1999年
　　　　『介護職と医療行為』（共著）ＮＣコミュニケーションズ，2004年
　　　　『消費者のための法学』（共著）ミネルヴァ書房，2006年
　　　　『オートポイエーシス・システムとしての法』（共訳）未来社，1994年
　　　　『ルーマン　社会システム理論』（共訳）新泉社，1995年
　　　　『法システム』（共訳）ミネルヴァ書房，1997年
　　　　『ドイツ刑法総論』（共訳）成文堂，1999年
　　　　『ロクシン　刑法総論』（共訳）信山社，2003年

　　　　　　　　　ソーシャルワーカーのための成年後見入門
　　　　　　　　　──制度の仕組みが基礎からわかる──

　　　　2019年1月25日　初版第1刷発行　　　〈検印省略〉

　　　　　　　　　　　　　　　　　　　　　定価はカバーに
　　　　　　　　　　　　　　　　　　　　　表示しています

　　　　　　　著　者　　野　﨑　和　義
　　　　　　　発行者　　杉　田　啓　三
　　　　　　　印刷者　　坂　本　喜　杏

　　　　発行所　株式会社　ミネルヴァ書房
　　　　　　607-8494　京都市山科区日ノ岡堤谷町1
　　　　　　　　　　　電話代表　(075)581-5191
　　　　　　　　　　　振替口座　01020-0-8076

　　　　　Ⓒ野﨑和義，2019　　冨山房インターナショナル・清水製本

　　　　　　　　　　ISBN 978-4-623-08468-5
　　　　　　　　　　　Printed in Japan

野﨑和義監修　ミネルヴァ書房編集部編
ミネルヴァ社会福祉六法〔各年版〕
―――――――――――― 4-6判美装カバー　1472頁　本体 2500円

民法典・刑法典の全条文掲載。医療，年金，福祉行政，更生保護，消費者問題に関する法令を完備した最新版。

野﨑和義著
福祉法学
―――――――――――― A 5 判上製カバー　240頁　本体 2800円

福祉の根幹の理念といえる権利擁護を中心に，福祉の諸制度を裏づけている法の見方，考え方を詳細に解説。

野﨑和義著
コ・メディカルのための医事法学概論
―――――――――――― A 5 判上製カバー　236頁　本体 2500円

医療過誤，患者の自己決定権，個人情報の保護……重要テーマを基礎から解説する，医療専門職のための入門書。

野﨑和義著
ソーシャルワーカーのための更生保護と刑事法
―――――――――――― A 5 判上製カバー　280頁　本体 3000円

初学者が更生保護制度を理解するために必要とされる刑事法を基礎から理解できるよう解説。

野﨑和義／柳井圭子著
看護のための法学〔第 4 版〕
―――――――――――― B 5 判美装カバー　208頁　本体 2400円

自律的・主体的な看護をめざして。職場のなかにある「法」を解説。最新の法改正を取り入れた第 4 版！

――――――― ミネルヴァ書房 ―――――――

http://www.minervashobo.co.jp/